O MUNDO É CURVO

DAVID M. SMICK

O MUNDO É CURVO

Perigos ocultos para a economia mundial

Tradução
Mario Pina

BestSeller

CIP-BRASIL. CATALOGAÇÃO-NA-FONTE
SINDICATO NACIONAL DOS EDITORES DE LIVROS, RJ.

S645m
Smick, David M.
   O mundo é curvo: perigos ocultos para a economia mundial / David M. Smick; tradução: Mario Pina. – Rio de Janeiro: Best*Seller*, 2009.

   Tradução de: The world is curved
   ISBN 978-85-7684-291-0
   1. Finanças internacionais. 2. Crises financeiras. 3. Globalização – Aspectos econômicos. 4. Relações econômicas internacionais. I. Título.

09-1100
CDD: 337
CDU: 339

Texto revisado segundo o novo
Acordo Ortográfico da Língua Portuguesa.

Título original norte-americano
THE WORLD IS CURVED
Copyright © 2008 by David M. Smick
Copyright da tradução © 2009 by Editora Best Seller Ltda.

Capa: Sense Design, baseada na original,
de Mirko Ilić e Joseph Perez
Diagramação: ô de casa

Todos os direitos reservados. Proibida a reprodução,
no todo ou em parte, sem autorização prévia por escrito da editora,
sejam quais forem os meios empregados.

Direitos exclusivos de publicação em língua portuguesa para o Brasil
adquiridos pela EDITORA BEST SELLER LTDA.
Rua Argentina, 171, parte, São Cristóvão
Rio de Janeiro, RJ – 20921-380
que se reserva a propriedade literária desta tradução

Impresso no Brasil

ISBN 978-85-7684-291-0

PEDIDOS PELO REEMBOLSO POSTAL
Caixa Postal 23.052
Rio de Janeiro, RJ – 20922-970

Para minha esposa, Vickie,
e para Peter, Sarah e DJ

Agradecimentos

Seria difícil não agradecer primeiro ao meu agente, Fredi Friedman. Bem antes do surgimento da crise das subprime, seu olho astuto capturou a importância potencial deste projeto e sua luz orientadora foi essencial. Jeffrey Krames e Adrian Zackheim da divisão de Portfolio do Grupo Penguim tiveram a mesma capacidade de previsão e ofereceram um conjunto de conselhos sagazes. Jeffrey ofereceu uma esplendida direção editorial, como também, Nancy Cardwell.

Sou humildemente grato pela profundidade dos compromissos de tantos amigos neste esforço. Harry Truman estava errado quando disse: "Se você quiser um amigo em Washington, consiga um cachorro." Adam Posen do Peterson Institute for International Economics leu o manuscrito duas vezes e ofereceu sugestões inestimáveis de melhorias. Dino Kos, ex-membro do Federal Reserve de Nova York, ofereceu visões similares e encorajamento, em dado momento no meio da crise das subprime, enviando e-mail de Hong Kong: "Termine este livro rapidamente; o mundo está caindo em pedaços". Stefan Schönberg, ex-especialista de alto nível em política monetária internacional, ofereceu conselhos sutis essenciais. O colunista Robert Novak, um entusiasta precoce, convenceu-me a revelar mais sobre mim mesmo no manuscrito. Isto explica os numerosos casos pessoais nas minhas viagens pelo mundo.

Bob Merry, que dirige com eficiência *The Congressional Quarterly*, leu uma palestra anterior que eu tinha dado para um grupo universitário sobre os perigos financeiros internacionais vindouros e recomendou que eu escrevesse um livro. John e Gina Despres, meus velhos amigos dos nossos dias de Bill Bradley, ofereceram conselhos, como também os representantes do Tesouro dos EUA, Marc Leland, Richard Clarida, Peter Fisher e Charles Dallara, que foi particularmente generoso com seu tempo e forneceu visões pessoais sobre varias áreas fundamentais.

Tadashi Nakamae ofereceu sugestões valiosas para remodelar a discussão sobre o Japão. Phil Hildebrand do Banco Central da Suíça e o especialista financeiro Harald Malmgren deram conselhos sobre o tópico arquitetura financeira global. O ex-delegado do IRS Fred Glodberg apresentou comentários críticos sobre a discussão da política fiscal dos EUA. E Adam Walinsky, ex-notório de Bob Kennedy, correu para mim para enfatizar mais a compulsividade da ansiedade econômica dos anos 1970.

John Mueller apresentou suas visões sobre a natureza do capital humano. Mel Kraus forneceu comentários sobre o capítulo dos fundos de hedge. Stan Druckenmiller, provavelmente o principal operador de mercado financeiro de sua geração, fez várias observações importantes. E meu sócio em negócios, Manley Johnson, foi extraordinariamente encorajador desde o primeiro dia, oferecendo muitas visões pessoais úteis também.

Bill Schultz leu o manuscrito e deu conselhos estilísticos inestimáveis, como também Matt Rees a James Freeman. Jeff Bell e Robin West ofereceram, no início do projeto, incentivos úteis. Rob Shapiro, Curtis Hoxter, Wim Kooyker, Steve Moore, John Kester, Bruce Bartlett, Mike Anderson, Gerd Haüsler, Fred Barnes, Joe Sprung, Lew Eisenberg, Pete Skirkanich, Guy Snowden e Jeff Zimmer leram, todos, o manuscrito e fizeram sugestões e deram incentivos. No início, meu irmão Tim ofereceu uma útil resposta de leigo a minha abordagem ao assunto, como também fizeram minha mãe, Terry, e minha tia Jane.

Como todo operador financeiro sabe, nada acontece sem um controle interno eficaz. Ângela Wilkes, gerente-editora de *The Internacional Economy*, ofereceu ajuda tanto editorial quanto de verificação dos fatos, além do solicitado. Josef Neusser deu uma ajuda logística. E por fim, mas não menos importante, Jean Holz fez um esforço hercúleo tanto na preparação de uma série de rascunhos manuscritos, quanto oferecendo sugestões editoriais. Ela participou do projeto com muito entusiasmo.

Eu fui abençoado com uma família extraordinariamente unida. Meu filho mais velho, Peter, e minha filha, Sarah, ambos em Nova York, ofereceram sugestões editoriais úteis. Meu filho mais novo, DJ, ainda em casa e na escola, pagou o preço pelo pai temporariamente ocupado.

E, com certeza, não há maneiras de expressar adequadamente a importância de minha esposa, Vickie, para este esforço. Ela me inspirou a escrever o livro, se tornando, então, por vontade própria, "viúva do autor", todo o tempo oferecendo conselho e encorajamento.

Sumário

Prefácio — 13

1. O fim do mundo — 21
2. Um perigoso oceano de dinheiro — 53
3. Empreendedores em um mundo de private equity e de fundos de hedge problemáticos — 89
4. Tony Soprano cavalga no dragão chinês — 117
5. As donas de casa japonesas assumem o comando principal — 161
6. Nada permanece o mesmo: a crise da libra em 1992 — 193
7. Os incríveis bancos centrais que encolhem — 225
8. Lutas de classes e as políticas de globalização — 255
9. Sobrevivendo e prosperando nesta era de volatilidade — 287

Uma palavra sobre as fontes — 325
Bibliografia — 329
Índice remissivo — 331

Prefácio

Não foi sem grande frustração que resolvi escrever um livro sobre a nova economia global. Afinal, o que entendemos de um sistema financeiro que, em um minuto, parece estar funcionando perfeitamente e, em seguida, age como se o mundo estivesse acabando? Em um minuto, a revolução cibernética (computador) transformou a economia em uma autêntica máquina de riqueza global, em que os mercados de ações disparam e alcançam novos limites. No momento seguinte, os mercados despencam. As pessoas, então, leem nos jornais notícias sugerindo que o valor de suas casas pode em breve ser menor que o valor das hipotecas. Elas descobrem que a poupança da vida inteira de suas famílias — mesmo o dinheiro aplicado em fundos de curto prazo, supostamente ultrasseguros — pode desaparecer durante a noite.

Ao tentar captar completamente a significância do novo sistema global, comecei a reler o livro seminal sobre o assunto globalização, o best seller de Tom Friedman, *O mundo é plano: uma breve história do século XXI*. Friedman descreve, de forma irresistível, a globalização *como ela é*, com concentração na cadeia de oferta global de bens e serviços. As histórias são hipnotizadoras — elas levam o leitor do Vale do Silício na Índia, situado em Bangalore, a localidades no norte da China. O livro de Friedman descreve como a tecnologia digital encurtou a distância entre países e revolucionou a cadeia de oferta global. Isso permitiu que as pessoas entrassem em negócios umas com as outras em todo o globo, com cada nação trazendo suas vantagens comparativas para a mesa de comércio mundial. Como colunista premiado do *New York Times*, Friedman sabiamente adverte que a economia norte-americana deve adaptar-se a esse novo e mutável ambiente ou, então, encolher sob o ponto de vista econômico. O livro destaca-se como uma aquisição histórica ao introduzir uma ampla audiência ao novo mundo de oportunidades e desafios além das fronteiras nacionais.

Apos reler *O mundo é plano*, almocei um dia no hotel Hay-Adams, em Washington, D.C., bem em frente à Casa Branca, com um velho amigo, John Despres, que havia sido, por longo tempo, guru de política externa do senador democrata dos Estados Unidos Bill Bradley. "John", eu disse quando estávamos sentados, "estou tentando com grande frustração entender bem o processo de globalização. Falando francamente, sob a perspectiva dos mercados financeiros, o mundo *não é* plano. Diferente do mundo que produz bens e serviços, no mundo financeiro nada ocorre em linha reta. Em vez disso, há uma série de descontinuidades imprevistas — giros e mudanças de incerteza que, com frequência, requerem que milhões de participantes usem o senso comum. No mundo financeiro, John, nada parece acontecer muito em linha reta."

Homem pensativo em seus 60 anos, que escolhe suas palavras com cuidado, Despres ficou sentado refletindo. Ele bateu em seu queixo, ponderando, enquanto olhava de modo fixo a distância para as colunas da Casa Branca, após o Lafayette Park. "Então, o que você está dizendo", ele começou lentamente, pausando durante mais alguns segundos, "é que o mundo não é plano; o mundo é curvo."

"Sim", respondi, "para os mercados financeiros, o mundo é curvo. Não podemos ver sobre o horizonte. Por isso, nossas linhas de visão são limitadas. É como se fôssemos forçados a viajar descendo uma estrada sem-fim, com giros e voltas perigosas, com vales profundos e subidas arriscadas. Não podemos ver adiante. Estamos sempre sendo surpreendidos, e é por isso que o mundo se tornou um lugar tão perigoso."

Em retrospecto, os mercados financeiros sempre foram assolados por incerteza e informação incompleta — falta de transparência. Sempre houve coisas que os investidores e os operadores não sabiam e não podiam saber. Mas, na nova economia global, este louco oceano de liquidez global não somente aumentou o número de incógnitas, como também rearranjou suas interações e importâncias relativas.

Há novos agentes com novas perspectivas. De repente, uma imensa massa de recursos está competindo no mundo por oportunidades de investimento. Banqueiros, pessoas de negócio e governos em economias industrializadas estão agora competindo com empreendedores, iniciantes, empresas estatais antigas nas economias emergentes para atrair esses recursos. Com novos tipos de securitização de dívidas, investimentos do tipo mezzanine* e instrumentos financeiros extremamente complicados, é quase impossível perceber o que está acontecendo a qualquer momento. Os investidores precisam de novas informações para tomar boas decisões. Mas exatamente que tipo de informação é esta? E onde eles as obtêm?

Os mercados financeiros sempre operaram com informações e análises desiguais. Você pensa que conhece A. Eu penso que conheço B. Mas os políticos e os operadores de mercado atuais dependem mais do que nunca de seus instintos. O campo de jogo é maior, os riscos são maiores e o sistema, por causa de seu tamanho e complexidade, é incrivelmente frágil. É um castelo de cartas que pode vir a cair por inúmeras razões. Isso não necessariamente acontecerá, mas os políticos precisam ser cuidadosos. Eles têm de começar a cuidar de coisas que nunca importaram muito para eles antes.

Afinal, o que de fato sabemos sobre o que está para se desenrolar na China, que tem uma economia que até os próprios líderes não conseguem entender totalmente? O que sabemos sobre a atitude das esposas japonesas, que, por mais estranho que pareça, desempenham um papel muito importante na direção do fluxo de poupança mundial? O que sabemos sobre a precisão dos livros contábeis até mesmo de nossas maiores e mais confiáveis instituições financeiras ou sobre os instrumentos financeiros que essas empresas usam? O que sabemos sobre as implicações estratégicas de longo prazo de o excesso de

---

*Mezzanine: representa risco médio. (*N. do T.*)

poupança atual ser controlado por governos não democráticos? E quais são as implicações sociais e políticas para a riqueza global ser tão desigualmente distribuída?

Além disso, os mercados não têm informação sobre o que pode ser a questão mais crucial de todas — se a própria tendência de globalização poderá continuar. As políticas de globalização sofrem críticas rapidamente à medida que as ansiedades geradas pelo poder do livre fluxo de capital e de bens disparam. De modo surpreendente, uma pesquisa recente no *Wall Street Journal*/NBC revelou que, nos Estados Unidos, com uma maioria de dois para um, até os republicanos acreditam que o comércio livre está prejudicando o país. As turbulências problemáticas da Crise de Crédito de 2007-2008 geradas pelas hipotecas subprime também não ajudaram em nada. É o grito mais recente que cresce a favor das forças de antiglobalização que se acumulam no horizonte.

"Talvez ainda mais problemático", eu disse quando nosso almoço terminou, "seja que a maior parte das pessoas hoje não tem perspectiva histórica. O período de boom é dado como garantido. Os atuais eleitores norte-americanos de meia-idade nasceram em meados dos anos 1960. Eles não se lembram da estagflação e das longas filas de gasolina dos anos 1970, o período anterior à economia globalizada atual. Eles jamais conheceram nada exceto uma economia intensamente produtiva, com mercados de ações impressionantes e empregos fartos. Muitos eleitores-chave da globalização foram embalados na complacência. Portanto, o período por vir será potencialmente de mudança política imprudente e com excesso de reação.

"Acima de tudo isso", enfatizei para Despres, "os políticos não apreciam a natureza frágil do sistema financeiro global atual e como a prosperidade induzida financeiramente pode escapar, de maneira furtiva, através de consequências não intencionadas de ações políticas bem-intencionadas que tentam legislar a favor ou regulamentar a segurança econômica. Hoje, encontramo-nos em uma situação em que o sistema financeiro globalizado permite e ameaça nosso bem-estar nacional."

Concluí sugerindo que o livro de Friedman apresenta, de modo brilhante, a primeira parte da história de globalização, mas também há uma segunda parte — o lado financeiro da história. Esse é o lado das subprime, em que, por exemplo, uma pequena cidade na Noruega Ártica pode ver todo o seu futuro financeiro destruído porque seus gerentes financeiros investiram acentuadamente em um produto do Citigroup denominado obrigações com garantias.* Quando os mercados de imóveis a um oceano de distância, na Flórida e na Califórnia, entraram em colapso, as dívidas garantidas azedaram, e as cidades da Noruega tiveram de fechar jardins de infância e serviços de saúde aos idosos.

Ao final de nossa conversa, mudamos para a História, concordando que nada sobre as atuais dificuldades políticas, econômicas e financeiras no mundo é novidade. De fato, a economia mundial de hoje apresenta semelhança marcante com os mercados integrados e a prosperidade retumbante do período de 1870 a 1914, que o notório economista John Maynard Keynes descreveu como "um episódio extraordinário no progresso econômico do homem". Este, também, foi um período marcado por crises financeiras contínuas — e também de grande prosperidade. Ironicamente, hoje fazemos as mesmas perguntas que eles faziam em 1914: O que é preciso para sustentar este novo e bem-sucedido sistema econômico global? Quais perigos políticos poderiam reverter essa criação de riqueza? Estagflação? Deflação? Protecionismo? Que explosões ou implosões financeiras inesperadas podem criar ondas — curvas — com as quais o mundo permanece despreparado para lidar, exceto por meio de guerras comerciais, controles estritos de capital e outras políticas de empobrecer o vizinho — todos erros crassos de política resultantes de erros humanos?

O mundo industrializado atual deseja que os chineses administrem melhor sua moeda, mas permanece inseguro sobre a prescrição precisa de política ou mesmo com relação à capacidade da liderança chinesa em conflito. O mundo odeia os déficits gêmeos, orçamentário e em

---

*Collateralized Debt Obligation, ou CDO. (N. do T.)

conta-corrente dos EUA, mas ninguém ainda descobriu um modo seguro de sair deles. Nem parece provável que uma resposta surgirá em breve. A maior parte dos excessos de poupança no mundo está em mãos de regimes não democráticos, conduzidos pela China e pelos países produtores de petróleo, incluindo a Rússia. Mas o que isso prognostica para o futuro, ninguém sabe. O Federal Reserve, ao resgatar a empresa de investimentos Bear Stearns em março de 2008, parece ter oferecido garantia governamental a todos os investimentos do setor financeiro, não somente aos dos bancos. Ninguém sabe ainda as implicações de longo prazo para a omissão regulatória e, portanto, para o nível de empréstimos, sob essa nova política. Vivemos em um mundo globalizado, no qual temos de cuidar muito dos problemas dos outros, enquanto, simultaneamente, resolvemos os nossos.

Em seu livro, Friedman adverte os políticos norte-americanos sobre a necessidade de créditos tributários, melhores salários para os professores e novas abordagens para criar, atrair e reter os novos criadores de valor — os engenheiros. No entanto, reter o livre fluxo de capital para manter o bombeamento do fluxo sanguíneo da globalização também pode requerer uma equipe de cirurgiões de cérebro (financeiro global) mais sofisticada. Isso porque, hoje, o mundo carece de uma doutrina financeira, ou até mesmo de um conjunto de entendimentos informais, para estabelecer ordem em uma crise desse porte. Em vez disso, temos de tatear e administrar aos poucos, como se tentássemos realizar uma cirurgia cerebral delicada com uma das mãos amarrada nas costas e a outra com uma luva de boxe mal-ajustada. Os mercados financeiros têm simplesmente se tornado muito grandes e, às vezes, muito ameaçadores, para nossas instituições governamentais se mostrarem plenamente eficazes na manutenção da estabilidade.

O período 1870-1914, extraordinariamente similar ao que vemos hoje, encontrou uma nova e mais amarga realidade com os disparos iniciais da Primeira Guerra Mundial. Em uma década e meia, os fluxos de capital e de comércio entraram em colapso, o que ajudou a preparar o cenário para a Grande Depressão. Hoje, um dos mais proeminentes teóricos sobre política financeira global, e dirigente do Federal Reserve, Frederic Mishkin, argumenta, de modo sinistro, que "a possibilidade de outra grande reversão é muito real". Martin Wolf, do *Financial Times*, escreve que "a ruptura do início do século XX ocorreu, em parte, por causa das pressões para acomodar os poderes crescentes na ordem econômica e política global". Ele sugere que a ascensão atual da China e da Índia criou pressões comparáveis — "uma espiral de hostilidade mútua que mina o compromisso com uma ordem econômica internacional liberal".

Naturalmente, o mundo não irá defender o fim do sistema cambial que conhecemos. Os mercados financeiros mundiais industriais acumularam muito poder político para que isso venha a acontecer. Reversões raramente surgem de um único golpe político cruel, visível e planejado. Em vez disso, como a morte por milhares de cortes, elas veem de uma série de mudanças pequenas, aparentemente benignas, mas perigosamente desestabilizadoras que alcançam um ponto crítico terrível de incerteza e medo nos mercados. Isso foi o que aconteceu durante a crise das subprime, e hoje nós estamos crescentemente em risco de vivenciar novas calamidades financeiras que tragam consigo uma espiral viciosa de destruição e sofrimento.

Aceitei a tarefa de escrever sobre esse sistema complicado que chamamos de nova economia global porque estive sentado na fileira da frente, e provavelmente tive alguma participação modesta em sua criação. Durante minha carreira de trinta anos, observei as forças que criaram o desdobramento da globalização financeira e me consultei regularmente com alguns dos principais participantes do campo de finanças globais. Senti-me obrigado a dividir o que aprendi com aqueles que não conseguiram tal acesso.

Durante os anos, servi primeiro como chefe da equipe de um membro sênior da liderança do Congresso dos Estados Unidos, e, então, como consultor sobre questões econômicas para candidatos à presidência, tanto democratas quanto republicanos. Nos últimos vinte anos, trabalhei com alguns dos administradores de recursos mais bem-sucedidos no mundo, incluindo George Soros, Michael Steinhardt, Louis Bacon, Stan Druckenmiller e Julian Robertson, por intermédio de minha empresa de consultoria em macroeconomia global Johnson Smick International (previamente chamada Smick Medley and Associates). Servimos quase como jornalistas especializados — como um serviço de TV a cabo comparado com uma rede de televisão aberta.

Além disso, fundei e continuei a editar *The International Economy*, uma revista direcionada à comunidade global dos bancos centrais e ministros da Fazenda. Também concebi e organizei a Reunião de Cúpula do Congresso dos Estados Unidos sobre o Dólar e o Comércio, uma série de conferências importantes no final dos anos 1980 e 90, envolvendo os ministros da Fazenda, presidentes de bancos centrais do mundo e a liderança do Congresso dos norte-americanos.

Por duas décadas, interagi diariamente com os economistas mais experientes e os mais visíveis operadores de mercado nas linhas de frente da globalização financeira. Eles todos estiveram enfrentando as mesmas questões: como sobreviver e prosperar nesse novo sistema problemático.

Em janeiro de 2007, mais de seis meses antes do início da crise das subprime, comentei com outros convidados, em uma noite de jantar comemorativo em Washington, que "a pessoa comum hoje ficaria chocada em saber quanto o sistema financeiro global, embora robusto, estava diante de riscos potenciais com relação à sua sobrevivência. Ele é vulnerável a um efeito psicológico de manada que poderia causar devastações nas economias industrializadas do mundo". No caminho de casa após o jantar, minha esposa, Vickie, observou: "Você devia escrever um livro sobre o assunto. Se os bancos centrais e Wall Street sabem o que está por trás da cortina, por que todos os outros não deveriam saber? Por que você não diz o que todos os grandes agentes de mercado já sabem acerca de como essas incertezas poderiam afetar a todos nós?"

Eu, portanto, dou crédito à minha sábia metade, por reconhecer a necessidade deste livro, e por oferecer a centelha inicial que me motivou a aceitar este projeto.

CAPÍTULO 1
O fim do mundo

Não há nada como a possibilidade de a economia mundial chegar ao fundo do poço para ocupar o pensamento e agitar um verão sossegado. Era manhã de 10 de agosto de 2007, e eu estava me exercitando ruidosamente em uma bicicleta ergométrica no Clube Westmoor em Nantucket, uma ilha turística para descanso na costa de Massachusetts. No alto-falante, de maneira cerimoniosa, Paul Simon cantava "Slip Slidin'Away". Na parede, uma TV de tela plana sem som mostrava um grupo tagarela de modelos atrevidas com roupas de baixo da Victoria's Secret rindo tolamente e de forma estranha enquanto "abriam" a Bolsa de Valores de Nova York. No dia anterior, o Índice Dow Jones Industrial caíra, de modo acentuado e surpreendente, 387 pontos, quase 3%. Na noite anterior, os mercados asiáticos tinham despencado e, pela manhã, os mercados europeus estavam afundando com mais intensidade ainda. Os comentaristas excitados do CNBC, o canal a cabo de negócios, chegaram a um estado de apoplexia.

O mundo industrializado estava diante de uma crise de liquidez em pleno desenvolvimento, a Grande Crise de Crédito de 2007-2008. Em um instante, os bancos mundiais e outras instituições financeiras haviam deixado de conceder empréstimos. Pelo mundo, negócios foram interrompidos de modo assustador. Nos Estados Unidos, potenciais compradores de casas não puderam concluir suas compras. O sistema financeiro global estava desmoronando. Era como se o sangue em um corpo humano tivesse parado de fluir, e o paciente, que parecia saudável há apenas alguns dias, estivesse entrando em estado de coma.

Crises no mercado financeiro não são novidades para mim. Como consultor macroeconômico para muitos dos grandes fundos de hedge e mesas de operação de algumas das maiores instituições financeiras, lembro vividamente das tensas conversas telefônicas ao longo da noite durante o crash da bolsa de valores em 1987.

Mesmo o financista bilionário, seguro de si, George Soros, mostrava — eu me lembro — um leve tremor na voz quando percebemos que o fundo da crise poderia estar escapando ao controle do sistema financeiro mundial. Uma década mais tarde, no outono de 1998, o presidente do Federal Reserve, ou Fed (Banco Central dos EUA), de Nova York, Bill McDonough, explicava nervosamente para uma pequena plateia (incluindo a mim) que o colapso e o resgate subsequente da empresa financeira Long Term Capital Management pelo mercado colocara a economia mundial mais próxima de uma posição crítica do que qualquer um poderia ter percebido.

Enquanto estava sentado na bicicleta ergométrica, folheando uns trabalhos escritos que haviam acabado de ser enviados a mim de meu escritório em Washington D.C., concentrei-me na canção de Paul Simon: "Você sabe que, quanto mais próximo de seu destino, mais você está se afastando." Um dos trabalhos apresentava uma citação dissonante. O secretário do Tesouro* dos Estados Unidos, Hank Paulson, havia declarado recentemente: "Esta é de longe a economia global mais forte que eu vi em toda a minha vida de negócios." No entanto, naquela mesma manhã, o colunista do *New York Times* Paul Krugman sugerira que a crise de crédito atual poderia causar "inadimplências de dívidas na forma de uma reação em cadeia" que seriam um pesadelo. Ainda pior do que isso: ele disse que os responsáveis pela política econômica sentiam-se impotentes para responder a essa crise.

---

*Equivalente ao ministro da Fazenda no Brasil. (N. *do T.*)

Nenhuma dessas afirmações faz sentido, eu penso. Os mercados ficaram históricos com as perdas no mercado de hipotecas chamadas subprime, o mercado relativamente pequeno de hipotecas e de instrumentos financeiros relacionados a hipotecas vinculado aos mutuários sem histórico de crédito ou com históricos inescrutáveis. Mas por que o desmoronamento quase global do mercado de ações e o colapso dos empréstimos simplesmente decorreram de algumas execuções de hipotecas? Afinal, o problema dos empréstimos montava, na pior das hipóteses, a US$200 bilhões de exposição em um mercado global de centenas de trilhões.

Na verdade, a economia global estava em processo de *desalavancagem* — reduzindo gradualmente o risco, enquanto a bolha imobiliária murchava — e os mercados tinham conhecimento disso há meses. A situação era de perplexidade. Por que as ações de primeira linha das maiores empresas do mundo, que podem financiar sua expansão internamente sem recorrer a empréstimos bancários, seriam tão atingidas pelas execuções das hipotecas? Tudo isso deveria ser um evento de menor importância no contexto geral.

Sem dúvida, esse seria um dia interessante. Os mercados já se haviam assustado anteriormente naquela semana, quando um porta-voz do banco francês BNP Paribas anunciou, de modo confiante, que o banco não tinha qualquer exposição ao mercado de subprime, e, então, logo após isso, foi forçado a admitir um valor impreciso de hipotecas sem preços definidos. Essa admissão misteriosa derrubou os mercados de ações da Europa e dos Estados Unidos. E levantou a seguinte questão: Por que não foi somente a ação do BNP que foi atingida — por que as perdas maciças nos mercados industrializados mundiais?

Em dias, a crise se espalhara para o mercado de *commercial papers**, há muito considerado um dos mercados mais seguros para o investimento de fundos mútuos do mercado financeiro. Isso significou que o centro

---

**Commercial papers* são títulos de dívidas tipicamente de curto prazo de empresas não financeiras e financeiras. (*N. do T.*)

norte-americano estava agora com problemas. Repentinamente, o mercado considerado o mais seguro e líquido (excluindo o mercado de títulos do governo) do mundo se tornara suspeito. Os verdadeiros fundamentos do sistema financeiro sofriam uma crise de confiança. A energia vital do sistema global foi subitamente colocada em risco quando os investidores verteram seus recursos para o único investimento de curto prazo percebido como confiável — as letras de três meses do Tesouro dos Estados Unidos. Por que isso é perigoso? Significa que a liquidez dos mercados financeiros está secando. Quando em situação semelhante, durante a Grande Depressão, os investidores e poupadores enfiaram seu dinheiro debaixo dos colchões, as grandes empresas haviam colocado suas reservas em caixa no mercado de *commercial papers*.

Ao longo dessa sexta-feira em agosto, a loucura continuava. O Federal Reserve respondeu injetando US$19 bilhões no sistema bancário para mantê-lo na superfície e permitiu que as taxas de juros de curto prazo diminuíssem. Isso ocorreu após a injeção de US$24 bilhões pelo Fed no dia anterior. O Banco Central europeu, receoso, injetou a quantia extraordinária de 240 bilhões de euros no primeiro estágio da crise, acreditando que os bancos europeus estavam em sério risco. No entanto, na terça-feira da semana seguinte, a despeito dessa infusão de recursos em emergência, o índice Dow Jones continuava a despencar — primeiro, em 207 pontos, então, em 167 no dia seguinte, e mais 280 pontos em menos de uma semana. Na sexta, dia 17 de agosto, o mercado de ações japonês, já assustado, caiu 874 pontos, mais de 5%. A maioria dos mercados mundiais parecia em estado de queda livre. Os mercados de títulos de dívidas de médio e longo prazos entraram em turbulência quando os recursos, sem confiança do setor privado, inundaram ainda mais o mercado de letras do Tesouro dos Estados Unidos.

Ninguém confiava em ninguém, e então, de repente, ninguém emprestava a ninguém. O mercado de crédito mundial fechou, visto que ninguém estava seguro quanto às suas obrigatoriedades eventuais. Isso é perigoso porque, se o mercado de crédito privado deixar de funcionar, toda a economia ficará em risco — as pessoas perdem seus empregos, as pensões se dissolvem e o valor do patrimônio das famílias imediatamente entra em colapso quando o preço de suas casas despenca abaixo do valor das hipotecas. As taxas de juros nos empréstimos ao consumidor — automóveis, cartão de crédito e tudo mais — já estavam disparando, revelando que, mais cedo ou mais tarde, a economia sofreria um golpe.

Quando começo a refletir sobre essa situação, percebo que, em essência, o que realmente aconteceu foi o seguinte: as instituições financeiras norte-americanas anteriormente haviam colocado grande parte de seus empréstimos ruins, os subprime — seus lixos tóxicos —, em carteiras de títulos separadas, dividindo a soma total em muitas parcelas menores e vendendo essas parcelas para instituições financeiras na Europa e na Ásia. Logo, esse lixo tóxico foi pulverizado por todo o sistema financeiro do mundo industrializado, mas ninguém sabia onde. Agora, havia uma razão para o restante do mundo odiar os Estados Unidos.

É importante lembrar que a questão aqui não foi o tamanho da confusão com as hipotecas subprime; os mercados financeiros puderam entender isso. A questão era onde o lixo tóxico estava situado. Quem estava com câncer e quem estava saudável? No fundo, a questão era informação, ou a falta dela. E logo o cético mercado financeiro global olharia além do problema das hipotecas subprime e começaria a questionar a credibilidade de uma das principais artérias do sistema de crédito global, o mercado de títulos lastreados em ativos.

Na sexta-feira seguinte, o Federal Reserve voltou a agir, cortando sua taxa de desconto enquanto disponibilizava empréstimos generosos ao sistema bancário. O objetivo: colocar um anel de segurança de emergência em torno do setor bancário dos Estados Unidos, com base na crença de que, se os bancos entrassem em colapso, a economia norte-americana também entraria. Os pequenos negócios sentiriam o golpe primeiro, mas logo toda a economia real e a base dos empregos norte-americanos sentiriam o verdadeiro golpe. O Fed, ainda incerto com relação a quais instituições financeiras continham mais lixo tóxico, necessitava estabilizar a situação de modo a ganhar tempo.

Ao final daquela semana, refleti ainda mais sobre a inesperada mudança de eventos. Um acontecimento menor explodira em algo maior, levando o valor do mercado de ações dos Estados Unidos a declinar em quase 10% (antes de finalmente se recuperar após o corte das taxas de juros do Federal Reserve). Isso montava a uma perda repentina e instantânea de quase US$2 trilhões, igual a quase um sexto do PIB (Produto Interno Bruto) dos Estados Unidos.

Contribuindo para esse clima bizarro, no meio da crise, Ben Stein, o comediante (que também é economista), escreveu um artigo muito comentado no *New York Times* argumentando que, para a maior parte do mundo, a exposição às hipotecas subprime é tão minúscula que a reação global não fazia sentido. "Quais são os riscos na Tailândia, no Brasil ou na Indonésia intrinsecamente relacionados aos problemas de um conjunto de residências em Las Vegas? Por que uma empresa de hipotecas em Long Island deve ter alguma coisa a ver com eles?", o ator/economista perguntava.

Parte da resposta é que nós vivemos em uma era de globalização em que os mercados financeiros foram internacionalizados por meio de uma rede intrincada de engenharia financeira chamada securitização, um assunto que discutirei no próximo capítulo. É como Eric Jacobson, da empresa de pesquisa Morningstar, de Chicago, colocou a seguinte questão: "Há hoje muitas interconexões de diferentes partes do mercado, que, sob outros aspectos, parecem bem distintas." Mas a globalização não explica por que, aparentemente de um dia para o outro, os mercados financeiros parecem sair da realidade, e o que o caos subsequente significa para nosso futuro.

Nas semanas após a erupção da crise, comecei a ponderar sobre o que tinha acontecido. Como os mercados financeiros podem refletir uma economia robusta em um momento (o melhor que o secretário do Tesouro pôde vivenciar em toda a sua vida) antes de se perder no momento seguinte? Como pode a calma aparente se tornar uma ameaça genuína a todo o sistema econômico virtualmente de um dia para o outro?

A melhor metáfora que posso citar é que os mercados financeiros globais são, em parte, como um tio-avô rico, generoso, mas, vez ou outra, profundamente paranoico. Normalmente, esse tio-avô benevolente pulveriza dinheiro calma e sabiamente para toda a família, fazendo uma leitura cuidadosa do risco e do potencial retorno do investimento e observando o cenário para cada um que recebeu sua doação. Mas, eventualmente, um sentimento de repentina e profunda paranoia o domina. Subitamente preocupado com o cenário, e em crise, o tio-avô fecha a torneira do dinheiro. O que precipita a paranoia repentina? Nada mais nada menos do que a falta de informação clara, não ambígua e confiável sobre o que está acontecendo. O tio-avô pensa que seus parentes não estão dizendo tudo que ele necessita saber; que os parentes estão se contendo em relação a ele.

Durante a Grande Crise de Crédito de 2007-2008, o tio-avô benevolente entrou em pânico não por causa da inadimplência nas hipotecas subprime, ou pela bolha no setor imobiliário que estava se espalhando além dos limites. Os mercados financeiros mundiais estavam completamente informados sobre esses eventos. A dúvida se instalou porque, subitamente, ninguém conseguia saber quais instituições financeiras carregavam o lixo tóxico, e a que preço. A situação foi exacerbada pela súbita complexidade do sistema financeiro em decorrência da securitização, que resultou em falta de transparência. Quando o tio-avô benevolente torna-se paranoico pela falta de transparência, coisas ruins acontecem. A crise se instala. Nesse caso, o tio-avô de repente começa a duvidar do valor dos novos e complexos instrumentos de dívida do mercado financeiro. Para esses títulos de "papel", a única medida de risco e valor vem das agências de avaliação de risco de crédito, que medem os riscos com base meramente em modelos matemáticos sofisticados.

Em alguns casos, a falta de transparência pode levar à euforia que estimula as bolhas financeiras por causa da falta de informação concreta. Nesse caso, contudo, a falta de informação confiável levou à interrupção acentuada e perigosa dos empréstimos globais. Mas há uma questão mais ampla nessa discussão. O aumento drástico do problema é o resultado direto da globalização econômica mundial no último quarto de século. A globalização levou ao aumento da riqueza mundial, que criou um oceano volátil de capital, agora perambulando pelo mundo em busca de oportunidades de investimento. Esse oceano de capital tornou-se o grande desafio dos legisladores e executivos.

Muitos meses antes dessa grande crise, comecei a organizar meus pensamentos para este livro. O assunto seria o bem imperfeito que chamamos de globalização. Minha tese: a integração dos mercados financeiros mundiais durante o último quarto de século levou a uma era dourada de criação de riqueza e de redução de pobreza nunca vista na história da humanidade. Essa é a boa notícia. Com a introdução da China e da Índia ao sistema capitalista global, o mundo industrializado, nesse período notável, realizou algo próximo de um milagre. Em pouco mais de duas décadas, o mercado livre global passou por uma experiência sem precedentes, a duplicação de sua força de trabalho, de 2,7 bilhões para 6 bilhões, sem revolução, sem sérios distúrbios nas ruas, sem mesmo a ameaçada paralisação generalizada do sistema de comércio.

Esse sucesso fenomenal surgiu da mudança de um paradigma global, acelerado pelo colapso do Muro de Berlim, que levou à crença disseminada de que o sucesso econômico resulta não do governo ou mesmo do amplo setor corporativo, mas sim das contínuas inovações da classe empresarial global que assume riscos. É essa classe que permite que as economias se reinventem continuamente. E o mais importante é que essa inovação e reinvenção econômica são suportadas por um moderno sistema financeiro global de alocação de capital, de avaliação de riscos e de investimento que cruzam fronteiras em um clima de livre-comércio.

O resultado, a despeito das crises financeiras, foi uma onda de prosperidade sem precedentes — quarenta milhões de novos empregos somente nos Estados Unidos, sob governos tanto republicanos quanto democratas, o que representa mais do que foi criado pelo restante do mundo industrializado combinado.

Durante esse quarto de século, o índice Dow Jones para o setor industrial (Dow Jones Industrial Average) subiu de 800 para mais de 12 mil. Para se igualar em termos percentuais a esse sucesso no mercado de ações nos próximos 25 anos, o índice Dow teria de exceder 170 mil pontos. Em 1982, no início desse período de integração dos mercados financeiros globais, o patrimônio líquido das famílias dos Estados Unidos era de US$11 trilhões, e hoje excede US$56 trilhões, de acordo com o Federal Reserve. Mesmo quando ajustado pela inflação, isso representa uma surpreendente criação de riqueza.

De 1980 até o presente, o valor de todos os ativos financeiros globais saltou de US$12 trilhões para US$140 trilhões, um aumento de 1.166%. Os ativos financeiros globais saltaram de aproximadamente 100% do PIB mundial em 1980 para 325% hoje.

A notícia ruim é que atualmente a espetacular economia global é instável e turbulenta. À medida que empregos e investimentos se movem pelo mundo, as pessoas perdem rendas e pensões. E, quando essas mudanças significativas ocorrem, os benefícios econômicos do sistema são, com frequência, injustamente distribuídos. Conforme Nina Easton, da *Fortune*, escreveu: "Não há muita segurança no passo acelerado da economia global, em que os trabalhadores seguem em frente em busca de oportunidades (não seguindo obedientemente às regras oficiais), reinventando constantemente suas carreiras (não contando com a experiência) e investindo sua poupança por conta própria (não contando com fundos de pensões)."

Apesar da enorme criação de riqueza, essa nova era de fluxo livre de capital e de abundância também se fez acompanhar por uma era de crises financeiras. Charles Kindleberger, em seu livro *Manias, pânico e crashes*, cataloga a história completa das crises financeiras. E, de acordo com o Banco Mundial, o último quarto de século de prosperidade contém o ponto máximo de crises no sistema bancário, bem mais, por exemplo, do que o quarto de século pré-globalização. Entretanto, ao mesmo tempo, o mundo, ironicamente, tem-se beneficiado da redução da volatilidade da inflação e das taxas de desemprego em décadas recentes.

Como agir diante desses fatores econômicos opostos é a questão mais crítica com que se deparam os atuais responsáveis pela condução das políticas econômicas mundiais. Se eles reagem excessivamente à incerteza das situações de liquidez e crédito atuais, correrão o risco de sofrer uma reversão financeira e econômica que afetará a nós todos. Curiosamente, as melhores intenções podem levar a taxas de juros mais elevadas, mais desemprego, mercados de ações bem menos robustos, menos doações caridosas, e ao aumento devastador no nível da pobreza global. Entretanto, isso não tem de acontecer se os responsáveis pelas políticas reconhecerem a fragilidade dos mercados de capitais e adotarem novas abordagens estratégicas voltadas cuidadosamente a este novo e bravo mundo.

Não se enganem. Apesar da instabilidade financeira, o último quarto de século de mercados financeiros globais liberados e de comércio livre produziu a galinha dos ovos de ouro, em termos de liberdade política, de criação de riqueza e de redução de pobreza. Em 1975, por exemplo, somente 25% dos 147 países do mundo eram considerados democracias; hoje, após um quarto de século de mercados globalizados, esse número é 58%. Como Kofi Annan, ex-secretário-geral das Nações Unidas, disse: "Os principais perdedores no mundo atual bem desigual não são aqueles que estão muito expostos à globalização. São aqueles que foram deixados de fora."

Gary Hufbauer, do não partidário Peterson Institute for Internacional Economics, argumenta que os Estados Unidos ficam mais do que "US$1 trilhão mais rico a cada ano, em decorrência do comércio globalizado". Isso equivale a aproximadamente 10% do PIB, ou a incríveis US$10 mil por família. Em seu livro *World Capital Markets: Challenge to the G-10*, Hufbauer e o economista canadense Wendy Dobson afirmam que os ganhos econômicos advindos dos fluxos de capitais livres hoje igualam ou excedem os do livre-comércio.

Robert Bartley, falecido editor da página do editorial do *Wall Street Journal*, escreveu um livro sobre a economia na época de Reagan intitulado *The Seven Fat Years (November 1982-July 1990)*. Se alguém escrever uma sequência, ela deve ser chamada *The Twenty-five Fat Years*, incluindo o surpreendente tempo de paz e prosperidade no governo do presidente Bill Clinton, que foi o patrocinador do novo sistema financeiro global.

Esse quarto de século também representou o período mais bem-sucedido de redução em massa da pobreza na história da humanidade. Em 2006, eu me encarreguei de encomendar um artigo para minha revista, *The International Economy*, que tentasse aferir o desempenho dos mercados financeiros globalizados com relação à redução da pobreza desde 1980. O escritor, raciocinei, não deveria ser nem de uma agência do governo nem de qualquer grupo catalizador de ideias dependente de uma relação com o Banco Mundial; nem de qualquer órgão privado voltado à pobreza, muitos dos quais eram quase psicoticamente descrentes dos mercados. O escritor também não devia estar em uma missão ideológica direitista. Adam Posen, do Petersen Institute, um editor executivo de nossa revista, recomendou Surjit Bhalla, ex-representante do Banco Mundial e sócio do Goldman Sachs que é agora um investidor privado. Conhecido por seu pensamento e sua pesquisa independentes, Bhalla aceitou a tarefa.

Ele concluiu que nós tínhamos acabado de testemunhar algo histórico. O último quarto de século representou uma época de ouro de redução da pobreza, tudo ocorrendo durante a mudança em direção à globalização dos mercados financeiros. Com a pobreza definida pela medida tradicional de um dólar por dia (o padrão usado pelas agências internacionais), cerca de um bilhão de pessoas haviam sido retiradas da pobreza desde 1980. Dito de outro modo, no período 1950-1980, quando o Banco Mundial e outras agências internacionais, com recursos abundantes, viviam seus dias de glória, houve realmente um *aumento* significativo da pobreza global. E esse foi o período de grandes gastos governamentais, incluindo empréstimos e concessões importantes ao mundo em desenvolvimento. Esses esforços bem-intencionados foram penalizados porque, sem eficiência e instituições honestas nos países receptores, os resultados de transferências governo a governo sempre serão decepcionantes.

A era dourada da redução de pobreza chegou no período pós-1980, o da globalização dos mercados, com o nível de pobreza declinando surpreendentes 20%. Grandes mudanças, não com surpresa, surgiram na Índia e na China após ambas adotarem o capitalismo empreendedor e a redução de tarifas. Mas mesmo América Latina e África, que apresentavam inúmeras dificuldades, começaram a ver a pobreza declinar a partir do ano 2000.

Com certeza, o mundo ainda convive com muita dor e sofrimento. Mais esforços públicos e privados se fazem necessários para confrontar, em particular, a crise feroz de aids que sufoca o continente africano. Um dólar por dia pode ser uma medida muito baixa para a linha de pobreza, embora permaneça o padrão utilizado, e que tem por base o valor do dólar em 1994. Mas, no final, olhando simplesmente para os resultados finais, parece que o capitalismo empreendedor dentro de um sistema financeiro globalmente integrado é o único modelo capaz de oferecer uma redução de pobreza ampla e disseminada. As testemunhas são o bilhão de pessoas que foram retiradas da pobreza no último quarto de século.

Para reforçar minha visão, nada disso sugere que os esforços para aliviar problemas de saúde e médicos não se façam essenciais. Filantrópicos de destaque como Bill e Melinda Gates merecem muitos créditos por seus esforços. A estrela do rock Bono presta serviço importante e louvável ao morder os calcanhares do Banco Mundial e das empresas de medicamentos internacionais para que eles ofereçam apoio. Mas esses esforços são secundários em relação ao poder inerente ao capitalismo de mercado. O próprio Bono reconhece esse fato. Em março de 2007, ele disse ao *New York Times*: "Uma das coisas que aprendi na África foi o papel crucial do comércio no processo de retirar as pessoas da extrema pobreza."

Embora imperfeita, algumas vezes desapontadora, e frequentemente imprevisível, a globalização tem sido uma máquina muito impressionante de criação de riqueza. Mas, após 25 anos de drástico desempenho econômico, ainda não conhecemos todas as implicações — boas e más — da globalização. Sabemos que, a despeito de algumas décadas de rápida globalização do sistema, os responsáveis pela política econômica e os políticos, em sua maior parte, entendem pouco sobre a natureza única da economia atual.

Para muitos, a economia permanece uma entidade estática em que forças políticas competem em uma era emergente de lutas de classe. Na realidade, a economia global está mais para um organismo dinâmico e vivo. Robert Samuelson, da *Newsweek*, revela uma estatística notável: "A cada três meses, sete a oito milhões de empregos desaparecem nos Estados Unidos, e um número aproximadamente igual ou maior de empregos é criado."

Além disso, essa nova economia global é amplamente diferente do sistema antigo em que corporações e suas elites manipuladoras exerciam controle sobre o sistema global para manter relativa estabilidade. Agora, o caso é exatamente o oposto. Mais do que em qualquer ocasião anterior, as grandes corporações são ameaçadas continuamente por obsolescência por uma classe empresarial que assume riscos elevados, e que, constantemente, enfrentam a possibilidade de quebra. Do mesmo modo que a IBM foi uma vez ameaçada pela Microsoft, agora a Microsoft é ameaçada pelas novas empresas ricas da internet como a Google, ou pelo sistema operacional aberto Linux.

A situação pode se tornar ainda mais complicada pelo fato de estarmos entrando em uma nova era interativa em que uma colaboração em massa via internet está transformando o modo como os negócios criam e adicionam valor. Esse é um processo no estilo populista de reforma dos negócios internacionais em que uma dinâmica descentralizada pode gradualmente estar dominando a economia global. Em um capítulo posterior, discutirei o que isso significa para a China, onde o governo implementou uma nova e estranha política que tenta policiar o conteúdo da internet. No entanto, em última instância, não temos outra escolha neste mundo crescentemente volátil a não ser aceitar o mercado globalizado e direcioná-lo sutilmente a nosso favor com o menor número de consequências negativas inesperadas. Como disse o presidente Bill Clinton em seu discurso para o Congresso dos EUA de 2000: "Não há volta. E nossa sociedade aberta e criativa destaca-se para se beneficiar mais do que qualquer outra."

Como resultado da imensa criação de riqueza pela globalização, o mundo foi inundado com dinheiro, e grande parte dele procurou segurança nos Estados Unidos nas últimas décadas. Dino Kos, ex-chefe da mesa de câmbio do Federal Reserve de Nova York, assistia à entrada de grandes fluxos de capital todos os dias. Ele resumiu a situação antes de a crise de crédito irromper da seguinte maneira: "havia um oceano de liquidez nos mercados. A revolução na produtividade se tornara global. O mundo todo tinha se tornado mais rico mais rapidamente do que qualquer um de nós imaginava".

De fato, houve, por um período, uma escassez de oportunidades de investimentos globais, pois grande parte do capital dependia de investimentos nos EUA e em outros ativos do mundo financeiro industrializado. Desde 1995, por exemplo, US$6,5 trilhões de capital externo, em termos líquidos, fluiram para os Estados Unidos, o que significou US$1,7 trilhão a mais do que o déficit comercial desse período. O sistema internacional está desequilibrado, e esse foi o motivo para o presidente do Federal Reserve, Ben Bernanke, ter defendido uma política de longo prazo para o reequilíbrio global. Os Estados Unidos — ele argumenta —, necessitam passar por "um processo de transferência de recursos dos setores que produzem bens e serviços não comercializáveis com o exterior para setores que produzem bens e serviços comercializáveis". Tradução: os EUA necessitam reduzir seus déficits orçamentários e sua dependência de petróleo enquanto expandem suas exportações de bens e serviços. Outros países necessitam estimular a demanda doméstica, de modo a poder comprar mais produtos importados e depender menos de exportações. Essa mudança, no entanto, levará tempo e, nesse ínterim, a economia norte-americana dependerá de investimento estrangeiro.

Além disso, alguns membros da comunidade política dos EUA adotaram a postura de considerar o investimento externo como um monstro louco, que ameaça o núcleo da existência dos Estados Unidos. A situação não é tão simples. Na realidade, a ameaça à existência, no curto prazo, é a percepção disseminada de que os EUA não mais dão boas-vindas ao capital externo. Por décadas, os investidores globais têm considerado a economia norte-americana um porto seguro para o capital internacional. Estudos mostram que as empresas financiadas por investimento direto estrangeiro fizeram pagamentos elevados, 32% acima da média para o restante do setor privado, de acordo com o *Wall Street Journal*. Os EUA têm sido um investimento bem atraente para o sistema financeiro global. Somente um tolo faria alguma coisa para alterar essa percepção até que o sistema global seja reequilibrado, com os Estados Unidos colocando suas contas públicas em ordem e outras partes do mundo se reestruturando economicamente para se tornar menos dependentes de exportações. Mas, por ora, a retórica política populista contra o capital externo tem provocado nervosismo nos operadores e investidores do mercado financeiro global. Eles perguntam: Os populistas norte-americanos entendem como estão brincando com fogo?

No fundo, o futuro da economia mundial globalizada depende destas questões fundamentais: Qual é a definição de liquidez? E por que a liquidez (e sua prima, a disponibilidade de crédito) em um minuto parece ser muito abundante e, no minuto seguinte, parece ter desaparecido completamente? Com que intensidade a liquidez reflete verdadeiro aumento de valor em uma economia global em expansão?

Talvez a melhor metáfora para explicar liquidez seja o óleo no motor de um automóvel. Se o óleo acumula no fundo do motor, mesmo que haja bastante óleo, o motor para. O óleo necessita se movimentar livremente pelo motor.

Os bancos centrais de hoje lutam com a questão de liquidez. Em certos momentos, em turbulências financeiras, a liquidez (óleo) pode, de repente, se movimentar de uma posição (para o coletor de óleo do motor) que, na economia atual, significa comprar somente títulos de dívida de curto prazo do Tesouro. Quando isso acontece, o crédito sofre contração e toda a economia e o sistema financeiro ficam em risco. Os pistões do motor podem logo parar de funcionar.

Durante as crises da Ásia e da Rússia em 1997-1998, por exemplo, a liquidez global instantaneamente secou. Após um período de abundância de liquidez, o crédito não era encontrado em lugar algum. A Grande Crise de Crédito de 2007-2008 foi acompanhada por um fato similar. A situação era assustadora em ambos os casos, mas por que a liquidez secou tão rapidamente? E, de fato, o que direciona essa coisa que chamamos de liquidez?

Quando reduzido à sua essência, após levar tudo em consideração, a liquidez não é muito mais do que confiança. O diretor do Federal Reserve, Kevin Warsh, argumenta a favor da confiança: "Forte liquidez nos mercados de capitais dos Estados Unidos é evidenciada quando se acredita que os resultados econômicos serão positivos. Quando os resultados (fortemente negativos) são ou muito improváveis ou, pelo menos, sujeitos a medidas razoavelmente precisas, criam-se as condições para a farta liquidez." Alan Greenspan, quando era presidente do Federal Reserve, também argumentou que a liquidez é somente outra palavra para confiança. Em capítulo posterior, relatarei como o ex-presidente e eu tivemos uma série de discussões a respeito de como a função dos bancos centrais, por sua necessidade de manter a confiança, se tornou uma forma elaborada de "teatro", com os mercados financeiros agindo como audiência. A liquidez, portanto, depende, em grande extensão, da confiança dos mercados, no sentido de os responsáveis pelas políticas não cometerem uma série de erros grosseiros no futuro próximo. Durante a crise das hipotecas subprime, os bancos centrais do mundo, desde o início, inundaram os mercados mundiais com injeções de "liquidez". No entanto, a crise de crédito continuou por conta da falta de confiança do mercado global na arquitetura financeira, incluindo a capacidade do sistema financeiro de medir os riscos verdadeiros.

Em essência, a sobrevivência do sistema financeiro mundial depende de um jogo global de confiança bem elaborado. O tamanho dos mercados financeiros, em relação aos governos, se tornou tão monstruosa que não há maneira de manter a estabilidade a não ser estabelecendo uma psicologia de confiança. Os próprios governos não podem restaurar a ordem por decreto. Eles podem somente projetar para os mercados a sensação de que eles sabem o que estão fazendo.

Considere o exemplo do UBS, o maior banco da Suíça, e uma das maiores instituições financeiras no mundo. Durante a crise imobiliária, os dirigentes dos bancos centrais da Suíça descobriram, com absoluto desânimo, que a exposição financeira total de somente um de seus bancos, o UBS, montava a mais de 2 trilhões de francos suíços, de acordo com o Swiss National Bank. No entanto, o PIB total da Suíça chega somente a 475 bilhões de francos suíços. No caso de turbulência com forte fuga de capitais, os passivos de somente um banco representam mais do que quatro vezes o tamanho de toda a economia. Tradução: o governo suíço, em tempos de crise, não pôde salvar seu sistema financeiro, ainda que os representantes do governo quisessem. No restante do mundo industrializado os governos se encontram em situação similar, particularmente quando se considera que as instituições financeiras se envolvem em operações que abrangem alavancagens consideráveis (tomar emprestado com base nos ativos de investimento atuais para fazer novos investimentos).

Para os governos atuais, a instabilidade dos mercados financeiros representa o enigma definitivo. Quando deseja que a psicologia da paranoia humana entre em cena, a incerteza domina a situação. Especialistas ainda debatem sobre o fator, ou os fatores, que levaram à queda violenta da bolsa de valores norte-americana em 1987, uma correção de mercado que, em termos atuais, significaria uma queda de 3.500 pontos no índice Dow Jones em um dia. De início, a teoria convencional atribuiu a culpa pela redução do índice simplesmente ao papel dos seguros de carteira (*portfolio insurance*), os quais amplificaram uma queda inicial do mercado. No entanto, o que está claro hoje é que uma série de acontecimentos aparentemente benignos, quando colocados em conjunto, minou seriamente a confiança, o que levou à quebra repentina da ordem financeira internacional.

Os participantes do mercado passaram a acreditar que os responsáveis pela política econômica estavam rompendo o sistema global, o que levou os investidores à incerteza e à falta de confiança. No caminho para esse período, os condutores da política econômica cometeram alguns erros grosseiros aparentemente pequenos que, ao se acumularem, acabaram tendo consequências devastadoras quando milhões de participantes do mercado perderam a confiança no futuro. A comparação com a situação de hoje não deixa de ter seu mérito.

Por exemplo, no outono de 1987, ocorreu uma disputa pública entre o secretário do Tesouro dos EUA, James Baker, e seu equivalente na Alemanha, Gerhard Stoltenberg, com relação ao dólar e às taxas de juros. Isso gerou a percepção de perda da ordem e da segurança financeira internacionais. A administração Reagan também impôs sanções comerciais contra o Japão, criando incerteza sobre o futuro do comércio livre. Uma semana antes do crash da bolsa, o Comitê de Verbas Orçamentárias da Câmara de Deputados* anunciou planos para elevar impostos sobre dívidas associadas à tomada de controle de corporações, o que muitos participantes do mercado interpretaram como uma medida bastante negativa para os mercados financeiros. Em torno desse período, um subcomitê da Câmara dos EUA aprovou a emenda do candidato presidencial democrata de 1988, Richard Gephardt (conselheiro de Hillary Clinton na eleição presidencial de 2008), que infligia sanções sérias sobre países que apresentassem superávits comerciais "excessivos e injustificáveis" em relação aos Estados Unidos. Todas essas ocorrências deixaram os mercados com receio de que os fluxos de capitais corressem risco de ruptura.

A questão decisiva foi que, em 1987, uma combinação mortal de passos técnicos errados aparentemente pequenos e postura política menos do que cuidadosa quase afundou os mercados de ações mun-

---

*Do inglês House Ways and Means Committee. (*N. do T.*)

diais — e a economia global também. No mundo de políticos e mercados, as pessoas importam. Os mercados financeiros estavam agitados e, de repente, perceberam a relutância dos grandes poderes em cooperar. Quase da noite para o dia, o preço das ações caiu, alimentadas em si mesmas, criando um show de horror financeiro de proporções históricas. É verdade que o mercado se recuperou, ajudado pela sensação entre os participantes dos mercados financeiros de que os governos das nações industrializadas do G-7 (França, Alemanha, Japão, Estados Unidos, Canadá, Itália e Reino Unido) coordenaram suas ações quando a crise irrompeu. Dados os principais participantes atuais — que incluem China, Índia, Rússia e outras economias produtoras de petróleo e com excesso de poupança —, tal coordenação e pensamento único são muito menos prováveis de ocorrer no caso de uma importante queda violenta do mercado de ações.

O que está claro é que a instabilidade financeira veio para ficar. Em estudo sobre a história deste tipo de turbulência, os conhecidos economistas Barry Eichengreen, da Universidade da Califórnia, em Berkeley, e Michael Bordo, de Rutgers, sustentam que as crises financeiras de hoje "são duas vezes tão comuns" quanto eram há um século.

A Grande Crise de Crédito de 2007-2008 é um caso definitivo. Mas poderia o novo oceano independente de liquidez secar ainda mais, causando a paralisação da máquina de riqueza global? Infelizmente, o quadro não é tranquilizador. Isso porque o restante dos políticos do mundo devem provavelmente seguir os passos errados dos Estados Unidos, especialmente nas questões de protecionismo e de ajustamentos regulatórios ineptos do mercado financeiro.

Há vários pontos fundamentais desconhecidos, porém um dos mais vexaminosos é a incerteza política. Os que se opõem à globalização incluem tanto republicanos quanto democratas no Congresso norte-americano. Apoiados pelos poderosos grupos de interesses preocupados com as incertezas da competição internacional, eles já estão rotulando o processo de "a corrida mundial para o declínio". No começo da campanha presidencial em 2008, tanto os democratas (conduzidos pelo ex-senador John Edwards) quanto os republicanos (conduzidos pelo ex-governador Mike Huckabee) faziam pronunciamentos com enfoques antiglobalização impressionantemente similares, enquanto a maioria dos outros candidatos se recusava a defender o sistema. Isso porque a globalização, embora tenha produzido muita riqueza, também produziu ansiedade de forma disseminada. Trabalho terceirizado, antes limitado aos trabalhadores relativamente não especializados, agora se mostra com a aparência de uma ameaça real aos empregos da classe média. A verdade é que os Estados Unidos, até então, têm feito grande oferta de mão de obra doméstica, e não um demandante líquido de mão de obra externa. Estrangeiros investem US$1 trilhão a mais nos Estados Unidos do que os norte-americanos investem no exterior, motivo pelo qual os Estados Unidos criam liquidamente dois milhões de novos empregos a cada ano.

Um estudo dos economistas Gordon Hanson e Robert Feenstra argumenta que a demanda de mão de obra externa tem realmente elevado os salários reais de trabalhadores não especializados. Os economistas William Dickens e Stephen Rose argumentam que a crítica à demanda externa de mão de obra é exagerada: "Economias de mercado modernas regularmente destroem e criam dezenas de milhões de empregos somente devido à sua dinâmica interna. O comércio desempenha um papel bem pequeno nesse revolver de empregos. A maior fonte de perda de emprego continua a ser, de longe, a competição *doméstica*." Martin Baily, da McKinsey, e Robert Lawrence, de Harvard, concordam, argumentando que 90% da perda de empregos na produção de manufaturas resulta de forças domésticas, principalmente avanços tecnológicos que forçam as empresas a eliminarem trabalhadores.

Sem dúvida, o sistema global está mudando, com um deslocamento econômico potencial nos próximos anos do setor manufatureiro para o de serviços. China, Índia e outras economias asiáticas podem, em breve, alcançar um estado de enorme excesso de capacidade no setor de manufaturas. Para manter suas economias, essas nações se direcionarão mais para o setor de serviços, o esteio das economias dos

Estados Unidos e do Reino Unido (nos Estados Unidos, mais de 80% dos empregos estão no setor de serviços). Mesmo que os Estados Unidos permaneçam na condição de uma enorme ofertante líquida de empregos, a ansiedade sentida pelos que estão no setor de serviços permanecerá e se intensificará. Contadores, advogados, radiologistas e outros já receiam que sua subsistência esteja em risco, dada a nova classe de competidores externos. Embora alguns especialistas sintam que o medo com relação aos empregos no setor de serviços seja um tanto exagerado, o receio em si é uma ameaça.

Economistas como Jagdish Bhagwati, da Universidade de Colúmbia, por exemplo, opõe-se às visões de que, no setor de serviços, "a proximidade do pessoal frequentemente é indispensável", visto que muitos serviços "não podem ser feitos a longa distância". Concordo que a ameaça é exagerada, mas os *sentimentos* de ansiedade são bem reais, e provavelmente provocarão uma resposta política efetiva dos Estados Unidos o que causaria muita instabilidade nos mercados globais. De fato, nos Estado Unidos, o caldeirão do descontentamento populista em relação aos interesses das grandes corporações está fervendo mais rapidamente a cada dia.

A questão preocupante é se os políticos percebem quão pouco podem controlar esse sistema global com remendos legislativos ou regulatórios sem produzir consequências negativas não premeditadas. Essa situação traz à lembrança o que o governo britânico fez nos anos 1960, quando remendou seu sistema financeiro ao proibir as pessoas de levarem dinheiro para fora do país. O que era, de fato, um experimento político elaborado, aparentemente benigno e com a intenção de evitar o enfraquecimento da moeda (apesar das políticas expansionistas questionáveis durante um período de inflação crescente), se mostrou desastroso. O mercado respondeu, quase destruindo as poupanças da classe média britânica. É por isso que os responsáveis pelas políticas econômicas, ao considerarem o furioso oceano de capital, devem abordar medidas políticas com forte dose de humildade. Os mercados globais podem responder como um animal zangado, imprevisível, facilmente provocável.

Hoje, vivemos estranhos novos tempos, em que, com exceção de nações que exportam commodities (Rússia e outros produtores de petróleo), a economia global está se colocando de modo crescente além do controle positivo dos governos. Mesmo a China não pode facilmente ser controlada por seu governo central, que erra ao tentar administrar a economia ao nível microeconômico quando os mercados poderiam alocar seus recursos de modo melhor.

Neste novo mundo, os governos estão lutando por relevância. Isso não significa que há algum tempo a situação fosse bem mais clara. Por exemplo, instituições governamentais como o Banco Mundial, o Fundo Monetário Internacional e o Clube de Paris — voltadas para ajudar os devedores do Terceiro Mundo — foram úteis no processo de coordenação dos fluxos de capital. Com os mercados emergentes agora pagando suas dívidas e o mundo com fartura de dinheiro, essas instituições governamentais estão lutando para manter um papel internacional vital.

Eles não têm tempo a perder. Os governos da China e da Índia já estão se movimentando através dos mercados emergentes oferecendo empréstimos baratos (subsidiados) ligados a acordos envolvendo a troca de commodities, conduzidas por petróleo. Mas essas ações já elevaram os níveis de tensão e o nível de ressentimento na economia global. Cresce a percepção de que, enquanto a China se beneficia do sistema global de comércio de bens e de commodities, ela faz pouco para aumentar a estabilidade do sistema e, às vezes, mina essa estabilidade.

Essencialmente, a China e outros estão oferecendo juros menores que os do Banco Mundial — e, diferentemente deste, seus empréstimos não envolvem padrões de meio ambiente ou de direitos humanos. Como evidência de que a China, a Índia e outros estão marginalizando o Banco Mundial, o FMI e outras agências, considere o que aconteceu em Washington no fim de semana de 14 de abril de 2007. As nações industrializadas tiveram um encontro importante com o FMI e o Banco Mundial, bem como com ministros da área econômica e financeira e diretores de bancos centrais. Os chineses não se preocuparam em aparecer. No encontro seguinte, no início de outubro de 2007, eles enviaram um representante do Banco Central relativamente sem poder, em vez de representantes mais importantes. A razão citada para sua ausência foi que eles estavam preocupados com problemas domésticos mais urgentes.

No Capítulo 4, mostrarei a natureza potencialmente inquietante da relação da China com o mundo nos anos vindouros. Greg Mastel, ex-chefe do conselho de comércio do Comitê de Finanças do Senado dos Estados Unidos (2002-2003), sugere que existem muitos exemplos de turbulências futuras, inclusive desacordos vindouros sobre a política de meio ambiente. Mastel argumenta: "Se a China isentasse suas indústrias siderúrgica e química do controle de emissão de gases do efeito estufa ou pagasse a elas grandes subsídios, as indústrias competidoras nos Estados Unidos e na Europa ficariam em enorme desvantagem." Isso porque os estatutos da Organização Mundial do Comércio (OMC) tornam os Estados Unidos e a Europa relativamente sem poderes para responder com tarifas efetivas sobre os produtos importados da China. A OMC permite restrições ao comércio somente para "a conservação de recursos naturais exauríveis". As regras com relação às ações de comércio em resposta às políticas nacionais de meio ambiente são, na melhor das hipóteses, obscuras. Mastel prevê uma situação em que os Estados Unidos e a Europa podem ver indústrias centrais injustamente sendo esvaziadas, com pouco a fazer legalmente em resposta.

No entanto, neste mundo globalizado em que os fluxos de capitais compensam os desequilíbrios orçamentários e em conta-corrente dos Estados Unidos, uma hipótese permaneceu constante — a de que o capital global deve continuar fluindo livremente. Se esse fluxo de capital cessar, ou por conta de intervenção governamental de políticos partidários de medidas opressivas, ou pela ruptura completa da ordem internacional como subproduto de uma guerra comercial com a China, o potencial para um efeito manada global negativo é enorme. Os administradores de recursos globais conversam entre si. Em um novo mundo de mercados globais dominantes regrados por sentimento e psicologia, apenas o sopro de uma economia protecionista ou de uma guerra por controle econômico de alguns países terá consequências desastrosas.

Podemos não gostar da natureza interdependente desse sistema, mas é a realidade atual. E, neste novo mundo interconectado, o pessimismo pode ser altamente contagioso. Teóricos especializados no funcionamento dos mercados já estão especulando se as forças a favor do meio ambiente e as forças por trás do comércio livre estão em rota de colisão. Caso se torne aparente que os Estados Unidos estão caminhando na direção do protecionismo comercial, há um verdadeiro risco de que a confiança no modelo empreendedor global de livre fluxo de capital possa secar da noite para o dia. O perigo para a economia global é enorme, porque a pressão protecionista atual pode facilmente se tornar a guerra comercial e de commodities de amanhã — resultando em uma nova era assustadora de liquidez cada vez mais escassa.

No último quarto de século, os Estados Unidos defenderam o conceito bipartidário segundo o qual mercados abertos, um capitalismo empreendedor turbinado e mercados de capitais internacionais com livre fluxo de capitais representam uma fórmula mágica de sucesso econômico. A riqueza advém da imaginação, da descoberta e da inovação. Em décadas recentes, os Estados Unidos provaram ser fonte autêntica de inovações tecnológicas — do iPod ao Google e ao YouTube, embora a situação agora esteja mudando.

Complicações geopolíticas no Oriente Médio, o colapso da confiança nos mercados de crédito e em nossa arquitetura financeira, além da incerteza global em geral, já lançaram uma nuvem cinzenta sobre o processo de inovação nos Estados Unidos. Não surpreende o fato de que os diretores-executivos (CEOs) das corporações norte-americanas, mesmo antes da crise imobiliária, estavam começando a se retrair, preferindo recomprar ações, fusões e aquisições aos investimentos em projetos arriscados. Um Congresso norte-americano desanimado, com número recorde de baixas aprovações, já estava perdendo a confiança no futuro econômico dos Estados Unidos. Essa equipe de governo está nitidamente cogitando a possibilidade de colocar a economia em hibernação, em uma tentativa de alcançar alguma falsa sensação de segurança econômica ao compensar riscos.

A Lei das Consequências Não Premeditadas está a um passo de exercer seu domínio porque os responsáveis pelas políticas mundiais ainda acreditam em seu poder de controlar a economia global. Estamos à beira de descobrir as implicações desse equívoco enquanto milhões de tomadores de decisões de mercado — os administradores desse novo oceano de capital — avaliam suas opções.

Recentemente, alguém me pediu para dar exemplos específicos de como a nova economia global poderia desdobrar-se. Há centenas de possibilidades. Afinal, quem teria previsto a devastação global resultante do colapso imobiliário nos Estados Unidos? Imagine, eu disse, que os responsáveis pelas políticas norte-americanas em Washington se envolvam cada vez mais no estabelecimento de padrões contábeis para seu país, de modo a gerar uma divisão clara entre os Estados Unidos e o restante do mundo, com desvantagem para os EUA. Essa mudança os isolaria de tal modo que desencorajaria ainda mais investimentos estrangeiros.

Ou imagine que o Congresso norte-americano estabeleça barreiras aos investimentos em que o capital externo detenha a propriedade das empresas norte-americanas. O restante do mundo, então, responderia com aumentos de impostos e/ou ataques regulatórios sobre os ativos das empresas de propriedade norte-americana no exterior. Pense: tal cenário está longe de ser alcançado? Em 2005, 15 democratas na Câmara de Deputados dos Estados Unidos trocaram de posição para apoiar o Acordo de Livre-comércio na América Central, ou Cafta. Desde então, os chamados Cafta 15 quase foram expulsos do partido por suas transgressões com relação ao livre-comércio.

Imagine que uma onda de políticas populistas leve à substituição do imposto mínimo no código tributário dos EUA, estabelecendo, digamos, 70 ou 80% de imposto sobre a renda pessoal acima de US$2 milhões. Como resultado, uma parte significativa dos setores empreendedores e de serviços dos EUA se desloca para o exterior, o que terá como consequência não intencionada uma contração severa do volume de doações nos EUA. Ou imagine que a Rodada do Acordo de Comércio de Doha entre definitivamente em colapso e o consenso sobre o livre-comércio desapareça. Agora, ele está pendurado por um fio. Subitamente, os líderes políticos dos mercados emergentes dizem ao mundo "para o inferno com as patentes" ou "pagamentos garantidos sobre empréstimos sobre qualquer coisa considerada um 'bem público'" (produtos farmacêuticos, instalações de tratamento de água etc.). Os Estados Unidos retaliam colocando barreiras. O comércio global cai como uma pedra, enquanto os mercados financeiros se derretem.

Imagine que Washington decida restringir o movimento para fora da fronteira da propriedade intelectual, e os estudantes universitários estrangeiros sejam banidos das universidades dos EUA. Dentro de alguns anos, os Estados Unidos se assemelhariam à Europa — seria um país muito menos inovador.

Imagine algum imposto administrativo bem-intencionado ou uma pequena mudança regulatória no mercado de títulos do Tesouro norte-americano que provoque rápido declínio no valor das Letras do Tesouro. Então, um grupo de arrojados negociadores de títulos no Japão, ou, mais provavelmente, na França, tira vantagens dessa mudança de circunstâncias, direcionando o mercado de Bônus dos Estados Unidos para uma ampla situação de caos e de colapso. Ou imagine que os Estados Unidos e a Europa se unam para regular, de modo severo, a eficiência energética. Eles estabelecem padrões de meio ambiente na forma de imposto sobre importação de bens de economias que produzem com emissões de carbono elevadas, tendo a China como o maior acusado. A China retalia com uma tarifa sobre os setores agrícola e bancário dos Estados Unidos, provocando o derretimento dos mercados financeiros em Wall Street.

Com os fundos de pensão pressionados para aumentar os rendimentos, imagine um murmúrio sobre esforços do Congresso norte-americano para reduzir a posição de riscos dos agentes financeiros; isso, ao longo do tempo, gera como consequência não intencionada uma crise nos fundos de pensão, não diferente da crise dos *commercial papers* de 2007. Imagine a continuação do clima de cautela pós-Sarbanes-Oxley, que, lentamente, elimina a competitividade das corporações nos Estados Unidos. Pense nas consequências não intencionais do sentimento dos norte-americanos com relação a não serem mais o número um. Menos competitivos, eles se tornam agastados. O Congresso reage, o assunto cresce, e o elemento mais essencial para a sobrevivência da nova economia global — a liquidez — encolhe ainda mais. As taxas de juros disparam e o ciclo de terror econômico começa. E, para o investidor médio, não há lugar para se esconder.

O sistema global está se tornando mais vulnerável a cada mês que passa. Recentemente, fizeram-se esforços para dar ao Congresso norte-americano maior influência política sobre o CFIUS (Commitee on Foreign Investment in the United States)*, uma agência governamental com poder de vetar investimento estrangeiro nos Estados Unidos com base em preocupações no que concerne à segurança nacional. O CFIUS, que desempenha função de política pública vital, tem como alvo os aproximadamente 12 fundos de investimentos estrangeiros estatais (conhecidos como fundos soberanos de riqueza, SWFs (Sovereign Wealth Funds), de propriedade dos países dependentes de monopólios de commodities (Arábia Saudita, Emirados Árabes Unidos, Rússia etc.), que controlam aproximadamente US$2,5 trilhões.

Mas a questão é se esses esforços necessários no sentido de mais fiscalização dos fundos de investimento soberanos vão além de sua missão definida, que é a preocupação com a segurança nacional. Os primeiros sinais não são encorajadores. A Comissão Europeia já está no processo para implementar regras significativamente mais restritivas do que as vigentes nos planos dos Estados Unidos. A suspeita é que os burocratas europeus estão usando essa situação como um convite para aumentar o controle regulatório sobre os mercados financeiros em geral. Um de seus objetivos é proteger as empresas domésticas

---

*Comitê de Investimento Externo nos Estados Unidos. (N. do T.)

contra o setor de serviços financeiros dos Estados Unidos, tradicionalmente muito competitivo.

No entanto, a ansiedade política associada a esses fundos soberanos não pode ser desconsiderada. Afinal, China, Índia e as economias produtoras de petróleo controlam grande parte dos excessos de poupança no mundo. E os norte-americanos estariam confortáveis ao permitirem, digamos, que um governo russo controlado pela KGB ou que o governo chinês comprassem 10 ou 15% do controle da Microsoft, Google... ou Boeing, com potencial de obter assentos nos Conselhos das empresas e ter acesso a informações reservadas? Caso contrário, como os governos russo, chinês ou saudita reagirão aos enormes investimentos do Ocidente em suas economias? Onde traçamos a linha entre empreendimentos livres dentro dos mercados globais e as decisões estrategicamente orientadas pelos veículos de investimentos controlados por governos com suas agendas políticas?

Em uma viagem pela Europa, conversei com o presidente de um importante Banco Central europeu, que me contou sobre sua recente visita a Xangai. O governo chinês, em um passeio pela cidade oferecido a ele, o levou de carro para uma pequena "cidade" a 35 minutos de Xangai repleta de prédios com escritórios novíssimos e completamente vazios. O oficial europeu disse ao anfitrião: "Esses prédios são espetaculares, mas estão todos vazios. Por que isso?" O anfitrião chinês respondeu: "Os prédios não ficarão vazios por muito tempo. Logo acomodarão os empregados das agências de investimentos do governo no exterior." Disse o europeu: "Vejo que o governo está redefinindo o conceito de reservas do Banco Central. Elas não são mais reservas; representam o capital de investimento do governo pronto para fazer compras pelo mundo afora." O anfitrião chinês respondeu: "Algo assim." Isso, então, leva à seguinte questão: as economias do mundo industrializado dispõem de uma estratégia eficaz para entender a natureza desses fluxos de investimentos propostos?

No entanto, para aumentar a confusão, a maioria dos fundos soberanos de riqueza, ironicamente, até então, tendeu a se interessar por investimentos de longo prazo passivos e não alavancados em empresas ocidentais. Em outras palavras, até hoje, eles, felizmente, talvez sejam os últimos a vender durante a queda dos mercados. No próximo capítulo, discutirei as faixas de atuação por onde vagueiam os investidores internacionais denominados fundos de hegde. É possível que, no evento de fraquezas econômicas globais, o seguinte cenário se apresente: os fundos de hedge apostem contra a economia global, enquanto os fundos soberanos de riqueza atuem lado a lado com os bancos centrais do mundo industrializado para combater o pessimismo com investimentos importantes nos mercados mundiais industrializados. Alguns pequenos fundos soberanos mais independentes, para confundir ainda mais o cenário, podem decidir vender seus ativos no mercado por meio de fundos de hedge de investimentos privados constituídos por grupos internacionais, os fundos de fundos.

O que isso tudo significa é que o mundo atual parece estar se afastando do modelo de globalização e mercados livres das últimas décadas, e caminhando em direção a algo que faz lembrar o modelo de globalização do século XIX: uma era nova, mais mercantilista, de rivalidades ocultas, de negócios e tensões com base em agendas políticas nacionais ambiciosas e deslocamentos de capitais controlados pelo governo. A coordenação política inocente e bem-intencionada do G-7 dos últimos anos, feita pelas nações industrializadas orientadas pela democracia, já limitada, está desaparecendo. O chamado mundo anglo-saxão de mercados de capitais livres está sob cerco. O resultado é que o potencial para rupturas no mercado financeiro global está crescendo exponencialmente.

Isso não é convincente? Uma das coisas que contribuem para a disparada atual dos preços do petróleo é o estoque dos governos soberanos. China, Índia e outros consumidores importantes estão distorcendo o mercado mundial ao aumentar as reservas energéticas por causa da expectativa de preços mais elevados. Como o analista Harald Malmgren observa: "A expectativa de preços crescentes também está reduzindo o incentivo [dos produtores de petróleo] para aumentar a produção, já que o óleo no solo parece um ativo com valor crescente." Outras entidades globais que armazenam petróleo atualmente incluem serviços militares, agricultores, empresas de transporte com caminhões, produtores de fertilizantes e de plásticos, usinas de energia elétrica e outros usuários relevantes. Observe também que, se os preços da energia saltarem ainda mais, o impacto nos preços dos alimentos em todo o mundo será enorme, já que os custos dos fertilizantes e do transporte do cultivo dispararão.

Hoje, o mundo está sofrendo um tipo de mudança tectônica na área financeira. Os Estados Unidos — um bastião da confiança por sua transparência, regra da lei, ambiente político benigno e condições gerais que alimentam aumentos de produtividade econômica — estão começando a ser vistos com algum ceticismo pelo mundo. Os EUA se encontram em posição precária no exato momento em que outros países potencializaram suas práticas de aumento de produtividade e começaram a se tornar relativamente atraentes para os investimentos globais. Como resultado, o centro global da atividade financeira começou a se deslocar da realidade que colocava os Estados Unidos como o epicentro das questões financeiras — não diferente da situação em que os britânicos se encontravam no período pós-Primeira Guerra Mundial.

Ainda não convincente? Recentemente, um banqueiro suíço me descreveu o processo pelo qual uma empresa chinesa fez uma oferta pública inicial (IPO) financiada por seu modesto banco suíço. Ao conduzir a transação, os chineses tomaram uma decisão não usual de simplesmente não passar pelos centros financeiros de Nova York e Londres, tradicionalmente a interseção da intermediação financeira global, e recorreram diretamente a fontes financeiras de Dubai — algo que não se ouvia há uma década. Graças à incerteza presente no sistema financeiro norte-americano, particularmente após o desastre com a crise imobiliária, os EUA correm o risco de perder sua percebida singularidade como um receptor confiável do investimento global.

Foi por isso que os mercados de capitais mundiais se tornaram um verdadeiro castelo de cartas. O mundo está em risco de perder sua âncora, a voz admitidamente imperfeita, embora consistentemente a favor do livre-comércio e dos mercados de capitais abertos — os Estados Unidos. Mas, para realmente entender os riscos à frente, é essencial saber como chegamos à situação difícil de hoje. Em outras palavras, como a globalização ocorre e quais são os terríveis perigos emboscados logo na esquina?

CAPÍTULO 2

Um perigoso oceano de dinheiro

Em um dia abafado de agosto de 1987, recebi uma telefonema em meu escritório de consultoria em Washington que me definiu, de modo vívido, quão radicalmente o novo oceano de dinheiro na economia global estava mudando as regras do jogo. Antes da chamada telefônica, eu já tinha a sensação de que o sistema global, crescentemente interconectado, estava, para o que der ou vier, desencadeando forças de mercado extremamente poderosas. Mas, como resultado dessa chamada, eu iria rapidamente descobrir quão confuso o sistema financeiro estava tornando o mundo, mesmo para o mais financeiramente astuto.

A chamada vinha do embaixador dos Estados Unidos em Cingapura, Tommy Koh. Era um dos últimos dias de verão em Washington, D.C., em que uma espessa manta de umidade costuma cobrir a cidade enquanto a maior parte dos residentes está fora em alguma praia. "Você já viajou alguma vez para Cingapura?", o embaixador perguntou. "Somente para Tóquio e Hong Kong", respondi. O embaixador sugeriu que, se em uma de minhas viagens eu também parasse em Cingapura, poderia conseguir um contrato de consultoria importante com o Banco Central de lá, a autoridade monetária, em futuro próximo. Decidimos uma data para minha viagem no outono, o que acabou acontecendo menos de uma semana após a queda acentuada dos mercados de ações mundiais.

Cingapura, a pequena cidade-estado das economias da costa do Pacífico, foi fruto da imaginação bem-sucedida de Lee Kuan Yew. Ele dirigiu o país como um ditador benevolente. Eu conhecia sua reputação de brilhante estrategista global, e imaginei se, durante essa viagem, ouviria histórias sobre as reflexões de Lee Kuan Yen com relação à natureza mutável da economia global. Eu não estava preparado para o que iria ocorrer.

Meu avião pousou em Cingapura no início da noite. Eu e o representante do governo que me aguardava fomos rapidamente para uma limusine e percorremos a pequena cidade-estado, passando por fileiras de belos hotéis, com vistas brilhantes e fontes reluzentes, notáveis e cintilantes. Mas, quando chegamos ao hotel que fora selecionado para mim pelo governo de Cingapura, verifiquei que ficava em uma alameda e era totalmente despojado de conforto. Meu quarto cheirava a cigarro, odor já entranhado no ambiente, e tinha leves manchas de urina cobertas com desinfetante. Eu, desapontado, o descrevi para minha esposa, Vickie, em Washington, por telefone: "Após um longo voo", eu disse, "estava preparado para algo mais confortável — e com melhor cheiro."

Na manhã seguinte, o representante do governo me encontrou no saguão do hotel. "Sinto muito por não ter achado o quarto do hotel confortável", ele disse. Meu queixo caiu, enquanto eu buscava na memória com alguma preocupação algo que pudesse ter dito inadvertidamente ao telefone. No carro, a caminho do Banco Central, comecei a pensar: "Por que estou aqui?" Pensei nos avisos no aeroporto de sentença de morte para traficantes de droga, em casos de agressão física de estudantes norte-americanos com varas por conta de pequenos delitos e a proibição da goma de mascar. Mas minha intuição me dizia que essa poderia ser uma oportunidade de negócios, ou pelo menos uma experiência fascinante, e então segui adiante.

Durante anos, o governo de Cingapura empregava Richard Helms, ex-chefe da CIA (Central Intelligence Agency), como consultor. Mas

Helms, um amigo íntimo do "pai" de Cingapura, Lee Kuan Yew, estava orientado para questões de segurança nacional. No entanto, o Banco Central queria menos análises sobre os russos e mais sobre o que era provável acontecer enquanto as nações industrializadas procuravam sobreviver e prosperar em um sistema internacional em rápido processo de globalização. Os economistas no Banco Central eram profissionais: eles conseguiam ver a globalização chegando. De modo semelhante a outros bancos centrais na região, a autoridade monetária parecia uma gigantesca instituição financeira em operação, algo como um Goldman Sachs patrocinado pelo governo.

"Suas reuniões estão indo bem", disse-me o ministro da Fazenda, Richard Hu, na metade do segundo dia de visita. "Tudo que você precisa agora", ele disse, "é um simples aperto de mão com o líder, um encontro de cinco minutos." O líder, naturalmente, era Lee Kuan Yew, o homem que Richard Nixon pensava ser a pessoa mais esperta que ele já havia encontrado. Surpreendido com meu apuro, preparei-me para impressionar. Quando cheguei ao prédio de estilo colonial, cercado por campos de críquete, um recepcionista me conduziu a uma sala de reunião de tamanho médio.

Após alguns instantes, o líder entrou vestido com uma camisa branca, sem gola e bem engomada, e com uma expressão facial que sugeria: "Eu não tolero pessoas enfadonhas." Ele sentou na extremidade oposta da mesa de conferência. Por dois ou três minutos, ele ficou em silêncio, e seu olhar estava fixo nos ventiladores de teto girando acima de nós. Então, olhou para mim com aspecto bem severo. Eu soube imediatamente por que o pessoal do Banco Central, que estava prestando assistência em todos os momentos até então, havia debandado. "Eles enviaram uma criança como consultor", o líder lamentou com profundo desapontamento. "Você esteve em Tóquio", ele clamou. "Com o mercado de ações despencando, eles devem estar prontos para ajudar os Estados Unidos, por conta de suas políticas fiscais irresponsáveis."

As palmas de minhas mãos suadas agarraram o assento. O mau humor do líder se intensificou. Eu pensei: isso não é um bom sinal. Ele estava chateado, preparando-se para uma decisão que salvasse o futuro econômico de seu amigo Helms. Um dos representantes do Banco Central havia sugerido anteriormente que, se minha empresa fosse contratada, Helms provavelmente perderia seu contrato de consultor.

Reunindo coragem para um contragolpe, respondi que, de fato, recentemente eu me reunira com todas as companhias de seguro do Japão e com o ministro da Fazenda, e não havia sensação de pânico. Tóquio parecia estar planejando compras maciças no mercado norte-americano. Tradução: a crise no mercado de ações provavelmente estaria acabando e o clima ficaria estável com relativa rapidez, por conta da nova natureza da interconexão do sistema global.

"Essa é a coisa mais estúpida que já ouvi", o líder urrou com um sotaque de Oxford, olhando para um assistente como se estivesse a ponto de declarar que o encontro havia terminado. "Nosso pessoal em Nova York acabou de falar com nosso pessoal aqui. Eles sabem o que ocorre com o mercado e disseram exatamente o oposto. Esta conversa é uma perda de tempo."

Nesse ponto, percebi que não tinha nada a perder. Com o contrato indo para o ralo, avancei mais uma vez — duramente. "Com todo o respeito, senhor", comecei, "acredito realmente que minha análise está correta." Senti a adrenalina fluindo. Continuei. Não podia ser interrompido. "Seus conselheiros em Nova York podem ser inteligentes, mas não vieram há alguns dias de uma reunião com todos os importantes participantes do mercado financeiro japonês. E posso lhe garantir que os japoneses serão grandes compradores nos mercados norte-americanos na próxima semana ou algo perto disso. Eles têm muito a perder se a economia norte-americana enfraquecer. Além disso, eles veem o mundo crescendo em termos globais, e têm confiança a longo prazo nos Estados Unidos como o destino para seus investimentos."

Os economistas de Cingapura — eu estava convencido — tinham baseado suas análises no modelo financeiro antigo, que supunha que os Estados Unidos ainda apresentavam a economia e o sistema financeiro fechados. O grande déficit orçamentário dos EUA naquele tempo faria com que o colapso do mercado de ações fosse mais do que um evento financeiro. O colapso levaria a uma calamidade econômica em bases bem mais amplas. O volume necessário de poupança doméstica para financiar o déficit — o modelo sustentava — deixaria recursos financeiros insuficientes para recuperar o mercado de ações.

Minha percepção, baseada em ouvir os japoneses, convenceu-me que a economia global estava passando por uma mudança fundamental. Transferências de poupança através de fronteiras estavam tornando obsoletos os modelos financeiros antigos. Foi por isso que previ que o mercado de ações dos Estados Unidos se recuperaria do colapso, impulsionado, em parte, pelas compras do exterior e também por investidores norte-americanos agora mais capazes de tomar empréstimos nos mercados externos para comprar ações dos Estados Unidos. Resultou que esse novo sistema financeiro globalizado evitou a liquidação das ações norte-americanas. A globalização financeira ajudou a salvar a situação.

Entretanto, o que deveria ter sido um rápido aperto de mãos se transformou em uma disputa de mais de uma hora. Tudo que eu dizia, Lee Kuan Yew questionava. Minha previsão com relação à compra irrestrita dos japoneses foi uma suposição feita com base em meu conhecimento e experiência, com base na natureza e no tom das perguntas que os japoneses haviam feito alguns dias antes. A intuição, essa avaliação fundamentada, mostrou-se correta mais cedo ainda do que eu havia previsto. A economia dos Estados Unidos sobreviveu ao crash da bolsa e continuou a prosperar precisamente por causa da natureza global desse novo sistema financeiro.

Os japoneses, independentemente do senso comum e do clima político de volta aos Estados Unidos, sentiam em seu âmago coletivo a confiança de que os EUA eram um destino excepcional para investimentos. Estavam comprometidos com mercados livres, o livre fluxo de capitais e um futuro de capitalismo empreendedor. No entanto, deixei Cingapura dizendo ao pessoal do Banco Central que minha conversa com o líder havia sido um fiasco, uma das piores entrevistas que eu já tivera. Nixon estava certo — o homem era brilhante e estabelecia uma conversa franca e acelerada, mas eu me vi aliviado por estar no avião.

Cerca de um mês mais tarde, após a terrível entrevista já estar, em grande parte, fora de minha mente, o embaixador Koh telefonou para meu escritório: "Seu contrato está assinado e pronto para ser pego." Aparentemente, o líder havia cedido porque virtualmente tudo que eu tinha previsto em Cingapura fora correto. O Banco Central passou a ser um cliente, sempre levantando questões de primeira ordem sobre o sistema econômico global. Mas eu nunca esquecerei a sensação de perplexa descrença diante da sugestão de que os Estados Unidos poderiam sobreviver, mesmo prosperar, em um cenário de déficits orçamentários e em conta-corrente. De fato, nessa reunião, fiz uma analogia com a dívida dos EUA durante o final do século XIX, endividado com a construção das ferrovias no seu processo de recém-industrialização. A dívida não impediu que os Estados Unidos sobrepujassem a Grã-Bretanha, seu maior credor, tanto em renda nacional quanto em capitalização do mercado de ações. Mas o líder refutou a comparação, sem dúvida porque minha análise otimista ia totalmente contra o senso comum. Ou, então, ele poderia estar somente me testando para ver se eu poderia lidar com um duro ataque verbal.

O fato de os Estados Unidos, apesar de seus déficits, terem podido sobreviver e prosperar deve ser descrito em uma só palavra: globalização. Em um momento, os Estados Unidos eram um sistema fechado; no seguinte, eram parte de uma rede global interconectada. Transferências globais de poupança, para o que der e vier, estavam redefinindo e redesenhando o panorama econômico mundial.

Quando a maioria das pessoas visualiza a globalização, não pensa imediatamente em operadores nos mercados financeiros ou trilhões de dólares se movimentando pelo mundo. Elas veem uma franquia da Kentucky Fried Chicken largada no centro de Pequim, ou computadores da Dell ou da Gateway sendo montados a preços extremamente baixos usando partes construídas na Ásia, com cada economia trazendo para o serviço sua vantagem comparativa individual. Elas pensam em fazer uma chamada telefônica para auxílio técnico direcionado a um produto comprado em Toledo, Ohio, mas falando com um técnico em Nova Déli. A imagem é da chegada do chip de computador que tornou globalmente a vida de todos mais eficiente, com frequência criando mais com menos. Mas como esses eventos surpreendentes ocorrem? O que dá início a eles?

A resposta — creio — está no modo pelo qual os mercados financeiros se tornam internacionalizados. Discutir sobre fluxos de capitais pode não ser tão excitante quanto a magia de um novo computador desenvolvido por especialistas que vivem em continentes separados, mas os mercados financeiros é que deram início à globalização. Antes dos anos 1980, os Estados Unidos eram um sistema relativamente fechado, exceto por algum comércio global, principalmente em bens. Fora o dinheiro com petróleo, reciclado a partir dos produtores de petróleo, e que passava pelos bancos dos EUA para investimentos na América Latina, o capital tendia a permanecer em casa (exceto, quando necessário, para financiar o comércio). Era como se cada país tivesse o próprio estoque de capital privado para financiar a expansão econômica. Os mercados financeiros eram simples, sonolentos, ineficientes e relativamente previsíveis para os responsáveis pelas políticas econômicas. Infelizmente, esse sistema desfrutava de meios relativamente limitados para financiar iniciativas empreendedoras e avaliar os riscos de novos investimentos. Os bancos preferiam investimentos em entidades estabelecidas — quanto maior, melhor. Pequenos empreendimentos de risco eram, em sua maioria, deixados por seus próprios meios. Pouco se pensava em financiar empresas em gestação, a principal fonte de novos empregos.

Mas, em 1979, o Ministério do Trabalho dos Estados Unidos, sob a administração do presidente Carter, modificou as regras sobre como os fundos de pensão podiam investir seus ativos. Anteriormente restritos a investir de modo conservador, em ações de primeira linha, os fundos de pensão tiveram permissão, sob a nova regra, para investir em empresas menores, menos estabelecidas. Isso foi um boom para a indústria de capital de risco, que recebeu 44% de seu capital de fundos de pensão entre 1980 e 2002. Bilhões de dólares do capital adormecido dos Estados Unidos foram mobilizados para fins mais produtivos.

O senso comum sustentava que, no último quarto de século, o capital do rico, sozinho, rejuvenescia a economia norte-americana — a chamada teoria da prosperidade* com base no corte maior de impostos para os mais ricos. Na realidade, toda a nação, involuntariamente ou não, contribuía para o rejuvenescimento quando pensões privadas ou públicas e outros veículos financeiros previamente formais eram liberados para os mercados. O Congresso acabou com as regulamentações que fixavam um teto para os juros pagos nas contas de poupança. As autoridades também amenizaram o montante de capital que os bancos eram obrigados a manter em reserva e começaram a reduzir as restrições sobre os bancos de investimentos, criadas nos anos 1930, após a Grande Depressão. Em 1978, o Congresso democrata cortou as alíquotas de impostos sobre os ganhos de capital. Em seguida, houve a criação da conta 401(k)**, um desenvolvimento extraordinário no que diz respeito à liberação e à distribuição do capital financeiro.

Em meados dos anos 1980, os mercados financeiros dos Estados Unidos, já liberalizados, estavam direcionando capital para os investimentos de risco de pequeno e médio portes, que eram anteriormente ignorados, por meio de um sistema financeiro modernizado e multifacetado que destacava uma série de ferramentas financeiras diversas: fundos de private equity, colocações de dívidas privadas, fundos de hedge, títulos de dívida com rendimentos elevados, fundos de venture capital, fundos de recuperação de empresas e investimentos privados de risco mediano. Finalmente, em escala global, as transferências de poupanças que cruzavam as fronteiras contribuiriam para o investimento, em amplas bases globais, em novas ativi-

---

*Baseada na ideia de que cortes de impostos regressivos (mais elevados para os mais ricos) levariam a ganhos graduais para as outras classes não ricas. (N. do T.)
**Contas de aposentadoria semelhante ao PGBL no Brasil. (N. do T.)

dades e no rejuvenescimento econômico (o fim do sistema de taxas de câmbio fixas de Bretton Woods em 1971 e a mudança para o regime internacional de taxas de câmbio flutuantes também contribuíram para a abertura aos fluxos de capitais).

Bancos e instituições de investimentos em Nova York, Londres, Tóquio, Paris e Frankfurt estavam sendo internacionalizados por outra razão: avanços na comunicação e na tecnologia de computadores permitiam que as transferências de dinheiro e de títulos internacionais fossem feitas quase instantaneamente. Simplesmente se apertava um botão e o dinheiro fluía pelo mundo. Os fundos de hedge dos EUA estavam entre os primeiros a obter vantagens com essas mudanças ao perceber que o capital não se encontrava mais confinado a lagos ou piscinas separados, mas se combinara em maciços oceanos de dinheiro, sem fronteiras. Ao mesmo tempo, os principais mercados financeiros individuais, que haviam começado a ser liberalizados, viam acelerar o paço dessa desregulamentação.

Na Europa, a Alemanha liberalizou os fluxos de capitais (o que significava que as autoridades permitiam que houvesse saída livre de dinheiro do país) antes da França, embora esse país, não involuntariamente, tivesse desempenhado um papel mais importante na disseminação da liberalização financeira pela Europa. Em 1981, a França deu início a um experimento desastroso de controle de capital, tentando manter o capital dentro do país. Os controles eram tão rigorosos que os turistas franceses não podiam levar mais do que o equivalente a US$427 consigo e estavam proibidos de usar cartão de crédito fora do país. A economia francesa estagnou. Em alguns anos, com o então presidente François Miterrand, por motivos políticos, reverteu a direção dessa medida e implementou a liberalização expressiva dos fluxos de capitais.

A reversão política de Miterrand se tornou contagiosa. Logo, a Comissão Europeia pressionou todas as economias da Europa para que apoiassem a orientação de eliminar o controle de capitais, permitindo o movimento internacional de moedas de forma livre. Nesse ponto, uma nova competição internacional estava em andamento, com os países lutando para se tornar o mais forte receptor global, a fim de atrair o novo capital recém-liberado, enquanto esse capital girava ao redor do oceano global. A corrida era para ver que país poderia liberar seus mercados financeiros e reestruturar sua economia o mais rapidamente possível, a fim de se mostrar como a mais enxuta e mais hábil para atrair mais capital do exterior.

Logo o capital estava fluindo de país para país, seguido por uma forte onda no comércio global de bens e serviços. Como disse um economista, no passado, o comércio normalmente vinha primeiro — ele sempre "direcionava" os fluxos de capitais. Agora é o reverso. O desejo de atrair capital estava direcionando o livre-comércio. Em duas décadas, haveria mais de duzentos acordos de comércio país a país, à medida que os países tentavam impressionar os mercados de capitais mundiais com seus mercados livres e abertos não somente para capital, mas também para bens e serviços. O capital global era particularmente atraído para os Estados Unidos graças ao compromisso de Ronald Reagan com o modelo de crescimento capitalista empreendedor, e também à defesa de Bill Clinton quanto ao livre-comércio e à liberalização dos mercados financeiros.

O livre-comércio e a mudança empreendedora marcaram o nascimento da globalização. O esforço para desregulamentar os mercados financeiros haviam forçado a abertura dos portões do sistema de comércio global. Os computadores e as tecnologias emergentes tinham, então, livre acesso para transformar as indústrias de manufaturas e de serviços ao redor do mundo. O crescimento do transporte por container também aumentou significativamente a eficiência do comércio internacional ao eliminar a necessidade de embalar e desembalar mercadorias repetidas vezes e permitir distribuição rápida, direcionada por computador.

Inicialmente, os novos investimentos globais, por intermédio de empresas de capital de risco e outras formas de intermediação financeira, tinham por objetivo o financiamento de novos setores empreendedores principalmente nos Estados Unidos, nos países europeus, no Reino Unido e no Canadá. Mas, no final, China, Índia, Coreia, Israel e os países nórdicos se tornaram parte significativa do novo ambiente de investimentos globalizados.

Desde os anos 1980, o sistema financeiro internacional tem desenvolvido novas técnicas de gestão de risco e grande número de operações financeiras substancialmente especializadas, com o objetivo de tornar o capital menos dispendioso e mais disponível ao empreendedor. Em muitos casos, os esforços têm sido bem-sucedidos. A securitização — um processo sofisticado de engenharia financeira que permite que o investimento global seja disseminado e separado em múltiplos fluxos de renda para reduzir o risco (a menos que todo o sistema financeiro global sofra estresse, como durante a Grande Crise de Crédito de 2007-2008) — tornou muito mais amplo o financiamento da revolução empreendedora global. Pequenos negócios arriscados, porém promissores, antes ignorados pelos grandes bancos, podiam facilmente obter financiamento. Essa é a boa notícia. Na maior parte do tempo, a securitização tem sido como o fermento que permite que o pão cresça. Executivos financeiros agrupam seus ativos (que, algumas vezes, são hipotecas) em um pool, dividem-nos em múltiplos fluxos de renda e, por uma remuneração, vendem cada pedaço diversificado como títulos lastreados por ativos. Mas esse processo de agrupamento, chamado securitização, criou uma série de problemas novos.

A notícia ruim é que, embora a securitização tenha revolucionado o financiamento para os agentes que aceitam riscos e permitido a ampliação da base de financiamento da atividade econômica, ela também tem custo. Em períodos de instabilidade, os mercados estão corretos em ficar preocupados porque a intrincada rede de conexões financeiras criadas pela securitização se torna impenetrável. Como comprovação, temos a dispersão dos pacotes anônimos de "lixo tóxico" no colapso dos mercados imobiliários.

A securitização, embora seja essencial para a criação de riqueza, também é tão misteriosa que poucas pessoas podem entender seu funcionamento, especialmente em períodos de mercados financeiros voláteis. A realidade é que o mundo industrializado submeteu o controle de seu sistema financeiro a um minúsculo grupo de cerca de cinco mil especialistas em técnicas de mercado espalhados em bancos de investimentos, fundos de hedge e outras instituições financeiras. Esses *insiders* são os poucos que sabem como o processo de securitização funciona, particularmente em tempos de crise. E, algumas vezes, mesmo eles têm dúvidas quanto a se os ativos securitizados estão refletindo o valor apresentado. Mas, se desejarem uma ideia ainda mais assustadora, considerem o Congresso norte-americano tentando legislar com eficácia a regulação de algo tão complicado como o processo de securitização.

A securitização contribui para outra enorme fraqueza do sistema financeiro atual: os banqueiros que se envolvem em empréstimos não estão mais ligados ao risco do tomador do empréstimo. O empregador não tem mais o incentivo de evitar riscos perigosos a todo custo, porque o risco, quando cortado em pedaços, é rapidamente posto para fora da porta do empregador para ser agrupado a outros riscos e ser vendido como investimento para a comunidade financeira global que o desconhece. No capítulo final, explicarei, em mais detalhes, como o sistema de crédito mundial quase entrou em colapso quando o mercado de subprime derreteu, disparando a crise de confiança dos investidores nesses novos instrumentos financeiros.

Porém, nada é tão ruim no que diz respeito à securitização. Uma das razões principais que levarão a China a ter sérios problemas adiante é que seu sistema necessita de algo como a securitização para gerenciar melhor o risco financeiro e distribuir capital. Em vez disso, o sistema chinês ainda é dominado por bancos administrados pelo Estado, que são grandes, ineficientes, e frequentemente corruptos. Além disso, faltam-lhes os meios necessários para distribuir capital com eficiência para os empreendedores. O paradoxo é que o sistema que aloca com tanto êxito para o mundo industrial — a securitização — é arriscado e frustrante, difícil de viver sem e com ele. Se, por exemplo, o Congresso norte-americano fosse hoje, em uma reforma financeira, banir a securitização, é provável que a economia contraísse ainda mais o crédito já severamente reduzido.

O ponto fundamental, contudo, é que, desde os anos 1980, uma poderosa massa de capital global vem-se formando. Isso se deveu à percepção de que o mundo alcançou amplo consenso a favor do capitalismo empreendedor dentro de um clima de livre-comércio e fluxos de capital desimpedidos. A troca internacional de bens e de capital — ou, de outra maneira, esse investimento estrangeiro — tem sido significativamente benéfica para os Estados Unidos, onde, hoje, mais de cinco milhões de pessoas trabalham para empresas que têm matrizes no exterior. De acordo com o Tesouro dos EUA, embora esses empregos respondam por somente 4% da força de trabalho do país, eles respondem por 10% do investimento em capital; 15% da pesquisa e desenvolvimento anual; e 20% das exportações norte-americanas. Além disso, mais de 30% desses empregos relacionados aos investimentos diretos estão no setor de manufaturas (comparados a 10% no setor de manufaturas para toda a economia norte-americana).

O novo funcionamento dos mercados financeiros mundiais era aparente em alguns eventos nos anos 1980 que cruzaram as fronteiras. Durante a era Reagan, de déficits orçamentários, o mundo passou por extrema agitação com as alterações de poupanças. Com livre movimento de capital, de repente surgiram desequilíbrios substanciais nas poupanças de nações industriais importantes. Em meados dos anos 1980, os Estados Unidos incorriam em déficits significativos, ao mesmo tempo em que o Japão se encontrava com enorme excesso de poupança, principalmente como resultado da queda do preço em iene das commodities e de um boom nas exportações para os Estados Unidos. O desfecho foi a compra pelo Japão de títulos de dívida do Tesouro dos EUA, além de outros investimentos globais. Isso evitou que as taxas de juros nos EUA explodissem, como muitos economistas conservadores haviam previsto. Também permitiu que a economia norte-americana ficasse aquecida. Ninguém teria planejado essa sequência de acontecimentos, mas ela permitiu um período extenso de forte crescimento econômico.

Menciono isso tudo porque os mercados financeiros, quando eu iniciava minha atividade de consultoria, em meados dos anos 1980, tinham se tornado um caldeirão global de incertezas. Sob a globalização, as regras de transações econômicas e financeiras testadas e aprovadas subitamente não mais se aplicavam. Nenhum modelo econométrico — nenhuma caixa-preta de fórmulas econômicas mágicas — era mais útil para prever o futuro. A liberalização financeira havia criado um oceano de liquidez que chapinhava sobre todos os livros de regras econômicas e financeiras. O sucesso requeria, mais do que nunca, operar de modo criativo a partir de instintos.

A existência de um gigantesco pool de poupança global que pode fluir ao redor do mundo em um segundo não significa que desequilíbrios orçamentários e em conta-corrente — os chamados déficits gêmeos — sejam boa política. Eles não são, e é necessário haver esforço de coordenação internacional para reduzir esses desequilíbrios. Conforme mostrarei no Capítulo 5, usando o exemplo do sistema financeiro japonês, há limites de dívida que uma economia pode financiar sem que a política monetária do Banco Central perca sua flexibilidade e eficácia para influenciar a economia como um todo. Mas o esforço para lidar com os desequilíbrios atuais serão dificultados porque alguns dos líderes de opinião mais sofisticados em Washington não sabem a diferença entre um déficit orçamentário e um déficit em conta-corrente. Ambos são medidas econômicas, mas aferem coisas distintas. Um déficit ou superávit orçamentário representa a diferença entre quanto o governo recebe com impostos e quanto ele gasta com despesas públicas. Um déficit ou superávit em conta-corrente mostra a diferença entre a quantidade de bens e dinheiro que entram em um país e a quantidade de bens e dinheiro que saem.

O déficit em conta-corrente é mais difícil de entender e, ultimamente, mais manipulado por políticos partidários. Teoricamente, uma economia pode incorrer em déficits em conta-corrente simplesmente porque oferece extraordinárias oportunidades de investimentos aos mercados de capitais globais. Se volumes enormes de investimentos entram no país, o déficit em conta-corrente dessa economia sobe, supondo o resto constante. Em outros momentos, no entanto, um déficit pode ser um sinal de que a economia não é globalmente competitiva e que os consumidores preferem importados aos produtos domésticos. Ou se a poupança doméstica é insuficiente para financiar o investimento doméstico, o déficit orçamentário constitui poupança negativa; ele consome poupança doméstica que iria financiar investimentos. Para evitar reduzir os investimentos domésticos e, portanto, o padrão de vida, economias pressionadas por déficits importam capital dos mercados financeiros globais.

Para os Estados Unidos, o déficit em conta-corrente é elevado como percentual do PIB porque o capital externo financia a dívida do país, mas o capital também entra de roldão porque a economia norte-americana historicamente tem oferecido oportunidades atraentes de investimentos. Hoje, os investidores que controlam a poupança mundial vagam pelo mundo em busca de oportunidades de investimentos em novos empreendimentos arriscados e também de ativos físicos como imóveis e empresas estabelecidas.

Para os políticos dos Estados Unidos, entender o significado dos déficits orçamentários e em conta-corrente é fundamental para evitar um colapso financeiro. Os déficits precisam desesperadamente de redução, mas a prescrição política para agir assim requer sensibilidade e compreensão extraordinárias de nossos políticos. Parece que metade de nossos líderes políticos trata os déficits meramente como um jogo político, enquanto a outra metade age como se os déficits sequer existissem. Os políticos deviam começar a considerar o fato de que, no último quarto de século, os chamados déficits gêmeos têm sido um previsor não confiável de desempenho econômico. Portanto, conduzir a política somente para os déficits gêmeos, como se os déficits fossem tudo que importa, pode, ao final, produzir resultados frustrantes para a macroeconomia em geral. Mas, no longo prazo, também seria frustrante se eles agissem como se os déficits fossem irrelevantes.

Em décadas recentes, uma indústria de veraneio elaborou previsões sobre os efeitos dos déficits gêmeos norte-americanos, assinalando que eles criariam inflação elevada, faziam as taxas de juros subirem e colocariam o dólar em crise, levando ao colapso econômico. Essas previsões faziam sentido quando se consideravam somente os recursos geralmente disponíveis na economia doméstica. Mas a globalização turvou o quadro econômico.

Os Estados Unidos têm apresentado déficits em conta-corrente desde os anos 1980, que, até aproximadamente o ano 2000, gerou taxas de juros reais mais elevadas. Desde 2000, entretanto, o déficit em conta-corrente dos EUA saltou de 4% para 6% do PIB, embora as taxas reais de juros tenham declinado. A maioria dos economistas atribui esse resultado à fartura repentina de poupança global (as taxas reais de juros mais baixas estimularam investimentos excessivos em moradias), resultado da elevação da produtividade e do crescimento mundiais associados à globalização.

Porém, aí está o problema. Somente porque os EUA escaparam com êxito de complicações decorrentes dos déficits gêmeos no passado, isso não garante sucesso ou segurança no futuro. Os desequilíbrios dos EUA têm sido financiados de modo crescente pelas reservas de bancos centrais estrangeiros, não pelos mercados de capitais privados. A situação ainda se tornará mais complicada se outras economias, incluindo as europeias, se tornarem destinos mais atraentes para os investimentos globais — e a economia norte-americana menos atraente, como parece estar acontecendo no rescaldo da crise imobiliária, com a redução da transparência financeira nos Estados Unidos e o aumento da resistência política aos fluxos de capitais internacionais.

Contudo, considere como os dados podem ir contra a visão convencional. Por exemplo, as taxas de juros dos EUA (o rendimento do título de dez anos do Tesouro norte-americano) não caíram abaixo de 5,25% durante todos os oito anos da administração Clinton, que, por algum tempo, produziu superávit orçamentário nas contas públicas. Entretanto, em determinado momento da administração, caracterizada por déficits de George W. Bush, os rendimentos dos títulos do Tesouro caíram para o nível de quase 3% — e isso ocorreu quando a economia estava prosperando. O presidente do Banco Central dos EUA, Alan Greenspan, chamou essa situação de "enigma". Nas economias tradicionais, déficits orçamentários do governo costumam deslocar investimentos privados e fazer a taxa de juros disparar, particularmente em períodos de crescimento econômico elevado. Mas isto não aconteceu, em parte por causa da política monetária, mas principalmente por causa do expressivo ingresso de capital global.

É igualmente curioso que, durante o período 1998-2001, quando o orçamento era superavitário, a poupança privada nos EUA tenha alcançado 18% do PIB. No período 1981-1989, com déficits de 4% do PIB, em média, a poupança privada também foi de 18% do PIB.

Nitidamente, as relações convencionais entre os dados observados não são totalmente confiáveis. Por exemplo, se isso pode significar que os déficits orçamentários e em conta-corrente são irrelevantes, pense novamente. No mundo atual de mercados financeiros imprevisíveis, com certeza, o passado não é garantia de sucesso no futuro. Isso é particularmente verdadeiro em decorrência da mudança de atitude política nos Estados Unidos, sem mencionar o declínio na credibilidade do seu sistema financeiro após a debacle imobiliária.

Em um mundo perfeito, seria melhor equilibrar o orçamento e limitar os desequilíbrios em conta-corrente. Mas isso requer que os sistemas econômicos mundiais estejam em equilíbrio, o que quase nunca ocorre. Alguns analistas argumentam que, teoricamente, enquanto os déficits em conta-corrente resultarem de decisões privadas, relacionadas aos mercados, o sistema financeiro global estará estável e em segurança. Em outras palavras, até certo ponto, desequilíbrios em conta-corrente são inevitáveis; sem eles, o conceito de fluxos livres de capitais não teria significado, porque as economias globais nunca são igualmente eficientes. Pouquíssimas vezes, as economias oferecem oportunidades de investimentos igualmente atraentes para o capital global. Mas há limites para a definição de desequilíbrios normais, saudáveis. Além disso, prever o extremo desses limites — o ponto crítico a partir do qual os participantes dos mercados ficam preocupados — é difícil e pode ser até mesmo impossível.

Não se engane: os Estados Unidos consomem demais, poupam muito pouco e confiam em excesso no petróleo externo. Os aspectos negativos dessa dependência não devem ser ignorados. Robert Hormats, importante especialista em finanças internacionais, observa que "por mais de duzentos anos, o governo [norte-americano] mobilizou volumes maciços de capital para segurança nacional; durante a nova guerra do terrorismo, ele deve mobilizar esforços públicos significativos para reduzir o uso e a dependência do petróleo". Mas deve-se entender que simplesmente restringir as importações significa lidar somente com a consequência, não com a causa, do problema do déficit em conta-corrente. Para reduzir seus desequilíbrios, os Estados Unidos têm de aumentar a poupança doméstica. Ao mesmo tempo, outras economias consomem e oferecem muito pouco em termos de oportunidades de investimentos seguros e críveis para o capital global. Muitos desses países apresentam excesso de poupança porque limitam as oportunidades de investimentos domésticos por meio de impostos, regulação, falta de transparência financeira e leis. É importante notar que é o investimento, não a poupança, que melhora o padrão de vida. Poupança sem investimentos torna-se impotente. A antiga União Soviética tinha toneladas de poupança porque não havia nada para comprar.

Em anos recentes, com o preço do petróleo alcançando picos sem precedentes, alguma pressão no dólar era inevitável quando os produtores de petróleo começaram a cogitar sobre a perspectiva de diversificação em outras moedas. As incertezas da crise das subprime — que gerou inquietação sobre o futuro da economia dos Estados Unidos — também enfraqueceram o papel-moeda.

Nunca os EUA haviam incorrido em déficits gêmeos tão substanciais. Nunca o sistema financeiro norte-americano apresentou tamanha falta de transparência e credibilidade como apresenta na debacle imobiliária. Nunca o preço do petróleo flutuou nesses níveis recordes por tanto tempo. Alguns especialistas argumentaram que o destino do país está perigosamente nas mãos de estrangeiros, e que os Estados Unidos enfrentam potencial de uma queda livre do dólar de tal monta que poderia levar sua economia ao completo colapso.

Há alguns anos, o investidor Warren Buffett apostou com convicção na queda livre do dólar. Ele previu que os investidores estrangeiros sairiam dos Estados Unidos em bandos, lançando o dólar em uma espiral viciosa. Ele chamou esse movimento de "enterrada".* No entanto, anunciou-se que ele perdeu US$1 bilhão na aposta porque o dólar não sofreu queda livre alguma. (O dólar, no entanto, seguiu uma tendência de queda em relação ao euro e à libra esterlina desde 2000, com um período de apreciação em meados da década, e queda significativa após o Federal Reserve derrubar as taxas de juros de curto prazo no início de 2008, em meio à crise de crédito imobiliário.)

Os proponentes da teoria da queda livre erraram porque subestimaram a capacidade da economia norte-americana, apesar dos erros crassos de política, no sentido de importar capital. Ao ignorarem o dinamismo histórico da economia dos EUA e seu papel como um porto seguro internacional, os céticos daquele momento se fixaram somente no tamanho do déficit em conta-corrente. No entanto, a alternativa prudente teria sido pesar os desequilíbrios, mas também prestar atenção ao desempenho dos mercados de ativos (ações, títulos de divida, imóveis etc.), que, na época, estavam refletindo fundamentos econômicos razoavelmente sólidos.

O economista David Hale argumenta que a razão para o dólar não ter despencado, embora enfraquecesse em sintonia com a suavização do crescimento da economia dos Estados Unidos é que o déficit em conta-corrente, apesar de elevado em relação ao PIB, é somente 1% do valor total dos ativos privados dos Estados Unidos. Hale sustenta que "o dólar, como moeda das reservas mundiais, sempre será volátil, porque

---

*"Slam dunk" significa enterrar a bola na cesta em um jogo de basquete. (*N. do T.*)

a percepção dos investidores sobre as perspectivas dos retornos dos ativos nos mercados globais continuará a mudar".

Sustentando seu argumento, Halen insiste, afirmando que os céticos em relação ao dólar deixaram de considerar que "os mercados de ativos dos EUA são muito amplos e flexíveis para que haja uma interrupção sustentada do ingresso de capitais e uma queda duradoura do dólar" — isto é, a não ser que ocorra o seguinte: os responsáveis pela política econômica tolamente façam algo que impeça os fluxos de capital, ao tornarem abruptamente os Estados Unidos um destino menos atraente para investimentos, ou restringirem diretamente o capital externo. Em virtude da quebra da estrutura regulatória bancária dos EUA durante a crise das subprime, do recente aumento do protecionismo no comércio, da retórica da luta de classes e da crescente hostilidade com relação aos fluxos de capitais internacionais, essas tolices parecem estar ocorrendo.

Deixe-me colocar a situação da dívida em perspectiva. Hoje, os estrangeiros detêm US$2,2 trilhões em notas e bônus do Tesouro dos EUA. Isso parece um número gigantesco, mas não quando comparado ao patrimônio líquido das famílias norte-americanas, que excede US$57 trilhões. Muitos analistas, fazendo o jogo político de medo dos estrangeiros, fixam-se na dívida interna como se os Estados Unidos fossem algum renegado isolado — uma nação devedora sem igual — dentro do sistema internacional.

Dívida demais nunca é uma coisa boa e, em muitos aspectos, os norte-americanos estão sempre em saldo negativo. Normalmente, o enfraquecimento do dólar produziria maiores preços de importação. Mas, até aqui, esses aumentos de preços, ao contrário, têm corroído as margens de lucro dos produtores externos, o que não vai durar para sempre. Mas é importante manter a situação em perspectiva: a dívida interna bruta dos EUA (65,7% do PIB) é menor que a da Alemanha (66,8%), enquanto a do Japão é aproximadamente três vezes maior que a dos Estados Unidos (176,2%). Durante o crescimento muito elogiado dos anos 1990 na administração Clinton, a dívida interna bruta era, na verdade, levemente maior do que em 2007 (68,9% em 1996). A dívida federal dos EUA mantida pelo público, 38% do PIB em 2007, era 48,5%, ou 25% maior, em 1996.

O ponto crítico é este: para o sistema financeiro dos EUA, evitar a catástrofe depende de mais do que simplesmente corrigir desequilíbrios financeiros, mesmo considerando a importância desse objetivo. Afinal, a queda do dólar (que dificilmente se caracterizaria como queda livre) no final de 2007 em relação ao euro ocorreu, ironicamente, *após* o longo período de um ano em que os déficits orçamentários e em conta-corrente realmente declinaram em relação ao PIB. Visivelmente, aqueles que previam a queda do dólar estavam sendo influenciados por algo mais. Muito provavelmente era o medo duplo da falta de transparência financeira causada pela confusão das subprime e pelo efeito que a crise imobiliária teria na demanda do consumidor (e a probabilidade de cortes significativos nas taxas de juros de curto prazo pelo Federal Reserve, que faria com que os rendimentos dos títulos de dívida europeus e de outros países ficassem maiores que os dos EUA e, assim, atraíssem mais capital para as economias da zona do euro).

No final, fora esse diferencial de juros (as diferenças nos rendimentos dos títulos de várias economias), o destino do dólar depende, em grande parte, da atratividade da economia norte-americana para os investimentos globais. O registro do passado tem sido impressionante. Uma pesquisa elaborada pelo Fórum Econômico Mundial concluiu que, apesar dos elevados níveis de dívida e das baixas taxas de poupança, os Estados Unidos ainda se colocam em primeiro lugar na corrida de competitividade global. Em anos recentes, os Estados Unidos permanecem como alvo principal para o investimento global por causa da flexibilidade de seu mercado de trabalho, elevado nível educacional, ambiente político positivo, estratégias inovadoras e qualidade da gerência corporativa. Na mesma pesquisa, a China ficou na 34ª posição.

Mas permanece a seguinte questão: a atratividade dos Estados Unidos como destino do investimento global está desaparecendo? O país está vivendo a ilusão de que o sucesso no passado é garantia para o futuro? Numa análise final, o futuro sucesso da economia e do sistema financeiro norte-americano depende dos políticos — da política de globalização e da condição de o capital ter liberdade para fluir. Em essência, o sucesso depende, mais uma vez, da possibilidade de os mercados de ativos permanecerem como um alvo grande, próspero, rentável e transparente para o investimento global. Certamente, sobre essa questão, ainda não há um veredicto.

Mesmo assim, nada sobre o ambiente de hoje é simples ou previsível. As economias da Ásia conduzidas pela China continuam a acumular amplos superávits em conta-corrente e comercial, em grande parte em relação aos Estados Unidos. Isso quase certamente tem importância, embora não estejamos tão seguros sobre como e quanto. Testemunhamos, hoje, um novo cenário financeiro mundial funcionando diante de nossos olhos, e nada nele é projetado.

O novo mundo — como nós o conhecemos — se desenvolveu de forma significativa após a crise financeira da Ásia de 1997-1998. Nesse período, as economias asiáticas (conhecidas por administrar um sistema chamado "capitalismo camarada", que envolve padrões bancários e de contabilidade não transparentes, mas com fundamentos econômicos surpreendentemente bons) se depararam com uma crise financeira clássica. Investidores globais ávidos por rentabilidade correram para fora da Ásia quando bancos asiáticos faliram e as moedas asiáticas despencavam quase de modo geral, criando caos econômico e financeiro.

Após esse período destrutivo, como um tipo de seguro contra a ocorrência de outras crises, a maioria dos políticos desses países indexou sua moeda mais ou menos ao dólar dos EUA, a moeda do país de maior consumo no mundo. A intenção era tornar-se uma máquina gigante de exportação global que tinha como alvo principal o consumidor norte-americano. O objetivo inicial era acumular amplos estoques de dólares em caixa para se defender contra ataques especulativos futuros (antes de fazer o que deveriam fazer primeiro — reformar seus sistemas financeiros, incluindo criar níveis maiores de transparência).

Os representantes atuais dos Estados Unidos e da Europa estão se esforçando para convencer os políticos asiáticos de que essa confiança excessiva nas exportações e em moedas desvalorizadas, com restrição de consumo doméstico, não é uma política saudável para ninguém. Mas a situação não está prestes a sofrer reversão em breve. Em grande parte, isso ocorre porque a sociedade asiática está envelhecendo rapidamente, e essas pessoas mais velhas tendem a poupar mais do que consumir, independentemente da política do governo. Portanto, o mundo terá de aguentar.

De fato, a questão para os políticos atuais não é se esse sistema planejado pela China e por outras economias da Costa do Pacífico tem funcionado; o problema é que ele tem funcionado bem demais. A gigante máquina de exportação deles está acumulando excesso de poupança em volumes quase além da imaginação, um fato que explorarei mais adiante no Capítulo 4, sobre a China. Ao mesmo tempo, a demanda por commodities, incluindo petróleo, por essas gigantescas e crescentes máquinas de exportação, elevou os preços mundiais das commodities em níveis drásticos. Subitamente, os países ricos em commodities, conduzidos pelos produtores de petróleo, incluindo a Arábia Saudita e a Rússia, também começaram a acumular excesso de poupança. De fato, em anos recentes, a China e a Índia explicam 70% do salto no consumo global de petróleo. Resultado: partes do mundo atual estão assentadas em excessos recordes de ofertas de poupança, ganhando taxas de juros baixas, e que serão recicladas de volta para o restante do mundo, a fim de permitir a expansão da economia global. Em questão, está a forma de reciclagem dessas poupanças.

Historicamente, os Estados Unidos, com seus mercados financeiros tão profundos e flexíveis, amparados por um sistema legal e político previsível, têm sido o principal agente atrativo para esse excesso de poupança. Algumas poupanças têm ido para o mercado de ações e para os mercados de títulos de dívida corporativa dos EUA, mas boa parte desse excesso de poupança mundial comprou títulos do Tesouro norte-americano, que são ultrasseguros, e que são usados para financiar a dívida norte-americana.

A noção de que a economia norte-americana depende do capital externo pode soar ameaçadora, e certamente seria melhor se os Estados Unidos fossem financeiramente autossuficientes. Porém, a situação não tem sido tão grave quanto muitos pessimistas têm sugerido. A razão é que o excesso de poupança do mundo, ainda amplamente denominado em dólares dos EUA, é tão enorme que praticamente só existem dois ativos amplos o suficiente para absorver tanto capital — os ativos em dólar e em euro. O mercado de ouro é simplesmente muito pequeno para lidar com tamanha oferta de poupança sem formar uma perigosa bolha no mercado, que já pode estar acontecendo. Mas, como demonstrarei em breve, a última coisa que os políticos europeus querem é que o excesso de poupança mundial inunde a Europa e provoque valorização crescente do euro, porque isso colocaria o setor exportador da Europa, a única máquina econômica consistentemente confiável nas décadas recentes, em desvantagem competitiva perante o mundo.

É verdade que a posição do dólar como moeda de reserva de valor global provavelmente atingiu um pico. Alguma diversificação para o euro é inevitável. Mas o ponto crucial é que o papel do dólar provavelmente permanecerá essencial porque ele é o veículo básico para os mercados mundiais de commodities, de moedas e de derivativos. Os economistas Jeffrey Frankel e Menzie Chinn argumentam de modo quase irresistível que, a menos que o Reino Unido se una à zona do euro, tornando Londres o novo centro financeiro da Europa, o dólar, não o euro, permanecerá a moeda dominante.

O economista Martin Feldstein acrescenta ao debate um argumento audacioso, ou seja, que o dólar, na realidade, não declinou muito: "O valor real do dólar, ajustado pela inflação, em relação a uma ampla cesta de moedas, declinou somente 7% nos últimos vinte anos (isto é, menos do que 0,5% por ano)." Se Martin Feldstein está correto ou não, é uma questão aberta à discussão, mas uma coisa parece certa: a força do dólar, após considerar a inflação, contra o iene e a maioria das moedas asiáticas é irreal. Fred Bergsten, que chefia o Peterson Institute for International Economics, na edição de primavera de 2008 da revista

The International Economy, defende um "Acordo de Plaza Asiático" ("Asian Plaza Accord"), que seria um esforço ordenado e organizado pelos governos norte-americano, japonês e asiáticos para fixar os descompassos entre suas moedas, com o objetivo de corrigir os desequilíbrios comerciais. No entanto, se Washington deixar de restaurar a credibilidade do sistema financeiro dos EUA ou o Federal Reserve perder na luta contra as expectativas inflacionárias, esse debate estará acabado: o dólar entrará em colapso em um ambiente de caos.

Enquanto isso, os japoneses, chineses e outros continuam a comprar os títulos do Tesouro dos EUA, e a questão é se isso está tornando os Estados Unidos vulneráveis, na hipótese de eles decidirem sair desses investimentos. Primeiro, é importante não exagerar nas ramificações potenciais da difícil situação dos EUA. Alguns anos atrás, perguntei a um representante sênior do Federal Reserve de Nova York o que aconteceria se a China decidisse não reciclar mais seus dólares comprando títulos do Tesouro dos Estados Unidos. "As taxas de juros norte-americanos iriam disparar para cima", o representante respondeu rapidamente. Eu supunha que ele queria dizer que as taxas de juros dos EUA iriam saltar 300 a 400 pontos-base (3 ou 4 pontos percentuais), quando ele me aturdiu ao adicionar: "Os títulos do Tesouro de dez anos poderiam subir 35 pontos-base — em um cenário extremo, chegariam até a 50 pontos básicos!" Eu estava sem reação, já que, obviamente, o mercado de títulos do Tesouro e o potencial de investidores para adquirir esses títulos são muito mais profundos do que eu havia previsto.

Um estudo de 2007 do Wachovia Economic Group contribui para esse debate, argumentando que nenhuma nação isolada detém nada que seja próximo à dívida norte-americana, de modo que possa causar rupturas importantes nesse mercado. O estudo afirma: "De modo contrário à percepção popular de que os bancos centrais na Ásia, especialmente na China, estão financiando todo o déficit em conta-corrente dos Estados Unidos via compras maciças de títulos do Tesouro dos EUA, os compradores desses títulos são bem diversificados... não há nenhum país ou Banco Central isolado do qual os Estados Unidos dependam para financiar seu déficit em conta-corrente." Deixe-me acrescentar que um déficit em conta-corrente é sempre financiado. A questão é a que preço. O ponto central é a taxa de câmbio.

Se, por exemplo, os chineses escolhessem mudar suas posições e comprar somente títulos dos governos europeus (novamente, devido ao tamanho de suas reservas, a única alternativa prática para a reciclagem de sua poupança), toda a comunidade política europeia ficaria revoltada. Os europeus receariam que esse movimento provocaria forte valorização do euro, ainda mais do que já houve, tornando potencialmente os bens europeus menos competitivos no mundo, particularmente nos mercados asiáticos, onde o euro já valorizou muito em relação ao iene e ao yuan chinês. O mundo político e industrial europeu já percebe o euro como moeda muito fortalecida aos níveis atuais. Os ministros da Fazenda na zona do euro, por exemplo, regularmente atacam o presidente do Banco Central europeu, Jean-Claude Trichet, por permitir, na visão deles, que a moeda se fortaleça em decorrência da política monetária que mantém as taxas de juros de curto prazo muito elevadas.

Alguns estrategistas sugerem que o euro significativamente mais valorizado poderia ameaçar a independência do próprio Banco Central. Isso porque os políticos europeus acreditam que eles têm o direito legal de escolher o regime cambial (fixo, flutuante etc.) e de forçar o Banco Central a administrar esse regime. Se os políticos votassem em um regime que exigisse o enfraquecimento do euro no caso de enorme ingresso de capital externo, o Banco Central europeu ficaria atribulado. Se ele agisse de acordo com essa demanda em um ambiente de inflação acima da meta do Banco Central, a credibilidade da instituição seria seriamente atingida.

No fundo, os bancos centrais da Ásia não farão intencionalmente nada para prejudicar o valor do dólar dos EUA, incluindo vender suas posições em títulos do Tesouro dos Estados Unidos. A razão para isso? Agir assim minaria o valor de suas maciças posições em dólar, e, seria, portanto, como dar um tiro no próprio pé. Se a China inundasse os mercados com suas posições em títulos norte-americanos, ela sofreria uma perda financeira gigantesca em suas carteiras de títulos quando os preços caíssem. De fato, o dólar sofreu um enfraquecimento significativo, em especial contra o euro, o iene e a libra. Mas, de acordo com o Fundo Monetário Internacional, o dólar ainda representa 65% dos estoques mundiais de moedas, número que está próximo de sua posição em termos históricos. De fato, se adicionarmos a quantidade de moeda dos EUA mantidas por motivos particulares no Oriente Médio e na China, o dólar hoje ainda é amplamente usado, um fato surpreendente, dados os acontecimentos caóticos nos anos recentes, com a queda de credibilidade do sistema financeiro dos EUA.

No longo prazo, os norte-americanos poderiam nem sempre se sentir confortáveis com esse novo sistema financeiro de mudança de estoques de poupanças. Os Estados Unidos, então, deveriam trabalhar rapidamente para realizar um esforço internacional no sentido de corrigir os desequilíbrios globais e negociar uma estrutura regulatória financeira global mais uniforme e com mais transparência. A viabilidade de longo prazo do sistema global depende dos objetivos alcançados. Mas os Estados Unidos podem continuar a prosperar economicamente nesse período, diante de um arranjo tão complicado? A resposta é sim, a menos que os políticos dos EUA, pressionados, entrem em pânico e cometam erros grosseiros sérios, incluindo protecionismo ao comércio; limites sobre o ingresso de capital externo; excesso de regulações; impedimentos legais e/ou maiores impostos sobre o capital e a iniciativa empresarial; e também se permitirem a continuação da transparência inadequada dos mercados financeiros. Esses são eventos que podem servir como estopim para uma quebra completa da confiança global no sistema norte-americano.

Afinal, os três maiores compradores da dívida dos EUA são os britânicos (frequentemente investindo capital do mundo em desenvolvimento, incluindo reservas do Banco Central), o Japão e a China. Eles estão comprando não por caridade, mas porque acreditam que os políticos dos Estados Unidos continuarão a permitir que a máquina de riqueza norte-americana tenha um crescimento saudável, baixas taxas de inflação e de desemprego, e iniciativa empreendedora, evitando lutas de classe ou outras ações economicamente destrutivas. Essas ações incluem esforços deliberados para destruir o valor do dólar por motivos de comércio exterior. Como os investidores acreditam que o modelo capitalista empreendedor nos Estados Unidos está intacto, eles também desejam comprar uma ampla variedade de títulos que não são do Tesouro.

É difícil estimar quão atentamente o mundo acompanha a situação política, econômica e financeira dos EUA. Quando o presidente Clinton tomou posse, por exemplo, os estrangeiros detinham 19% da dívida do Tesouro. Atraídos pela abordagem de Clinton em relação à economia, os estrangeiros haviam aumentado essa percentagem para 35% no momento em que o presidente deixou o cargo. Hoje, em parte por causa da relativa escassez de oportunidades de investimentos globais e do elevado risco geopolítico, os estrangeiros detêm 52% da dívida do Tesouro dos EUA.

Alguns analistas supõem que o restante da economia mundial irá se desvincular dos Estados Unidos. Em outras palavras, países como a China desfrutarão de prósperas economias consumidoras com menos dependência de exportações para o Ocidente. Mas esse argumento é altamente suspeito graças aos ameaçadores problemas demográficos da sociedade chinesa, em processo de envelhecimento. Essas questões demográficas já produzem efeito contrário significativo a uma situação de consumo doméstico fortalecido, efeito que irá piorar nos próximos anos. Na China, o consumo pessoal na última década ou próximo disso, na realidade, declinou substancialmente. De acordo com Nicholas Lardy, do Peterson Institute for International Economics, "o consumo pessoal na China, em 2005, foi 30% menor que o nível alcançado se a parcela do consumo familiar no PIB tivesse permanecido no nível de 1990, em vez de cair em mais de dez pontos percentuais".

Muitos amigos meus da comunidade dos bancos centrais europeus inicialmente aderiram à teoria da desvinculação. Afinal, o comércio europeu com os Estados Unidos é menor do que 10% do comércio europeu. No entanto, hoje, os mesmos indivíduos reconhecem que uma coisa é o comércio, e outra é o grau de integração *financeira*, como a crise das subprime revelou. A política mundial havia subestimado o grau em que as economias dos Estados Unidos e da Europa são entrelaçadas e inseparáveis do ponto de vista financeiro, e o mesmo é verdadeiro para a maior parte do mundo.

Por fim, o que os ansiosos proponentes da teoria da desvinculação subestimaram, de modo perigoso, é o papel vital que os Estados Unidos desempenharam no último quarto de século no sistema atual de mercados de capital e de comércio abertos. Esse era um papel crítico para os fundamentos da globalização. Com a economia dos EUA desvinculada do restante do mundo, supondo que tal separação fosse possível, um novo mundo envolvendo interesses nacionais conflitantes e resistências ao crescimento do comércio não seria atraente. Quem, se não os Estados Unidos, defenderá o modelo de globalização? Quem estabelecerá ao menos as linhas gerais de uma ordem financeira? Japão? França? México? Rússia? Será o Canadá a determinar os passos políticos para o sistema econômico e financeiro global? A realidade é que qualquer desvinculação provavelmente terá vida curta.

Olhando para o futuro, o sistema financeiro atual é frágil exatamente porque os países que acumulam excessos volumosos de poupança — novamente, os produtores de petróleo, China e o restante da Ásia — provavelmente acumularão ainda mais poupanças superavitárias ao longo da próxima década. Por quê? Porque o modelo dependente de baixo consumo e elevada exportação é simplesmente demais para que esses países resistam a ele.

Um país como a China não tem previdência social ou sistema de bem-estar social, um fato que cria enorme incentivo para as pessoas pouparem mais do que consumirem. Além disso, comparado ao modelo de amplo consumo e de iniciativa empreendedora individual que existe no Ocidente, o modelo de exportação mercantilista é muito mais facilmente controlado pelos burocratas — e mais aberto à corrupção.

Um relatório do McKinsey Global Institute de 2007 descreve os parâmetros do panorama financeiro global atual e a nova mudança no controle financeiro. O estudo descreve os quatro novos "agentes poderosos" da economia global: (1) investidores das nações exportadoras de petróleo; (2) banqueiros centrais da Ásia e seus fundos soberanos de riqueza; (3) fundos de hedge; e (4) empresas de private equity. Os Quatro Grandes, os novos agentes poderosos, controlam crescentemente a forma do sistema financeiro global, com ativos que triplicaram desde 2000 para quase US$10 trilhões. Incrivelmente, isso é mais de 40% do capital controlado pelos fundos de pensão globais. Tradicionalmente os fundos de pensão têm sido os grandes kahuna* como fonte de levantar recursos para os investimentos globais.

Entre os Quatro Grandes, os agentes poderosos, os produtores de petróleo controlam a maior parte — US$4 trilhões. Os bancos centrais da Ásia controlam mais de US$3 trilhões, com os chineses controlando quase metade dessa quantia. As empresas de private equity quase duplicaram em tamanho desde 2000 e, junto com os fundos de hedge, detêm entre US$2 e 3 trilhões em capital global. E você ainda não viu nada. O McKinsey Global Institute estima que os ativos conjuntos dos Quatro Grandes crescerão para valores entre US$15 a 21 trilhões até 2012 — uma quantia comparável a mais de 75% dos ativos mantidos pelos fundos de pensão globais.

Não é necessário ser um cientista espacial para ver o quadro emergindo à frente. O relatório da McKinsey Global declara: "Riqueza financeira e poder concentrados por tanto tempo nas economias desenvolvidas dos Estados Unidos, da Europa e do Japão estão se dispersando." A questão é quanto de sua base industrial os norte-americanos e europeus permitirão que seja vendido para unidades governamentais estrangeiras. Como o Congresso vai reagir, por exemplo, quando os investimentos controlados pelos governos da China, ou da Índia, ou da Rússia forem direcionados à compra de participações nas indústrias de semicondutores e de alta tecnologia dos Estados Unidos? Como já mencionado, o

---

*Significa o grande sacerdote, ou o grande mágico, ou o grande especialista. É um termo havaiano. (N. do T.)

que aconteceria se a China tentasse comprar grandes participações na Microsoft ou na IBM, e então exigisse assentos nos conselhos de administração para os representantes chineses? O que ocorreria se a Rússia começasse a acumular ações da Boeing? Como os investidores estrangeiros responderão ao aumento de limites às oportunidades de investimentos nos Estados Unidos?

Laura Badian e Gregory Harrington, da Arnold and Porter LLP, em um número recente da revista *The International Economy*, catalogaram a atividade dos fundos soberanos de riqueza em 2007. As atividades começaram cedo, quando a China transferiu US$200 bilhões de suas reservas em moeda no Banco Central, somando então US$1,2 trilhão, para investimentos mais arriscados via fundo soberano de riqueza. Imediatamente, os chineses fizeram investimentos de US$3 bilhões na empresa de private equity Blackstone Group LP. Em julho de 2007, o China Development Bank comprou 3,6% do banco britânico Barclays (como parte de sua oferta pelo ABN Amro). Em outubro de 2007, o Industrial and Commercial Bank of China fez investimentos de US$5,5 bilhões no Standard Bank Group Ltd., o que significa que a China agora possui mais de 20% do maior banco da África.

Em novembro de 2007, a maior empresa de investimentos em títulos da China assinou uma aliança com o banco de investimentos norte-americano Bear Stearns, uma relação que agora é complicada devido à extinção deste banco. Em dezembro de 2007, a China Investment Corporation comprou 9,9% de participação no patrimônio do Morgan Stanley.

Naturalmente, a China não é o único participante desse ambiente. Em outubro de 2007, a Dubai International Capital comprou 9,9% do Och-Ziff Capital Management, o maior fundo de hedge de Nova York. Isso ocorreu um mês após a Bolsa de Dubai (Bourse Dubai) ter adquirido aproximadamente 20% de participação na bolsa Nasdaq. Bourse Dubai também comprou a participação da Nasdaq de quase 30% na Bolsa de Valores de Londres (London Stock Exchange). Badian e Harrington acrescentam que, no final de novembro de 2007, a Dubai International Capital fez grandes investimentos na Sony. Não muito após, a Abu Dhabi Investment Authority anunciou que se tornara o maior acionista do Citigroup.

Uma reação internacional a essas compras está apenas começando. A chanceller da Alemanha, Ângela Merkel, está reagindo sonoramente ao procurar repelir a tentativa de compra de empresas alemãs pela Rússia. De fato, em relação à questão dos investimentos dos fundos soberanos de riqueza na Europa, a melhor aposta é que os políticos europeus exigirão total reciprocidade, algo que a China e a Rússia nunca aceitarão, o que poderá, em algum momento nos próximos anos, criar uma confrontação global. Observe que esse fenômeno não ocorre somente em países grandes. Mesmo na Tailândia, discussões políticas acaloradas aconteceram de um dia para o outro, quando uma unidade de investimento do governo de Cingapura tentou comprar o conglomerado de telecomunicações tailandês Shin.

Para o Ocidente, a questão é como a China, a Rússia e outros responderão aos investimentos norte-americano e europeu em suas indústrias de infraestrutura. Haverá alguma forma de retaliação irracional no caso de seus planos de investimentos nos Estados Unidos e na Europa serem obstruídos? Tal resultado dificilmente estaria fora de questão, em particular se o acesso à tecnologia do Ocidente for severamente restringido com base na segurança nacional, o que significa que os fluxos de capitais globais poderiam, de fato, encontrar novas obstruções no futuro próximo.

Jeffrey Garten, professor de comércio internacional na Yale University, sustenta que os políticos da Europa e dos EUA não têm escolha a não ser melhorar as políticas coordenadas à luz das atividades dos fundos soberanos de riqueza. Garten argumenta que, sem coordenação, esses fundos poderiam lançar um país contra o outro. Alguns analistas defendem que os fundos soberanos de riqueza devem fazer parte das negociações de comércio internacional. Em outras palavras, os investimentos devem estar sujeitos às rodadas regulares de negociações comerciais. Burocratas se colocariam em posição de controle, decidindo, após negociar com seus semelhantes no mercado internacional, quanto investimento deixariam entrar, e também a natureza e os objetivos desses investimentos.

Badian e Harrington ressaltam que essa abordagem burocrática poderia criar uma nova enxurrada de protecionismo. As barreiras ao investimento estrangeiro, particularmente em setores econômicos vistos como estrategicamente importantes, estão aumentando com rapidez. É claro que, definir o termo *estratégico* propicia enganos burocráticos. De certo modo, a maioria das atividades econômicas de uma nação, se elas são necessárias, pode ser definida como "estrategicamente importantes".

Para complicar a questão, as linhas de separação entre restrições sobre capital privado externo e de propriedade do governo são obscuras. Recentemente, conversei com o responsável sênior de um fundo soberano de riqueza e ele ficou indignado com a sugestão de que era algum tipo de ferramenta política de seu governo. Seu argumento principal: como profissionais de finanças, temos êxito se o fundo soberano de riqueza alcança um retorno de investimento previsível, atraente e seguro. Para complicar ainda mais a situação, nem todos os fundos soberanos de riqueza são criados da mesma forma. Alguns, de fato, são apêndices de governos, enquanto outros são entidades verdadeiramente independentes interessadas somente em investimentos passivos atraentes, que são do tipo que irá estabilizar e fortalecer a economia mundial.

Muitos desses últimos fundos se envolvem em estratégias de comprar e manter. Como investidores de longo prazo, eles estão entre os primeiros a correr para o mercado e comprar quando o preço de um ativo cai. No entanto, outros fundos soberanos de riqueza certamente existem, em parte, para obter vantagem estratégica em nível nacional para o país.

Se tudo isso soa sinistro, é importante lembrar quão enorme foi o benefício dos Estados Unidos com o sistema global de fluxo livre de capital durante o surpreendente quarto de século em que houve criação de riqueza e redução de pobreza sem precedentes. Além disso, o McKinsey Global Institute estima que os investimentos somente dos exportadores de petróleo e dos bancos centrais asiáticos (comprando títulos do Tesouro dos EUA) reduziram as taxas de juros de longo prazo dos EUA em 75 pontos-base. Essas compras de títulos e outros investimentos provavelmente aumentarão nos próximos anos. Ademais, fora as complicações estratégicas criadas pelos fundos soberanos de riqueza, milhões de investidores estrangeiros com recursos consideráveis e de centenas de países veem os Estados Unidos como um objetivo extraordinariamente seguro e rentável para investimentos amplos — e os resultados são inegáveis. Além disso, embora os fundos soberanos de riqueza da China e da Rússia atraiam a atenção, Cingapura representa a maioria dos investimentos dos fundos soberanos de riqueza além fronteira, acima de 50% do total desde o início de 2007, de acordo com o *Financial Times*.

Durante os últimos 25 anos de globalização financeira, surpreendentemente, os Estados Unidos ficaram em recessão somente 5% do período. No quarto de século anterior, sem mercados financeiros globalizados, a economia dos EUA esteve em recessão durante 22% do período. Apesar do desapontamento com a natureza desigual da distribuição de riqueza, os norte-americanos adoraram os mercados de ações robustos e as reduzidas taxas de juros geradas por esse novo sistema financeiro; um cenário, no entanto, que está mudando à medida que a economia enfraquece em decorrência do declínio da confiança e da credibilidade no futuro econômico. Além disso, os norte-americanos podem, em breve, aprender que não há almoço grátis, tendo em vista que outras nações se posicionam para lucrar com as riquezas da globalização.

Observe que, quando essa mudança do poder financeiro global ocorreu, os líderes políticos de Washington fizeram o papel de tolos ingênuos. Na maior parte do tempo, os políticos agiram como se o sistema financeiro global não existisse. Mas, ocasionalmente, os políticos faziam demagogia, argumentando que muitas dessas economias não democráticas não agiam de acordo com as regras (algumas não agiam) e que, de certo modo, os EUA retêm a opção de poder sair do sistema. Eles não têm essa possibilidade sem sofrer consequências negativas brutais na forma de taxas de juros de longo prazo dramaticamente elevadas e desemprego subindo às alturas, enquanto as empresas reduziriam a atividade.

O que os políticos norte-americanos não percebem é que eles só têm uma opção neste estranho novo mundo, com seu novo e perigoso oceano de capital. E ela é, repito: tornar a economia norte-americana no longo prazo o destino mais atraente para o investimento global. Isso significa manter o modelo capital pró-empreendedor do último quarto de século. Isso é algo que os candidatos políticos de hoje abominam, enquanto veneram cada vez mais o santuário que é a política populista de demagogia antiempreendedora. Também significa estabelecer uma nova ordem financeira para elevar a confiança universal no sistema financeiro global.

Em dezembro de 2007, logo antes do Natal, eu estava tomando café em uma Starbucks em Washington D.C. e encontrei com um velho amigo, David Lipton. Um homem tranquilo, imperturbável, que foi uma das luzes brilhantes no Departamento do Tesouro da administração Clinton, onde atuou como gerente da crise gerada pelo *default* da Rússia no final dos anos 1990.

Começamos nossa conversa discutindo a elevação de poder global dos fundos soberanos de riqueza. Concordamos que os políticos na Europa e nos Estados Unidos, em breve, fariam objeções no acesso da China, Rússia, Arábia Saudita e outros regimes não democráticos a volumes significativos de participações em ativos industriais e financeiros europeus e norte-americanos. Concordamos que é provável que um consenso amplo e bipartidário de que esses investimentos precisam ser constantemente monitorados ou mesmo interrompidos emergirá de forma tranquila. "É por isso que esta é uma época perigosa e imprevisível", interpus.

"Sim, porque não é tão simples quanto eles pensam", Lipton argumentou. "Se os representantes dos EUA e da Europa acordarem amanhã com uma crise financeira global generalizada, ironicamente, os primeiros cinco telefonemas seriam para os fundos soberanos de riqueza, apelando para que os ajudassem a alcançar estabilidade." Concluiu

Lipton: "Ninguém mais detém esta espécie de capital. Certamente não o Fundo Monetário Internacional. Eles [os fundos soberanos de riqueza] podem ser nossa única esperança."

É por isso que, de fato, os EUA necessitam defender políticas que continuem a mantê-los como um destino atraente para investimentos. Também necessitam corrigir seu desequilíbrio fiscal. O desafio, no entanto, é selecionar políticas que corrigirão os desequilíbrios sem colocar em risco a riqueza e os empregos criados pelo sistema capitalista empreendedor. O segredo é evitar eliminar as últimas décadas de espírito empreendedor. No momento, há um perigo real de que as prescrições oferecidas por uma comunidade política, agora arraigada à luta de classes e à retórica protecionista, acabarão matando o paciente. Como demonstrarei no próximo capítulo, é essencial entender o que faz uma economia crescer e prosperar. Isso significa avaliar o papel dos campeões da nova economia de hoje — os empreendedores — e como eles são financiados. Porém, como ressaltarei mais adiante, políticas para promover o clima de criatividade empreendedora têm de ser complementadas por outras que promovam o sustento em bases amplas do capital humano. Em última instância, na economia do século XXI, é o capital humano que mais importa.

CAPÍTULO 3

Empreendedores em um mundo de private equity e de fundos de hedge* problemáticos

Um dia no verão de 1988, Paul Tudor Jones, então um jovem investidor de um fundo de hedge, que hoje se coloca entre os *quatrocentos* mais ricos dos Estados Unidos segundo a revista *Forbes*, telefonou-me pedindo que eu passasse em seu escritório em minha próxima viagem a Nova York. Eu nunca tinha ouvido falar dele, mas nosso encontro subsequente ensinou-me bastante sobre a natureza daqueles que atuam na economia empreendedora, que fornecem capital para os que assumem riscos na sociedade.

Após uma semana, ou um pouco mais, em uma tarde ensolarada, eu me encontrei perambulando pela parte mais baixa de Wall Street à procura de seu escritório. Por fim, segui uma escada quase invisível, com lixo espalhado (o elevador estava quebrado) e próxima a um restaurante de fast-food, e caminhei até um escritório velho sem placas,

---

*Fundos de hedge são fundos de investimentos semelhantes aos fundos multimercados no Brasil. (*N. do T.*)

sem recepcionista ou qualquer pessoa à vista — e sem ar-condicionado — que ficava no segundo andar.

Dez, vinte minutos se passaram e ninguém chegou ou mesmo respondeu às minhas chamadas em todos os escritórios vazios. Quando eu estava de pé na entrada, preparando-me para sair, de repente, escadaria acima, surgiu Jones, que entrou rapidamente em uma sala pequena e desorganizada. Um homem de estatura média, com pouco mais de 30 anos em um terno e com o que parecia ser um topete, apresentou-se e me conduziu a seu escritório pessoal logo após a porta da frente. Amigos tinham sugerido que alguém chamado Jones, um ex-negociante de commodities nascido no Tenessee, ganhara uma fortuna no ano anterior ao prever brilhantemente a queda acentuada do mercado de ações dos EUA. Mas, certamente, esse não poderia ser o mesmo cara, poderia?

"O que você pensa sobre o dólar?", Jones imediatamente inquiriu quando nos sentamos, com o sotaque arrastado do Sul tão consistente e exagerado que comecei a pensar se isso tudo não era um ato elaborado, alguma brincadeira feita por algum colega de faculdade travesso que teria contratado um ator para se fazer passar por Paul Jones. Ele parecia recém-saído de uma fazenda. Antes que eu pudesse responder, meus olhos viram algo estranho fora de lugar, logo à direita dele. Era um manequim de uma loja de departamentos, de tamanho natural, totalmente vestido, sentado próximo à mesa dele e olhando diretamente para mim.

De repente, tornei-me consciente. Era como se fossem dois entrevistadores em um. Rapidamente, olhei em volta e senti algo familiar: a sala inteira exibia o ambiente da associação de estudantes universitários do filme *Animal House*. Esse era o dormitório central da universidade, cheio de lápis número 2 amarelos de 30cm de comprimento. Talvez de modo ainda mais desconcertante, o manequim usava óculos de sol, e, portanto, havia um sentido de realismo quando os dois pares de olhos se fixavam em mim: os do manequim e os de Paul. O manequim era um espião de algum banco francês? Ri para mim mesmo.

Respondi à pergunta sobre o dólar, sugerindo que a área de câmbio do Ministério da Fazenda do Japão, mais do que os mercados, dava as cartas no curto prazo na determinação da taxa iene/dólar, e, por isso, era importante não se arriscar a ser iludido pela ida do Ministério da Fazenda ao vindouro encontro dos bancos centrais e ministérios da Fazenda dos países industrializados do G-7. Entretanto, após cerca de 45 segundos de minha explicação, Jones irrompeu: "Você está contratado! Então, quanto você cobra?" Operadores do mercado financeiro no mundo dos fundos de hedge frequentemente fazem julgamentos instantâneos, confiando em seus instintos.

Em várias ocasiões, Jones me convidou para sua reserva florestal de 4 mil acres na costa oriental de Maryland, um paraíso de caça que ele chamava de "Disney World da Caça". Vinte e seis empregados nos atendiam em todas as necessidades do esporte. Um dia, alguns anos após nosso encontro, estávamos de pé em um campo esperando o grupo que empurrasse os faisões para fora da torre para serem atingidos pelos convidados (Jones, parecendo um pouco com Rambo, vestia roupa de Exército camuflada; outro convidado e vizinho, o ex-ministro da Fazenda Nick Brady, estava cerca de 6m afastado.) Enquanto aguardávamos, Jones e eu começamos a falar sobre o que teria sido a vida fora dos mercados. "Como você definiria sua atividade sonhada fora dos mercados financeiros, Paul?", perguntei. Jones, um bilionário e então um convertido defensor do meio ambiente (por causa de um percalço em um brejo de sua propriedade que levou à prisão de seu capataz de construção), deu-me uma resposta inesperada: "Meu sonho é ser ministro do Interior", ele respondeu, com bastante sinceridade.

Fiquei chocado. Aqui estava um superastro das finanças cujo sonho era chefiar o gabinete de um ministério geralmente colocado em segundo plano dentro do Cinturão de Washington. Comecei a ver como mesmo os mais sofisticados financistas entendiam pouco sobre a dificuldade de mudar a política em Washington a partir do interior do sistema, particularmente em relação ao poder que eles podem gerar como promotores externos de causas bem fundamentadas. A despeito de todos os nossos avanços em comunicações, o hiato de entendimento entre o governo e os mercados financeiros permanece perigosamente amplo. São dois mundos diferentes à noite. Como uma metáfora, isso explica bem por que o mundo permanece perigosamente instável. Os políticos do governo e os mercados financeiros entendem pouco do mundo do outro. Dois dos principais provedores de capital para o empreendedorismo na nova economia global — os fundos de hedge e as empresas de private equity — permanecem um enigma para a classe política.

Incidentalmente, hoje, os escritórios da Tudor Investments podem competir no gosto e no luxo com qualquer outro no mundo financeiro. Jones se veste como um modelo da moda (provavelmente aconselhado por sua esposa, que exerce tal profissão). Ele usou suas habilidades em negócios para criar uma impressionante atividade não lucrativa — a Fundação Robin Hood — para os que se encontram em desvantagem dentro e em volta da cidade de Nova York. Mas ele nunca atuou tão bem como quando tinha aquele manequim sentado a seu lado no escritório abafado em cima de um restaurante fast-food, que me faz lembrar continuamente que os mais bem-sucedidos investidores que assumem riscos na sociedade usualmente operam, pelo menos no início, fora da corrente principal. Eles raramente são membros do "clube". Eles não iniciam com algo que seja parecido com um caso de sucesso. Essa é a razão pela qual eles e seus primos, os empreendedores, permanecem tão misteriosos.

Acabei trabalhando muito próximo à maioria dos principais administradores de fundos de hedge dessa época, e conheço vários dos principais operadores do mundo de private equity. Os fundos de hedge são muito ágeis, amplamente desregulados e, em geral, são fundos globais para investidores de patrimônio elevado que suportam riscos — muito mais do que os fundos regulados de mercado como fundos mútuos. Os investidores de private equity lidam com empresas não listadas publicamente em uma bolsa de valores e as remodelam por meio de fusões, reestruturações ou recapitalização (algumas vezes, tornando-as públicas) para produzir um desempenho melhor.

Hoje, as empresas de fundos de hedge e de private equity se tornaram os novos bichos-papões do sistema financeiro internacional — os monstros horríveis, gananciosos, culpados pelos políticos frustrados pela perda de controle e pelo caos ocasional associados aos fluxos de capitais altamente imprevisíveis de hoje. Mesmo que haja um pequeno núcleo de verdade quanto à caracterização como bichos-papões, esse viés negativo representa risco para o sistema internacional e o risco de levar a um período de estagnação do mercado financeiro. De fato, é verdade que, enquanto alguns operadores de fundos de hedge, que recebem remunerações enormes, demonstram um nível extraordinário de generosidade para aqueles à sua volta, outros exibem um nível de ganância quase além da compreensão. É esse grau de avareza, combinado com uma mentalidade original, que contribui para o caldeirão de ressentimento político atual e para o risco financeiro potencial.

Por exemplo, um operador de Wall Street que conheço, cujos fundos, em regra, produzem enormes volatilidades, regularmente consulta um profissional de astrologia para suas decisões financeiras. Esse fato, de algum modo, deixa de aparecer nos documentos revelados pela empresa aos investidores. Outro operador de fundo de hedge, que vale uma fortuna e está baseado na área de Nova York, enviou seu representante chefe a meu escritório após ter sido cliente por cerca de um ano. O propósito da visita era discutir a renovação do contrato de consultoria.

Imagine meu choque quando o representante começou dizendo: "Podemos *roubar* a parte escrita de seu serviço de consultoria. O que não podemos obter é a análise para os clientes por telefone. Nós lhe pagaremos metade de seus honorários de consultoria para termos essas chamadas telefônicas." Estupefato, rapidamente agradeci ao representante por sua franqueza e encerrei minha relação profissional com essa empresa. Alguns anos mais tarde, o mesmo administrador do fundo de hedge foi visto em frente ao Carnegie Hall, antes de um concerto começar. Ele havia comprado um bilhete extra e estava tentando vendê-lo com ágio pelo melhor preço aos pedestres que passavam antes de o concerto iniciar. Os amigos do bilionário que assistiam à cena estavam mortificados.

O mundo de private equity, em que os sujeitos endinheirados atiram US$6 milhões em festas de aniversário de 60 anos, não é diferente dos fundos de hedge. Também há considerável hipocrisia. Por anos, alguns líderes proeminentes, autoindicados e sócios dos fundos de private equity têm reclamado que as baixas alíquotas máximas de Imposto de Renda para renda individual nos EUA favorecem o rico muito generosamente, enquanto contribuem para o déficit público. Parece espírito público? Bem, o fato é que os sócios das empresas de private equity não pagam as alíquotas correntes de Imposto de Renda individuais, nem de empresas, sobre a parte principal de suas rendas, que é classificada como algo chamado *carried interest**. Em vez disso, eles pagam somente 15%, menos do que a metade paga por outras atividades.

Essa situação tem de ser eliminada aos poucos. Fazer isso, no entanto, não será fácil, porque outros países gostariam muito que os fundos de private equity dos Estados Unidos saíssem do país. Por exemplo, algumas discussões estão em andamento na Suíça no sentido de aprovar uma legislação que ofereça às empresas de private equity baseadas em Nova York e em Londres os mesmos 15% de alíquota de Imposto de Renda como incentivo para que elas mudem suas matrizes para a Suíça. Devido à mobilidade de capital, essa mudança não seria tão forçada como parece. Os serviços financeiros ainda não fazem parte de um dos setores em que os Estados Unidos são superiores em competitividade, em termos globais. O restante do mundo gostaria de assistir à sua derrocada, o que parece já estar a caminho como resultado da crise imobiliária.

Mas aqui está a questão: a ganância de alguns operadores de fundos de hedge e a eficácia dos lobistas de impostos dos fundos de private equity não negam o valor dessas organizações para o sistema financeiro global. As empresas de private equity não criam distorções nos mercados; elas simplesmente refletem distorções. Se o crédito é muito barato e fa-

---

*Parcela dos lucros que os sócios recebem. (*N. do T.*)

cilmente disponível, e se o ambiente regulatório faz com que as empresas se inclinem em direção às fusões e aquisições, e não aos investimentos em novas empresas, então as empresas de private equity surgem para oferecer seus serviços no sistema financeiro. A despeito de seus honorários exóticos, elas são o efeito, não a causa, do clima existente.

No mundo incerto de hoje, os políticos gostariam de eliminar os fundos de hedge, os percebidos problemas da economia mundial. Chame-me de tendencioso, mas essas instituições criadoras de problema constituem o soro da verdade da economia internacional. Constantemente elas desafiam as visões políticas convencionais dos governos e, com frequência, lançam um olhar cético sobre as explicações espúrias oferecidas pelos capitães de indústria acerca de suas empresas. Alguns críticos argumentam que os fundos de hedge fazem conluio no mercado, particularmente na área de commodities, e por isso são acusados de ser responsáveis por seus preços atuais elevados. Minha opinião, contudo, é que, de longe, os fundos de hedge vêm prevendo uma desaceleração da economia global, conduzida pelos Estados Unidos. Um investidor, nesse cenário, apostaria na queda dos preços das commodities. Afinal, nunca na história estes preços aumentaram em períodos de declínio econômico mundial. Para complicar a situação, se os governos soberanos, conduzidos pela China, estavam de fato acumulando commodities, esse fato não permaneceria em segredo por muito tempo. Ao saberem disso, os fundos de hedge, como administradores eficientes de recursos, liquidariam suas posições "vendidas" nos mercados de commodities e apostariam na subida de preços, apesar do abrandamento da economia global. Nesse cenário, os fundos de hedge estão reagindo aos eventos, e não os conduzindo.

Os fundos de hedge são historicamente significativos, pois são atores de destaque no drama da grande globalização. Eles foram os primeiros a entender como usar a nova estrutura financeira global para melhor proveito ou para arbitragem. Começaram a unir carteiras de investimentos que refletem mercados internacionais muitos distintos, com instrumentos de investimentos diferentes, baseados em ampla avaliação macroeconômica da economia global como um todo. O ex-presidente do Federal Reserve Alan Greenspan chama estes fundos de "abelhas que disseminam o pólen". Estou convencido de que, se estes fundos não existissem, os mercados financeiros sofreriam muitos reveses a mais do que sofrem agora.

Em vez de servir como fonte de desestabilização, como alguns críticos sustentam, os fundos de hedge, nesse período de globalização crescente, apesar de ataques de irresponsabilidade, ajudaram os mercados a convergirem e a se tornarem mais eficientes. De fato, os fundos de hedge são críticos à estabilidade de longo prazo dos mercados. Sem eles, podem existir ineficiências por muito tempo nos mercados, que, de repente, disparam choques amplos e potentes no sistema.

Por exemplo, antes do desenvolvimento dos fundos de hedge, as empresas e/ou os governos que apoiavam cartéis e monopólios (uma abordagem que, algumas vezes, é chamada de capitalismo companheiro) podiam ocultar suas atividades por longos períodos. Conexões internas, não a mão livre dos mercados, guiavam a tomada de decisão. No passado, o mercado não conseguia disciplinar plenamente esse comportamento. Hoje, toda uma classe de especuladores de fundos de hedge revira qualquer pedra em busca de ineficiências do mercado para explorá-las. Uma dessas ineficiências decorre de governos que anunciam reformas importantes com grande fanfarra, sabendo que eles não têm a coragem política e o desejo de seguir adiante com essas promessas.

Outro exemplo: empresas inchadas com *overhead* em excesso e operações ineficientes. Os líderes dessas empresas têm pouca visão de futuro, e não têm a coragem necessária para gerir seus negócios com maior eficiência ou para elevar sua posição competitiva. Essas empresas são o sonho dos administradores dos fundos de hedge. Os operadores tomam posições "vendidas" nas empresas, antecipando que seus valores irão cair, de modo que o fundo de hedge possa colher os lucros. A ameaça desse processo também força continuamente os administradores a pensarem em mudanças construtivas, que permitem evitar que suas empresas se tornem globalmente obsoletas.

Passe algum tempo com os políticos da Alemanha e você irá descobrir que os operadores de fundos de hedge, na visão deles, são nada menos do que o diabo encarnado — "gafanhotos", como alguns críticos os chamam. No entanto, ironicamente, nos anos recentes, os fundos de hedge, as empresas de private equity, e seus primos, os bancos de investimento globais, têm reestruturado e modernizado os setores corporativo e financeiro da Alemanha. Isso ocorreu principalmente sem o conhecimento da coalisão governamental politicamente difícil. Como a maioria dos governos europeus, a Alemanha, por décadas, tolerou níveis de desemprego de dois dígitos e crescimento econômico abaixo do padrão, enquanto carecia de vontade política para reformar a economia. Na Alemanha, nos anos recentes, os fundos de hedge e as empresas de private equity forçaram mudanças, e por isso, como mostrarei em capítulo posterior, é que uma Alemanha mais produtiva está se tornando competitiva em termos globais em relação ao restante da Europa. Em contraste, a Itália, uma economia mais fechada aos interesses financeiros externos, está se tornando ainda mais defasada.

Alguns críticos argumentam que muitos desses novos fundos de hedge assumem, de modo descuidado, enormes posições alavancadas e, portanto, aumentam o risco de todo o sistema financeiro. É verdade que o número de fundos de hedge explodiu. Quando comecei com minha empresa de consultoria, existiam somente poucas centenas de fundos de hedge, com duas dúzias representando a nata. Hoje, nove mil destes fundos atuam dentro do sistema, e eu não utilizaria a ampla maioria deles.

Em um fundo de hedge, a experiência conta pouco. As únicas considerações de sucesso são os resultados finais das operações. Nesse sistema, portanto, com frequência, operadores jovens brilhantes são promovidos rapidamente a posições importantes. O problema é que muitos operadores jovens que trabalham nesses fundos nunca experimentaram mercados em quedas longas. Com idade média de 26 anos, eles estavam na faculdade durante o crash de 1987. O que lhe falta é experiência e capacidade de julgamento.

Essa é a notícia ruim. As notícias boas são que os mercados financeiros estão corrigindo essa situação. Desde o início de 2004, parte considerável do capital global saiu das mãos dos mais recentes e arrogantes e retornou para os fundos de hedge com registros de operação mais longos e seguros. Atualmente, os cem maiores fundos de hedge controlam 75% do total de recursos investidos nestes fundos — e o número está crescendo. No início de 2004, essa percentagem era 50%. Quanto aos mais arrogantes, o mercado começou a separar o verdadeiro talento dos imitadores na alocação de capital. Após a crise imobiliária, esse processo de seleção irá acelerar, já que parte considerável dos financiamentos dos fundos de hedge, feitos por meio do setor bancário dos Estados Unidos, que se encontra hoje com problemas, está sendo retirada do mercado.

Em 1998, o colapso do fundo de hedge Long Term Capital Management (LTCM) quase afundou o sistema financeiro mundial. Em comparação, em 2006, outro fundo de hedge, de Greenwich, em Connecticut, o Amaranth, perdeu quase US$9 bilhões (em dólares, maior que a perda do LTCM). Porém, hoje, o sistema financeiro global mais modernizado absorveu essa perda quase como um soluço. O mesmo ocorreu durante a crise imobiliária de 2007-2008.

Alguns fundos de hedge sofreram enormes perdas e calmamente saíram do mercado. Mas o importante, inicialmente, não eram estes fundos. Eram os principais bancos e outras grandes instituições financeiras que não ofereceram um quadro transparente dos riscos para os mercados. Nos próximos anos, mais fundos de hedge irão falhar, porém menos por causa de risco excessivo e mais como um subproduto das dificuldades bancárias e da consequente retirada de capital dos fundos de hedge.

A maioria dos políticos europeus e alguns políticos norte-americanos gostariam muito de colocar o mundo dos fundos de hedge em uma camisa de força regulatória. O que eles não percebem é que grande parte dos fundos de hedge já bem estabelecidos não iria querer outra coisa. Restrições governamentais serviriam como um impedimento a novos fundos competitivos, o que os economistas chamam de "barreiras à entrada". Se a cota de entrada é US$3 milhões, incluindo custos legais e outros custos regulatórios, muitos operadores de talento, que saíram das melhores empresas de operações financeiras, tais como Goldman Sachs, provavelmente não começariam a operar por conta própria. Atividades amplas e estabelecidas apresentam como característica a tentativa de alcançar monopólios dentro de seus setores, e as pessoas que administram os grandes fundos de hedge não são diferentes. O aumento de competição também pode pôr em risco suas generosas estruturas de remunerações, se os novos e talentosos operadores surgirem em cena querendo reduzir preços.

Em dezembro de 2007, no pico da crise de crédito das subprime, o presidente do Federal Reserve, Ben Bernanke, fez esta observação para um pequeno grupo de analistas de mercado: "Quando a crise terminar, os bancos, ironicamente, podem tornar-se muito mais o centro da intermediação financeira do que foram no passado." Superficialmente, isso soa como um evento saudável. Durante a crise, o Federal Reserve, em uma de suas primeiras ações, expandiu a rede de segurança por meio de um novo sistema de leilões para aumentar a liquidez bancária. O Fed, essencialmente, cercou as carroças em círculo, em torno do sistema bancário dos EUA — e por boas razões. Se os bancos entrassem em colapso, a economia norte-americana também entraria, e com ela, provavelmente toda a economia mundial.

Entretanto, tornar os bancos ainda mais o centro da alocação de crédito nos Estados Unidos, particularmente quando o mundo está em processo de *desalavancagem*, parece tranquilizador, mas não é. O motivo é que os bancos têm relativamente pouco histórico como empreendedores financeiros. Os banqueiros, em geral, não têm a imaginação e a visão para aceitar riscos. Há também várias leis e regulamentações que evitam que eles se comportem assim. Os empreendedores que aceitam riscos elevados são os ingredientes mágicos que permitem que uma economia se expanda rapidamente para criar empregos. No entanto, como toda cidade pequena sabe, o banqueiro local está sempre querendo, de modo agressivo, emprestar para alguém rico o suficiente e que *não* precisa de empréstimo. A empresa desconhecida, nova e não sujeita à avaliação detalhada, com ideia de negócio brilhante, mas com capital insuficiente, é rejeitada reiteradas vezes. Agora que o Federal Reserve, ao lidar com o colapso do Bear Stearns, parece ter garantido o sistema financeiro como um todo (ao garantir às chamadas instituições financeiras não bancárias acesso à Janela de Desconto do Fed para empréstimos, independentemente do efeito colateral), a questão é se a intensificação do controle regulatório que está por vir acabará reduzindo os empréstimos totais para o setor empreendedor.

Historicamente, os fundos de hedge, as empresas de private equity, os capitalistas que correm riscos e os outros veículos de alocação de capital trouxeram para o processo econômico uma qualidade especial — uma curiosidade em relação à criatividade empreendedora e um senso imbuído de que a expansão econômica decorre da destruição do *status quo*. A maioria das empresas grandes, incluindo os bancos grandes, se fixa em preservar *o que está sendo feito*. Os fundos de hedge minúsculos e outros alocadores de capital se concentram em substituir *o que está sendo feito* por algo melhor. É por isso que eles são tão detestados pelo sistema. Eles são os promotores originais da noção de que o sucesso econômico decorre da reinvenção contínua. A seus olhos, o empreendedor é quase um herói mítico.

Mas a questão é se a cultura política atual, influenciada pela nova política de inveja, continuará a tolerar uma classe empreendedora à parte do restante da sociedade — classe que continua a ganhar somas incríveis de dinheiro. Os primeiros sinais não são tranquilizadores. O mantra político mais comum hoje é o apelo populista a "Acabem com a ganância corporativa e de Wall Street". Mas, na condição de uma sociedade, como nós lidamos com os escroques da Enron e as tolices dos banqueiros em geral, sem atirar, como no provérbio, o bebê (empreendedor) fora da bacia? Como, ao reformar o sistema, Washington evita estropiar o setor de serviços financeiros dos EUA, uma medida que iria aquecer os corações dos competidores financeiros pelo mundo afora? Como evitamos cortar o financiamento para os que assumem riscos na sociedade?

A discussão de empreendedorismo como uma classe social separada e distinta me faz lembrar uma conversa que tive no início dos anos 1990 na casa do presidente do Banco Central da Alemanha, Karl Otto Pöhl. O poderoso chefe do Bundesbank* havia participado de muitas conferências econômicas internacionais que organizei no final dos anos 1980 e 90, e nos tornamos amigos. Pöhl, de estatura mediana e sempre bronzeado devido à sua prática regular de golfe e esqui, pode ser o representante oficial mais charmoso que já conheci. Quando ele falava com alguém, aquela pessoa se sentia a mais importante na sala. Estou convencido de que, se Pöhl não tivesse ido para o Bundesbank, ele teria se tornado o chanceler da Alemanha.

Nessa noite, Pöhl havia encerrado o período mais controverso de sua carreira. Em novembro de 1989, o Muro de Berlim caíra e ele tinha recém-intitulado o plano do chanceler Helmut Kohl para unificar a Alemanha dividida sob uma única moeda "um fiasco". A moeda da Alemanha Oriental era, naturalmente, muito mais fraca que o todo-poderoso marco alemão da Alemanha Ocidental. No entanto, Kohl insistia na taxa de conversão arriscada de um para um a fim de criar, de um dia para o outro, uma única moeda na Alemanha, em uma tentativa de unir sua nação. Esse foi um drama intenso. O presidente do Bundesbank e o chanceler da Alemanha estavam em guerra.

A casa do presidente do Banco Central da Alemanha, com admirável design contemporâneo, estava fortemente protegida e cercada por dezenas de árvores, carvalhos de 200 anos, na pequena e charmosa cidade de Kronenberg, a 40 minutos de Frankfurt. Felizmente, ao contrário de Frankfurt, Kronenberg escapou das bombas aliadas no final da Segunda Guerra Mundial.

---

*Bundesbank é o Banco Central da Alemanha. (*N. do T.*)

A despeito de sua batalha em andamento com o chanceler, Pöhl estava de bom humor quando cheguei. Após trocarmos histórias sobre a comunidade internacional em uma rodada de bebidas, decidi suavemente travar um debate com o presidente do Bundesbank, que era, nesse momento, o responsável pelas políticas econômicas mais importantes na Europa. "Karl Otto", comecei, "corrija-me se eu estiver errado, mas a Alemanha em 1946 não se recuperou economicamente quase de um dia para o outro contra todas as expectativas? Então por que a Alemanha Oriental não poderia fazer o mesmo hoje? O que você acha de um segundo milagre econômico alemão?

A resposta de Pöhl revelou bastante por que as sociedades necessitam de uma classe especial formada por empreendedores. "Em toda sociedade", ele começou, "existem os 15 ou 20% que incluem os administradores líderes, talentosos e, mais importante ainda, os visionários que assumem riscos. Você está certo: em 1946, contra as expectativas britânicas e norte-americanas, após a guerra, esse grupo talentoso gerou o primeiro milagre econômico alemão sob a administração de Ludwig Erhard, ministro da Fazenda. Os que assumiam riscos não tinham outro lugar para ir, mas hoje é diferente. No momento em que o Muro de Berlim caiu, o grupo bem-dotado na Alemanha Oriental imediatamente correu para fora das fronteiras, totalmente confiante em que poderiam competir no Ocidente e imediatamente ganhar dez ou vinte vezes a renda atual deles. Deixados para trás, ficaram os menos talentosos, os mais dependentes e os mais receosos. Faltava a essas pessoas a capacidade de reconstruir a economia. E, ao implementar a conversão de moeda um para um, Kohl estará estropiando toda a economia alemã durante uma década." Dada a relativamente fraca performance da economia alemã até recentemente, arrastada para baixo pelo setor oriental, isso mostra que Pöhl estava certo (embora alguns analistas argumentem que, no final, o problema era a alta dos salários na Alemanha Oriental).

A análise de Pöhl — que afirma essencialmente que, em qualquer empresa, a nata chega ao topo — me faz lembrar uma questão que levantei certa vez, quando estava com um amigo, um poderoso consultor em Nova York. "Qual é o segredo para ser um grande administrador?", perguntei casualmente um dia, durante o almoço. Sua resposta crua: "Tolerar asneiras!" Sua explicação: o entendimento comum entre administradores é que "toda empresa é composta de aproximadamente 80% que produzem alguma coisa entre o médio e o medíocre, enquanto os 20% talentosos espalhados pela empresa geram mudanças criativas, produzindo avanços e, em geral, fazendo a diferença entre sucesso e fracasso." Ele concluiu: "Como administrador, se você não pode tolerar asneiras, criará uma guerra interna para si mesmo. Portanto, a questão é alimentar esse grupo talentoso, para permitir que eles sejam muito produtivos, sem ofender os outros."

O ex-diretor-executivo da Goldman Sachs Henry Paulson, que se tornou ministro da Fazenda dos EUA, certa ocasião fez uma observação muito semelhante no período em que gerenciava essa destacada empresa de investimentos. Durante uma sessão de perguntas e respostas na conferência do Salomon Smith Barney, em janeiro de 2003, ele disse: "São 15 ou 20% das pessoas [na Goldman] que realmente criam 80% do valor. Acho que podemos cortar uma parte razoável e não atingir os músculos e ainda ficarmos bem posicionados para nos reerguer."

Isso causou uma série de controvérsias que foram levantadas pela imprensa, e Paulson se desculpou logo em seguida, em uma declaração pessoal para toda a empresa. Um gaiato observou que não havia necessidade de Paulson pedir desculpas, porque, na hipercompetitiva Goldman, "todos pensam que são parte dos 20%, portanto ninguém estava realmente aborrecido com o que Hank dissera".

A ênfase em uma parte exclusiva da sociedade à primeira vista parece errada e injusta, particularmente em um país como os Estados Unidos em que todos são percebidos como "criados igualmente" — e, em especial, em um momento de lutas crescentes de classes. Além disso, deixadas para fazer o que quisessem, o que realmente penso é que as elites da sociedade usualmente cometem sérios erros, quer seja no Vietnã ou no Iraque. Um colunista conservador, William

Buckley, gracejou certa ocasião: "Preferiria ser governado pelas primeiras duas centenas de pessoas no catálogo telefônico de Boston a sê-lo por membros da Harvard."

Por outro lado, a ideia de que o grupo de liderança empreendedora que assume riscos muda continuamente é mais atraente. Um quadro bem mais intrigante é o de uma meritocracia de pessoas que assumem riscos que revolve, obtendo êxitos e fracassos à medida que coletivamente desenvolvem inovações que impulsionam a economia para frente, constantemente reinventando-a ao longo do processo. Nesse caldeirão de atividade econômica, de sucessos e falhas, a participação está aberta a qualquer um com coragem e uma nova ideia.

Robert Litan, do Brookings Institution e da Kauffman Foundation, tentou quantificar a situação empreendedora dos EUA. Seus resultados: cerca de meio milhão de norte-americanos lançam empresas a cada ano e entre 10 e 15% de todos os adultos que trabalham se envolvem em algum tipo de atividade empreendedora — e uma parcela dessas pessoas são os inovadores que mais importam. Mais recentemente, a Small Business Administration disse que 672 mil novas empresas começaram em 2005, mais do que em qualquer outro momento da história dos EUA. Nitidamente, em algum ponto no início dos anos 1980, ocorreu uma mudança de paradigma, desencadeando esse dinamismo explosivo. Essa meritocracia empreendedora excitada fez a economia dos Estados Unidos disparar para cima.

De fato, até as últimas décadas, o rótulo "empreendedor" implicava algo sinistro. Os empreendedores eram vistos como os vencedores em um jogo de soma zero, deixando os perdedores na economia à deriva. Eles eram os brutos que, por meio da mera força da ousadia, injustamente separavam a nata do topo do sistema capitalista de mercados livres.

O que o último quarto de século demonstrou foi justamente o oposto. O escritor sueco e defensor da globalização Johan Norberg argumenta que os empreendedores não fizeram nada menos do que "preencher nossa vida com milagres diários". Norberg ressalta: "Se você vivesse algumas centenas de anos atrás, acordaria a cada manhã sem luz elétrica, água corrente ou mesmo saneamento doméstico. Você não teria carro, ônibus ou trem, nem antibióticos. Você labutaria durante décadas fazendo o que um computador pode fazer em segundos. Mais ainda: sua expectativa de vida seria menor do que 40 anos."

É por isso que, dada a escolha entre ser o rei Luís XIV da França no final do século XVII e uma pessoa da classe média nos Estados Unidos de hoje, eu escolheria a última. A disponibilidade de antibióticos, novas tecnologias de comunicação — para não mencionar o que nossa cultura tem a oferecer por meio da mídia eletrônica — definiriam a questão para mim.

Pelo modo como os empreendedores melhoraram nossa vida, eles devem ser louvados, e não colocados no pelourinho. Eles são os que resolvem o problema de assumir riscos na sociedade; os que procuram novas oportunidades diante de todas as casualidades. Eles são, como Norberg definiu, em nossa sociedade, "os exploradores que se arriscam em território não explorado e abrem novas rotas ao longo das quais estaremos viajando em breve".

Com frequência, os empreendedores conspiram com ideias revolucionárias que, para o restante de nós, parecem temerárias. Eu me lembro de Chester Carlson, que, no final dos anos 1930, via-se com uma ideia que parecia temerária para os outros — um processo de impressão eletrostático — e que ele tentou vender para as principais empresas mimeográficas do país. Rejeitado várias vezes, ele finalmente converteu sua cozinha em um laboratório e entrou no negócio por conta própria. Ele correu riscos e sofreu escassez de capital, mas a empresa minúscula sobreviveu e prosperou.

Hoje, nós a conhecemos como Xerox.

Se Carlson estivesse vivo, provavelmente perguntaria: "O que aconteceu com aquelas vistosas empresas mimeográficas?" A resposta é que elas foram vítimas do que Joseph Schumpeter, o economista teórico, chamava de "criação destrutiva" de capital — o processo pelo qual uma nova ideia entra no mercado, tornando sem valor o capital existente. O que parece um processo misterioso está no coração da economia global de hoje. Cinco entre seis empresas novatas saem do mercado, a maioria dentro do primeiro ano, com novas surgindo para assumir seus lugares. Nos Estados Unidos, em locais congelados ou ensolarados, os negócios fracassam aproximadamente na mesma proporção.

Esse ciclo de sucesso e fracasso nos oferece uma lição perfeita sobre o assunto. O segredo para manter uma economia robusta reside em mais do que esforços para modernizar as plantas e os equipamentos existentes. O segredo é a criatividade, permitindo que novas empresas com novas ideias surjam, enquanto as já existentes trabalham diariamente para se reinventar, de modo a competir em escala global.

O segredo reside em um sistema global de mercado flutuante e livre. Ele existe em empresas ainda não nascidas, em fontes de energia não exploradas e em invenções não experimentadas. Muitos desses empreendimentos novatos fracassarão, mas outros — como Chester Carlson, com seu instinto empreendedor original — substituirão o capital e os produtos por novos e melhores, para o benefício de todos nós. E onde está a Xerox hoje? Parece não estar em lugar algum, porque ela acabou também falhando ao não se envolver no processo de contínua reinvenção, enquanto empresas mais competitivas surgiram em cena. De fato, a Xerox inventou o conhecido mouse de computador, mas falhou em não ver seu potencial e, portanto, nunca se beneficiou da própria invenção.

Muitos políticos dos Estados Unidos, e ainda mais os da Europa e do Japão consideram o capitalismo empreendedor desconcertante. Uma razão pode ser a dificuldade de representar politicamente os interesses de uma entidade que ainda não existe, ou uma empresa jovem em luta para sobreviver virtualmente invisível no cenário econômico. Mas essa situação também pode resultar da grande frustração em relação à imprevisibilidade, e falta de controle, do processo empreendedor. É difícil fornecer uma forma de segurança econômica total em uma sociedade empreendedora. O capitalismo empreendedor envolve o processo dinâmico de duas forças que competem: sucesso e fracasso. E talvez o mais frustrante seja ele continuar a depender diretamente da implementação criativa de novas ideias de indivíduos que, aos olhos da elite social, com frequência parecem impolidos e relativamente inexperientes.

Lembro de ter visto Ted Turner, nos dias iniciais da CNN, chegar uma manhã em Washington para testemunhar perante o Congresso. Com seu sotaque sulista acentuado, Turner saiu-se como um caipira de olhar desvairado, e não um bilionário com sua reputação recente. Um grupo de assessores desconhecidos do Senado, sentados atrás de seus chefes na audiência, riam de modo contido da conduta menos do que polida e da audácia do empreendimento arriscado que Turner iniciava. Quem são os tolos hoje?

Empreendedores tendem a ser levemente loucos. Eles são os sonhadores ilógicos, embora muitos desfrutem de uma vocação pessoal para o sucesso. Eles são, no entanto, os principais criadores de empregos e de riqueza em nossa sociedade. Embora os empreendedores possam ser loucos, eles são loucos como uma raposa.

A maioria subestima os riscos. Alguns fazem estimativas descuidadas das chances de sucesso. Eles têm de fazer isso; caso contrário, não tentariam. Ainda assim, como atores ousados da sociedade, eles suportam riscos incríveis — bem mais do que o executivo médio — pela possibilidade de grandes retornos psíquicos e financeiros. No coração da nova economia globalizada de hoje, reside a noção de que cada indivíduo é um empreendedor em potencial, no sentido de que o empreendedorismo não está limitado ao status social ou à riqueza. Observe que isso não é simplesmente formação de capital, mas mobilização de capital. Capital é mais do que moeda. Capital é capacidade produtiva e, por conseguinte, existe nas mentes, nas mãos e nos corações das pessoas. O desafio para os políticos é, em primeiro lugar, como encorajar esses potenciais criadores de riqueza e de emprego a aceitarem os riscos.

Em anos recentes, o papel do empreendedor no mundo industrializado sofreu transição. Não faz muito tempo, os negócios no Ocidente passaram a confiar no computador para realizar tarefas executadas por humanos, desde a cadeia de oferta de bens e serviços até a gestão de estoques. Mas, com o surgimento dos mercados de custos baixos na China e na Índia, apenas a eficiência não é suficiente para assegurar o sucesso.

Em vez disso, os ingredientes essenciais para o sucesso se tornaram um fluxo contínuo de inovações. Harold Evans, o autor de *They Made America: From Steam Engine to the Search Engine: Two Centuries of Innovators*, observa que, se você entrar no Google e pesquisar a palavra "CEO", há, hoje, de modo surpreendente, o dobro de referências para "CEO e inovação" em relação às existentes para "CEO e eficiência". Evans diz: "Nosso futuro depende da inovação pioneira. Sim, nós temos de implementar e desenvolver a liderança com eficiência, mas, nesse processo de gestão, nunca perca a visão animadora que criou a inovação em primeiro lugar, ou a liderança irá seguramente desaparecer."

É difícil dizer o que estimula o setor empreendedor a aceitar riscos. Seria um erro sugerir que a política tributária ou somente dinheiro levou à explosão na aptidão por riscos no último quarto de século. Bill Gates, ao criar a Microsoft no início dos anos 1980, foi impelido por uma visão audaciosa, não por motivos fiscais apresentados por seu contador. De início, empreendedores não aceitam o risco estritamente por causa do dinheiro. Eles fazem isso porque deve ser feito e nunca o foi antes. Alguns fazem pelo ego. Por fim, os empreendedores percebem que a ideia necessita ser econômica, e isso pode acabar conduzindo a uma grande riqueza.

Em 2006, o Banco Mundial apresentou um estudo surpreendente chamado "Onde está a riqueza das nações?", que explorou a seguinte questão: Por que países altamente industrializados como os Estados Unidos têm êxito econômico, enquanto algumas economias menos desenvolvidas com amplos recursos naturais apresentam desempenho medíocre? De outro modo, por que os imigrantes do mundo em desenvolvimento, nos EUA, são quatro a cinco vezes mais produtivos do que seriam se tivessem ficado em casa? O estudo conclui que a diferença é que os Estados Unidos e outras economias industrializadas desfrutam de quantidades enormes de "riqueza intangível".

A riqueza total em uma economia envolve mais do que compilar uma lista de ativos físicos e financeiros de um país. Riqueza inclui ativos intangíveis como direitos de propriedade, um sistema judicial honesto e eficiente amparado pela regra da lei, um governo que trabalha bem, valorização e manutenção do capital humano, e, eu adicionaria, tolerância e mesmo valorização da criatividade empreendedora e do risco, combinadas com rejeição às disputas de classes. Em outras palavras, ativos intangíveis incluem algo tão simples como a tolerância de uma sociedade aos que assumem riscos e se tornam ricos. E alcançar a riqueza é o que os empreendedores de sucesso conseguem.

Entretanto, do mesmo modo que a teoria do "homem econômico", que responde somente ao próprio desejo de ganância, é menos do que satisfatória para explicar o que motiva o empreendedor, a noção de que dinheiro não importa também é insatisfatória. Níveis de impostos e o clima político geral em relação aos empreendedores e ao risco importam imensamente. Isso é particularmente verdadeiro nos estágios iniciais de um novo empreendimento de risco. O nível de taxação pode ser um forte motivador. Empreendedores estão contando com o fato de que, se conseguirem ganhar muito dinheiro, grande parte não será levada pelo governo. É por isso que remendar esse novo sistema global para que pareça mais justo, ou usar impostos confiscatórios para tentar criar um sentimento de maior segurança para a sociedade como um todo, carrega em si o potencial para produzir consequências não intencionais. Para cada ação política, há o potencial de reação negativa. Por quê? Porque, afinal, os empreendedores têm a capacidade de se mover. Deixe-me apresentar um exemplo marcante.

Bono, cantor e líder da banda de rock U2, é conhecido por seus esforços filantrópicos. Especialistas no campo de redução de pobreza me dizem que Bono, em seu íntimo, é um indivíduo com coração de ouro. Aqui está um homem que teve tudo — riqueza, status de estrela de rock e muito mais. No entanto, seu coração sangra pelos atingidos pela aids na África e pelo sofrimento dos pobres ao redor do mundo. Uma grande estrela de uma indústria de entretenimento conhecida por seus impulsos hedonísticos também reteve sua alma.

Entretanto, o administrador de seus negócios, para surpresa do mundo, anunciou que Bono estava mudando parte significativa de seus negócios da Irlanda, onde os impostos sobre as atividades de entretenimento haviam sido elevados, para a Holanda, onde os impostos sobre royalties artísticos são comparativamente reduzidos. Bono se sentiu atraído por uma relação risco-retorno melhor. De repente, ele se viu diante de uma Holanda mais empreendedora, que busca desenvolver uma base no mundo do entretenimento. E ele é o homem que se tornou, provavelmente, o maior ícone da Irlanda para o mundo.

Se Bono pode fazer isso à sua amada Irlanda, como os políticos de Washington envolvidos em luta de classe podem estar seguros de que um segmento de peso da classe dos empreendedores não mudará para o exterior em busca de melhores jurisdições para a criação de riqueza associada a riscos, ou mesmo para lazer, no caso de ocorrerem importantes mudanças inspiradas em conflitos de classes no ambiente atual dos Estados Unidos? Suspeito que os políticos de economias que competem nesse mercado pelo mundo dificilmente objetariam. Por isso os políticos dos EUA devem abordar o frágil fenômeno do empreendedorismo com cuidado e com extrema cautela e sensibilidade. Aqui temos outra grande ironia: em abril de 2008, o governo trabalhista britânico anunciou importante revisão na competitividade do sistema de taxação do Reino Unido. A razão: várias grandes empresas britânicas anunciaram que estavam realocando suas sedes para a Irlanda, atraídas pela menor alíquota fiscal destinada às corporações.

Essa última mudança tributária no Reino Unido é um esforço para fazer com que os residentes não britânicos paguem impostos sobre todos os seus investimentos no exterior (ou simplesmente paguem US$70 mil anuais para evitar a abertura de informações). Embora essa cobrança seja um erro insignificante de arredondamento para, digamos, um magnata do petróleo russo vivendo em Londres, ela representa um desincentivo enorme para executivos sênior e de nível médio de empresas estrangeiras com base no Reino Unido. Como resultado, ainda mais empresas estão planejando sair. Em especial nas economias industrializadas atualmente orientadas aos serviços, a mobilidade é um fato da vida indiscutível. Os esforços do governo britânico para remendar o código fiscal já deram início a um efeito psicológico negativo de mudança de atitude global em relação à Inglaterra como centro financeiro internacional. E quais são as locações alternativas do futuro? Muitos especialistas listam as seguintes, em ordem de probabilidade: (1) Irlanda, (2) Suíça, (3) Cingapura.

Mas não me entenda mal. Nem todos os executivos altamente compensados são pagos de forma justa. Há algo problemático sobre executivos seniores que falharam, como Robert Nardelli, ex-dirigente da Home Depot, Inc., que foi demitido de seu posto com um pagamento de US$210 milhões. Isso demonstra a ruptura completa e total de uma governança eficaz do conselho corporativo. Hoje, os níveis de compensação excessivamente generosos para executivos de empresas públicas são, quase de modo indiscriminado, vergonhosos. Essa ganância irrestrita à custa dos acionistas tem debilitado seriamente o suporte político ao sistema de mercado capitalista.

E provoca hesitações de que uma nova empresa, não submetida à prova, mas com potencial, possa se tornar pública em períodos de crédito excessivo e mercados acionários em alta, arrecadando centenas de milhões de dólares. Isso é particularmente verdade quando comparado com, digamos, a administração sênior de uma empresa existente e testada, que toma decisões prudentes no sentido de manter níveis saudáveis de empregos e a conduz durante décadas que nunca testemunham ganhos financeiros desse porte. No capitalismo empreendedor, há momentos em que ele parece ser uma grande e injusta loteria.

O problema, no entanto, é que, em uma economia substancialmente empreendedora, é difícil, se não impossível, fazer microadministrações de distribuição de riqueza sem efeitos negativos contrários. De certo modo, o sistema tem de tolerar um determinada dose de "injustiças" na distribuição associada ao objetivo maior de gerar uma explosão na criação de riqueza, na criação de empregos e na redução da pobreza em larga escala. Segundo minha visão, o modelo capitalista empreendedor turbinado mais do que vale o efeito negativo porque oferece o potencial de criar oportunidade para todos os degraus na escala da renda.

Como? A economia empreendedora de inovação contínua, a forma pura de meritocracia, por definição, move os que assumem riscos para cima e para baixo na escala de renda, em um clima de dinamismo caótico feroz em que as pessoas no topo raramente ficam lá por muito tempo. Veja a lista Forbes 400 dos norte-americanos mais ricos, e as principais indústrias que eles representam, para o ano de 1980. Muitas dessas pessoas e empresas não aparecem na lista de 2006.

Houve um fenômeno semelhante com a Fortune 500 — a lista das maiores empresas norte-americanas. Nos anos 1960 e 70, somente vinte empresas em média por ano saíram da lista das quinhentas maiores. Nos anos 1980, foram quarenta empresas por ano. Entre 1990 e 1995, duzentas empresas haviam sido retiradas. E, entre as cem primeiras em 2005, quase três quartos não estavam na lista de 1980 (embora uma pequena percentagem ainda exista por meio de fusões, sob outros nomes corporativos).

O fato é que exatamente como o capital vagueia pelo mundo em busca do melhor retorno em relação à segurança, os empreendedores globais também desfrutam da capacidade de escolher suas jurisdições para operar com base em condições regulatórias e legais, e também com base na relação risco–retorno. Os políticos atuais não conseguem perceber que, na nova economia global, em que os serviços constituem o grosso da atividade econômica, as pessoas e as instituições são acentuadamente móveis. Há dois séculos Adam Smith pode ter sido o primeiro a observar este fenômeno:

Terra é algo que não pode ser removido, ao passo que o capital pode. O proprietário de terra é necessariamente o cidadão de um país em particular no qual está sua propriedade. O proprietário de capital é, na verdade, um cidadão do mundo, e não está necessariamente vinculado a qualquer país em particular. Ele estaria apto a abandonar o país no qual fosse exposto a uma investigação vexatória, de modo a ser tributado com impostos onerosos, e levaria seu capital para algum outro país no qual pudesse dar continuidade a seus negócios, ou desfrutar de sua fortuna mais à vontade. Ao remover o capital, ele colocaria um fim a toda a indústria que tivesse mantido no país. Capitais cultivam terra; capitais empregam trabalhadores. Um imposto que direcionasse capitais para fora de um país em particular tenderia a secar toda a fonte de receita tanto para o soberano quanto para a sociedade. Não somente os lucros do capital, mas também as rendas da terra e os salários do trabalhador, seriam necessariamente mais ou menos diminuídos pela remoção do capital.

Considere o resultado da situação da Enron. Em resposta ao colapso da Enron e a outros escândalos, o Congresso norte-americano em 2002 aprovou uma lei de reforma para as sociedades anônimas, conhecida como Sarbanes-Oxley. Ela se baseou na crença de que os mercados de capitais dos Estados Unidos somente poderiam manter sua proeminente posição global se reformas importantes fossem implementadas. O esforço teve efeito reverso. Enquanto o conceito de reformas fazia sentido, a implementação foi muito opressiva, exigindo novas montanhas de revisão de documentos. A lei exigia que o CEO da empresa "certificasse" seus livros, o que significava que, se erros sérios fossem encontrados no departamento contábil, todos os CEOs se tornariam criminalmente responsáveis.

O precursor da Sarbanes-Oxley no Reino Unido era a Cadbury Commission, que usou uma abordagem menos draconiana para a governança corporativa em suas recomendações de 1992. A abordagem do Reino Unido se mostrou particularmente bem-sucedida ao não atirar o bebê para fora da banheira junto com a água, ao alcançar um acordo em bases amplas para a estrutura corporativa que separava os escritórios do presidente e do CEO.

Não surpreendentemente, com o advento da Sarbanes-Oxley nos Estados Unidos, Londres se tornou o centro financeiro preferido, com

Nova York sendo o perdedor. É verdade que os defensores da Sarbanes-Oxley tentaram sugerir que a competição de preços e o crescimento robusto dos mercados internacionais provocaram a mudança para Londres. Isso pode ser parcialmente verdadeiro, mas, considerando o momento específico e o tamanho enorme da mudança para fora de Nova York, o argumento de que a Sarbanes-Oxley não tem responsabilidade parece muito forçado.

O essencial é que uma resposta do governo aos escândalos da era Enron, onde milhares de pensionistas perderam recursos financeiros, era vital. O problema foi que a Sarbanes-Oxley, o procedimento médico bem-intencionado de Washington, direcionado à correção do problema, produziu a consequência indesejada de matar o paciente. Londres agora tem uma vantagem no mundo financeiro, o que dificilmente ajudou o dólar dos EUA já sobre pressão de queda.

Em suma, a falha decorreu da inabilidade de perceber que os que assumem riscos são uma espécie móvel. No sistema global atual, eles podem tornar sua empresa novata conhecida na bolsa de Londres com tanta facilidade quanto em Nova York. Ou talvez até mesmo em Hong Kong. É por isto que aumentar as barreiras regulatórias ou remendar a relação risco–retorno, embora possa oferecer uma suave sensação de justiça e segurança, também pode produzir complicações rápidas e ruins. O que quer dizer, de modo curioso, os empreendedores são perigosos.

Eles são perigosos para a carreira dos políticos que dão como certa a natureza esquiva de nosso setor de criatividade empreendedora e deixam de pensar cuidadosamente antes de fazer mudanças tributárias, regulatórias ou legais imprudentes. Eles são perigosos para os políticos do mundo industrializado, que deixam de considerar que suas economias, quando vistas de uma perspectiva empreendedora, estão competindo em uma guerra global de ideias e riscos em que não há espaço para os cansados, os insatisfeitos ou mesmo os grandes casos de sucesso do passado. A qualquer instante, os empreendedores podem pegar e levar sua iniciativa criativa para outro lugar, e serão bem-vindos na maioria dos países no mundo.

Em um sentido mais fundamental, o problema é que o processo político responde somente às entidades que podem expressamente se definir a si e às suas necessidades, entidades com reais poderes de lobby. De certo modo, não se podem acusar os políticos porque o nascimento ou a reinvenção de uma empresa envolve uma qualidade indefinível, quase metafísica, que é imprevisível, e que torna difícil definir metas e planejar. Invenções surgem em locais improváveis e de fontes inesperadas. Algo tão comum e essencial como a caneta esferográfica foi concebido por um executivo de seguros em suas férias de verão. A transmissão automática, inventada por um fornecedor batalhador, tinha pouco ou nada a ver com os criativos departamentos de engenharia da indústria de automóveis de Detroit.

Tudo que os políticos podem fazer para estabelecer um clima de empreendedorismo dinâmico (além de fornecer melhor a educação e treinamento possíveis para seus cidadãos e acesso justo ao crédito) é oferecer um clima de leveza econômica — evitando impedimentos legais, tributários e regulatórios que possam impedir um indivíduo de seguir seu sonho — enquanto evita qualquer sugestão de luta de classes. É por isso que, antes de realizar mudanças na política, os políticos devem sempre fazer o teste de uma só pergunta: Com minha ação proposta, estarei prejudicando o clima de empreendedorismo que assume riscos e é tão essencial para permanecer no limite tecnológico da economia global?

Hoje, a disputa internacional é sobre como desenvolver novas ideias competitivas que permitam que as empresas existentes se reinventem e que novos inícios floresçam em meio a mudanças globais radicais. Nesse ambiente, seria absoluta insanidade os políticos remendarem o setor empreendedor, mas isso é o que eles estão inadvertidamente fazendo. Os Estados Unidos — onde a cultura política é cada vez mais orientada por ansiedades com relação a crises e salários reais em declínio — estão considerando tentar legislar ou regulamentar uma nova era de segurança econômica. A julgar pela retórica política atual, muitos de nossos líderes parecem estar assumindo como certa a era prévia de oportunidades e prosperidade, como se o empreendedorismo que assume riscos fosse uma queda d'água que nunca acabasse. Essa é uma suposição extremamente arriscada.

Como alguém que esteve uma vez envolvido no mundo político, tenho de me lembrar com frequência que a economia e o sistema financeiro globais não podem ser facilmente controlados ou administrados, e isso inclui a política tributária. A economia norte-americana em particular não é uma ilha. O que acontece em outros locais do mundo não influencia somente esses locais. Isso inclui eventos econômicos e financeiros que ocorrem na China, que está no centro da tempestade global. No próximo capítulo, demonstrarei como absolutamente nada sobre o caldeirão espumante que chamamos de China pode ser considerado certo. De fato, a China, com sua crescente instabilidade social, política e financeira, talvez represente o caso mais forte para justificar por que o mundo não é plano. Se a transparência é o ponto central para a estabilidade de longo prazo dos mercados financeiros globais, o que qualquer um de nós realmente sabe sobre o futuro da China?

CAPÍTULO 4

Tony Soprano cavalga no dragão chinês

Em meados dos anos 1970, quando cheguei pela primeira vez a Washington, muitos políticos falavam em tons de quietude sobre alguém chamado Herman Kahn. Referiam-se a ele como "o supergênio Herman Khan".

Muito curioso para esquecer o assunto, eu o acompanhei. Kahn havia fundado um catalisador de ideias (*think tank*) chamado Hudson Institute, após ter conquistado fama na prestigiada Rand Corporation. Amigos me disseram que era impossível não admirar a ginástica mental extraordinariamente provocativa do homem, em particular suas previsões acerca da futura tendência geopolítica; então, assisti a uma conferência dele pela primeira vez. Um homem corpulento de barba, Kahn, de pé diante de um atril, hipnotizava a plateia com visões e previsões estranhas. Kahn era, na época, talvez o mais importante previsor da nação; e a plateia não podia esperar para ouvir seu *grand finale*. Ele previu, de modo confiante, que, no início do século XXI, um país emergiria como uma potência industrial dominante no mundo. Que país iria dominar? China? Índia? Não, nem perto disso. Esse país seria... a França.

Desde então, fiquei intrigado com o processo de extrapolação. Isso porque examinar as condições atuais e projetar adiante por algumas décadas para chegar a uma conclusão pode ser algo muito perigoso. Algo na psique humana nos faz ficar apegados a "certezas absolutas", que podem rapidamente se tornar senso comum. Embora o senso comum seja quase sempre errado, de qualquer modo procuramos conforto nele.

Talvez o chanceler da Alemanha, Otto von Bismarck, no século XIX, ao descrever a dificuldade de prever o fluxo histórico dos eventos, tenha captado melhor essa frustração quando observou que "o gênio político consiste em ouvir o distante bater do casco do cavalo da história e, então, saltar para alcançar pela aba do casaco o cavaleiro que passa".

Considere os registros. No final do século XIX, os estrategistas mais importantes da Europa estavam debatendo sobre que país seria a grande potência mundial até 1920. Em alguns círculos, as maiores escolhas, acredite ou não, eram os Estados Unidos e a Argentina, já que as duas nações dispunham de abundantes recursos naturais (os da Argentina eram mais equilibrados e mais diversos. A população dos EUA era muito maior; e seu PIB, também maior). Grande parte das elites britânicas que se engajaram nesse debate escolheu os Estados Unidos, mas vários especialistas do continente optaram pela Argentina como a nova grande potência mundial, enfatizando sua forte tradição de influência europeia e a ausência dos problemas raciais que se verificavam nos Estados Unidos.

Algumas outras previsões seguem: alguns anos atrás, um representante sênior do governo japonês passou pelo meu escritório em Washington, especialmente para conversar sobre a China. Ele havia tirado cópia de um artigo da *Foreign Affairs* escrito em 1957, que sustentava que a economia soviética — na época crescendo oficialmente três vezes mais rápido que a dos EUA — seria a força econômica dominante em meados dos anos 1970 (essa era a mesma conclusão de muitos outros especialistas dessa época). Mais tarde, nos anos 1970, a visão convencional era de que a Alemanha dominaria em termos globais; no final dos anos 1980, era o Japão que conduziria o mundo. Basta de senso comum.

A visão convencional atual é que a China dominará o século XXI. Neste capítulo, exploro como a China é uma força imprevisível enorme com poder de ajudar ou afundar o mundo econômico. Argumento que os políticos norte-americanos não têm escolha a não ser tentar fazer funcionar nossa incômoda e muitas vezes frustrante relação com a China.

Para a economia global, a China representa um enorme paradoxo que começarei a descrever em poucas palavras. Por um lado, a China não tem escolha, a não ser expandir sua economia a taxas de crescimento jamais vistas. Taxas de crescimento mais suaves significam menos empregos e, por conseguinte, potencial para maiores tensões políticas e sociais, o que pode ser muito perigoso. Por outro lado, a China, por se expandir rapidamente, também corre o risco de se tornar uma bolha econômica e financeira que ameaçaria o mundo. Já na China, os burocratas continuam a estocar commodities com o objetivo de alimentar uma máquina de crescimento econômico ainda maior. Os mercados de ações, que se avolumam, estão começando a mostrar instabilidade perigosa. Na China, a inflação está subindo rapidamente, e tem sido acompanhada por expectativas inflacionárias ascendentes em todo o mundo industrializado.

Mas nada aqui é simples. Quando a bolha chinesa estourar (e bolhas sempre estouram, de um modo ou de outro), a China poderia tornar-se instantaneamente uma ameaça deflacionária para o mundo. No cenário de desaceleração resultante, a China pode não ter escolha a não ser despejar esses estoques de commodities e bens finais nos mercados mundiais. Isso teria o potencial de fazer com que os preços mundiais afundassem, trazendo enormes complicações para os políticos do mundo industrializado. Nesse cenário, o preço da commodities, após atingir certo ponto, declinaria violentamente, porque parte da pressão de aumento de preços tem resultado das apostas dos especuladores em preços maiores. Uma vez que a tendência de ascensão de preços seja revertida, os especuladores rapidamente sairão do processo e ficarão de fora, o que fará com que os preços despenquem.

Outro elemento paradoxal da China é o papel dos fluxos de capital. Por um lado, a China necessita de tecnologia do mundo industrializado, na forma de infusão constante de investimento direto de capital especializado do exterior. Por outro, a China é um importante exportador de capital. Ela usa suas reservas no Banco Central (que hoje são gigantescas, em parte porque Pequim mantém sua moeda deliberadamente desvalorizada) para fazer investimentos no exterior com vantagens estratégicas. A questão crucial é que a China representa um ponto de equilíbrio delicado para os políticos do mundo industrializado, um cenário que envolve uma espécie de Cubo de Rubik* com um conjunto de variáveis que tornam o planejamento estratégico para a administração de crises extremamente difícil.

Embora o desempenho econômico da China, na última década, tenha sido mais do que impressionante, a uma taxa anual de crescimento que aponta para 10%, a liderança do Partido Comunista, entretanto, enfrenta um enorme desafio: integrar sua força de trabalho às pessoas das províncias do interior do país. Dados os números, essa é uma grande empreitada. A China tem de integrar um total de mais do que dois terços da população do Canadá, a cada ano, durante os próximos 25 anos, à medida que o país diminui a corrupção e a ineficiência na administração das empresas estatais. Tal objetivo requer que as taxas de crescimento econômico anual permaneçam próximas a 10%. Requer taxas elevadas, sem precedentes, de investimentos e taxas de consumo crescentes. Manter essas taxas enquanto se mantém sob controle a inflação será algo extraordinariamente difícil, se não impossível. Por causa do desafio assustador da China, o mundo é um cassino que ninguém ainda compreende plenamente.

Não há dúvida de que o êxito da China trará benefícios enormes para a economia mundial. Além disso, uma economia asiática que importa grande quantidade de produtos norte-americanos é um dos meios mais eficazes,

---

*Cubo de Rubik, também chamado cubo mágico, é um quebra-cabeça tridimensional (N. do T.).

exceto em caso de recessão global, de reduzir o enorme déficit em conta-corrente dos Estados Unidos. Mas não é simples como enterrar a bola de basquete na cesta, para usar a expressão favorita de Warren Buffett, conseguir que o crescimento da China continue no mesmo passo tórrido ou que a inflação possa ser contida. Embora o Ocidente continue a buscar novas e melhores maneiras de investir na China, um número crescente das elites chinesas está questionando os próprios fundamentos políticos. E, mais uma vez, a política está no centro da incerteza.

O maior perigo é que a China esteja se tornando a última bolha econômica e financeira. Uma bolha é um período em que os que tomam decisões econômicas se encontram irracionalmente atraídos a um investimento em que as expectativas de preços sempre crescentes criam um ciclo de expectativas cada vez maiores. Como todas as bolhas recentes revelam — a bolha imobiliária do Japão nos anos 1980, a bolha das empresas pontocom nos EUA e a grande bolha habitacional no Ocidente no início do século XXI —, nada dura para sempre. Vez ou outra, uma bolha murcha lentamente, mas, na maior parte das vezes, bolhas estouram, com consequências devastadoras.

Quando a bolha chinesa estourar — e ela provavelmente irá estourar, não somente murchar —, as consequências para o restante do mundo podem ser catastróficas. Recentemente, alguém me pediu para detalhar o cenário provável para quando a bolha chinesa estourar. A questão é que ninguém pode saber exatamente qual será o resultado exato. A primeira ação administrativa das autoridades chinesas pode ser vender rapidamente nos mercados mundiais a vasta quantidade de commodities que atualmente é acumulada para abastecer futuras expansões (acumuladas, em parte, por conta da taxa real de juros negativa na China, um evento recente que descreverei em breve). Em seguida, o mundo será inundado com quantidades maciças de bens chineses a preços de liquidação.

Para o restante do mundo, os níveis de preços em declínio causariam estragos no sistema financeiro. De repente, os banqueiros centrais, preocupados com a inflação, seriam forçados a combater níveis de preços em declínio, ou deflação. Os contratos de negócios com base nas taxas futuras de retorno se tornariam sem sentido. Uma rodada de demissões ocorreria imediatamente. Os mercados globais de ações entrariam em colapso quando os investidores, ao verem o provável irromper de uma luta protecionista a acentuada queda dos níveis de preços, entrariam em pânico e venderiam suas ações e cotas de fundos e comprariam bônus dos EUA e da Europa. De modo razoavelmente rápido, hordas de fundos de pensão anunciariam a incapacidade de atender às obrigações futuras devido ao mau desempenho do mercado de ações. Os Quatro Grandes — os fundos soberanos de riqueza, os produtores de petróleo, os fundos de hedge e as empresas de private equity — retirariam suas participações em investimentos globais tão rapidamente quanto possível, transformando-os em dinheiro. Do modo como aconteceu com o Japão nos anos 1990 e no mundo todo nos anos 1930, níveis de preços que declinam muito rapidamente e em grande magnitude representam potencial de estagnação econômica por longo tempo. O planejamento econômico torna-se impossível. Um preço generoso que uma empresa antecipa receber por um produto ou serviço hoje talvez não permaneça tão generoso no futuro.

Mas há outro cenário possível. Os líderes da China, com receio de um colapso social, podem se sentir inseguros e, em um movimento irracional, retirar suas reservas maciças do sistema global e usá-las simplesmente no mercado doméstico para subornar os eleitores zangados. Esse cenário, dependente de um clima de irracionalidade, elevaria acentuadamente as taxas de juros no mundo e forçariam os bancos centrais a aumentar a oferta de moeda para comprar os títulos em poder da China. O resultado, teoricamente, seria maior inflação no mundo, e não deflação.

Qualquer que seja o cenário sombrio e de ruína, a maior parte do mundo provavelmente retaliaria a China, estabelecendo barreiras protecionistas, o que geraria uma reação imediata dos chineses contra as empresas estrangeiras baseadas na China. Nesse ínterim, os banqueiros centrais globais continuariam a inundar o mundo com liquidez, em uma tentativa de evitar que os mercados entrem em colapso. Mas, como vimos na Grande Crise de Crédito de 2007-2008, o processo de recuperação pode ser lento e doloroso. É por isso que os investidores globais, temerosos, colocariam rapidamente seu dinheiro nos inseguros mercados de dívidas governamentais de curto prazo do mundo industrializado, acreditando que ações e mesmo títulos de dívida de corporações de risco de crédito muito bom são bem arriscados. Portanto, os mercados de crédito global se fechariam. Como ocorreu durante a crise das subprime, os bancos centrais estariam limitados em sua capacidade de exercer muita influência ou controle.

Na análise final, realmente não sabemos o que pode acontecer na China, e um único choque pode ser o suficiente para derrubar toda a estrutura.

Com o objetivo de ser totalmente franco, tenho de dizer que estou tendendo um pouco ao pessimismo em relação à situação da China. Isso porque, no início dos anos 1990, eu me uni a um pequeno grupo em um investimento denominado China Cement (Cimento da China). O grupo incluía alguns dos principais economistas no mundo, um ganhador do Prêmio Nobel e o atual chefe de um Banco Central. Nós compramos oito fábricas de cimento na China, espalhadas principalmente pelas províncias ao norte, em áreas onde estava claro que vultosos gastos em infraestrutura seriam feitos. O país havia recém-emergido como a nova economia em progresso. Essa era a nova fronteira, a corrida do ouro do final do século XX. Vimos uma oportunidade e esperávamos tirar vantagem de toda a excitação, desenvolvendo a empresa e tornando-a pública na Bolsa de Valores de Hong Kong.

No entanto, o investimento mostrou-se um fracasso. Como em todas as novas fronteiras, incluindo o período inicial da industrialização da economia norte-americana, a corrupção era feroz. O sistema contábil da empresa, devido a lançamentos questionáveis da administração sênior chinesa, tornou-se uma forma de escrita criativa e expressão metafórica. Nós contratamos um ex-executivo da Goldman Sachs para tentar buscar sentido nas coisas, mas foi tudo em vão.

A China Cement nunca foi a público. Nós vendemos os ativos com prejuízo para a empresa de cimento francesa Lafarge. Fomos enganados por uma boa história. Simples administração equivocada e falta de entendimento sobre o sistema chinês contribuíram para que fôssemos enganados. Porém, no processo, aprendi uma lição importante sobre o mercado chinês: nunca, jamais, deixe sobre a mesa dinheiro que não esteja vinculado a alguma troca relativamente imediata de um bem ou serviço. Comprar algum dispositivo por um preço fixo é uma coisa, mas operar uma empresa em funcionamento com base na confiança sobre os dados contábeis ou virtualmente em qualquer outra medida objetiva é algo bastante complicado. Para os investidores estrangeiros, essa falta de confiança se tornara particularmente problemática em períodos de instabilidade econômica e financeira após o estourar da bolha.

Certamente, várias empresas ocidentais conseguem obter lucros na China. O CEO de uma importante empresa europeia de peças de automóveis observa como continua expandindo com sucesso suas operações na China, apesar dos problemas com roubo de propriedade intelectual (que ele descreveu como "aproximadamente tão ruim quanto era em Taiwan há 30 anos"). Na China, ele utiliza somente tecnologia de gerações antigas. "Eu nunca os apresentei às nossas coisas mais recentes, pois eles as roubariam", ele disse.

No final, meu investimento na China Cement se mostrou uma dádiva de Deus. Por quê? Nos anos seguintes, evitei perder dinheiro em outras operações arriscadas potencialmente mais caras. Quando abordado por amigos ou conhecidos com uma proposta, eu respondia sempre: "Eu sigo uma regra que é investir somente em algo que conheça um pouco." Então, conto a história da China Cement, concluindo com a seguinte questão retórica: "O que qualquer um de nós sabe sobre cimento ou China?"

Assim, considere essa a análise do "copo que está metade vazio", que provavelmente é útil porque todos, exceto a mídia mais sofisticada, criam uma imagem da China como a grande Terra Prometida na Ásia.

Talvez ela venha a ser. Mas, em minha visão, a China está tentando realizar algo nunca alcançado na história de humanidade — casar uma economia de mercado com um regime político marxista. Isso significa evitar os males da corrupção oficial, enorme desperdício de recursos, degradação do meio ambiente e maciça desigualdade econômica, enquanto espera que a economia global se expanda de forma inquebrantável e que o sistema de trocas permaneça aberto. Isso é absurdo.

Deng Xiaoping destaca-se como um líder audacioso, mas suspeito que até ele não conseguiu compreender a extensão do poder dessa nova máquina econômica. Os chineses desencadearam uma dinâmica que está além da capacidade de qualquer um controlar. Eles querem uma próspera economia de mercado, mas conseguiram algo que talvez não seja sustentável. Entretanto, eles estão funcionando sob a falsa hipótese de que essa economia monstruosamente explosiva pode ser controlada por decretos oficiais. Mas este, certamente, não é o modo como o novo sistema global funciona.

A economia do país — com uma população de aproximadamente 1,3 bilhão de pessoas — já passou há muito do ponto em que possa ser selada e facilmente cavalgada ou intimidada por Pequim, que tem confiado em políticas como a que os representantes do governo chinês algumas vezes descrevem como a piada: "Para assustar o macaco, mate a galinha." Um exemplo disso ocorreu quando um político da área de saúde foi pego alguns anos atrás aceitando suborno e recebeu pena de morte.

De fato, se a economia dos Estados Unidos é equivalente ao último modelo de aeronave a jato do século XXI, a economia chinesa seria um jato do ano 1990, mas com controles dos anos 1960 na cabine. Em outras palavras, sem ferramentas adequadas de política monetária para estabilizar a economia, os chineses ainda confiam demasiadamente nas cruas técnicas de controle do governo, que são lentas e imprecisas.

Apesar desses inconvenientes, a China se tornou um poder econômico global de grande peso, porém com pouca liderança. Ela se beneficia de reservas no Banco Central, nunca vistas, de mais de US$1 trilhão (a maior de todos os países no mundo). A China tem mais bilionários do que qualquer outro país, exceto se comparada aos EUA. Sete dos maiores shoppings do mundo são de chineses. No entanto, de modo estranho, a China parece incapaz de caminhar completamente para o estágio global. Sua decisão de não participar dos encontros do G-7 mostra isso com clareza.

Com os Estados Unidos, a China estabeleceu um código de pendências historicamente não usual. A economia mais avançada do mundo está conectada pela cintura com uma economia bem defasada em sofisticação, tecnologia e aderência às regras do sistema internacional. As consequências são sérias, como evidenciado pelo susto recente com alimentos de animais domésticos perigosamente contaminados e com brinquedos chineses não seguros. Hoje, a maioria dos comentaristas se fixa na reciclagem do dólar pela China, o que ajuda a sustentar o mercado de dívida dos EUA, embora a relação comercial possa ser ainda mais importante. Com Hong Kong incluída, a China agora representa o terceiro maior mercado de exportação dos Estados Unidos, atrás do México e do Canadá. No entanto, os norte-americanos começaram a ficar céticos em relação aos bens chineses. A preocupação crescente está nas empresas de manufaturas chinesas, que podem não seguir de modo apropriado as regras regulatórias. O desconhecido aqui é a resposta da China em relação aos produtos e serviços adquiridos nos Estados Unidos e na Europa, no caso de os consumidores norte-americanos ou europeus deixarem de comprar os produtos chineses.

Como o tamanho geográfico da China é aproximadamente o mesmo dos Estados Unidos, mas com uma população quatro vezes maior, alguns prognósticos sustentam que a economia chinesa excederá o tamanho da economia dos EUA dentro de três ou quatro décadas. Previsões feitas com base na suposição de que o crescimento irá simplesmente continuar no ritmo atual. Talvez isso ocorra, embora nada seja tão simples quanto parece.

De acordo com o economista Angus Maddison, em 1820 a China produziu cerca de um terço do PIB mundial, com aproximadamente 36% da população mundial, e com um PIB per capita em torno de

90% da média mundial. Em 2005, apesar do crescimento econômico próximo a 10% ao ano durante as três últimas décadas, a China produziu somente 5% do PIB mundial, com 20% da população mundial. Em mais de duzentos anos de intensa mudança social, a produtividade da China caiu de 80% para menos de 25% da média mundial e, embora tenha estado em recuperação, o país ainda tem um longo caminho pela frente. O mundo se concentra no que a China pode ser. Mas, até agora, a economia corresponde somente a cerca de três vezes o tamanho da Holanda, mensuração feita usando os números da taxas de câmbio em relação ao dólar do Banco Mundial (dez vezes, se medida com base na paridade do poder de compra).

Além disso, os problemas fundamentais da China não devem ser subestimados. Alguns anos atrás, perguntei a um representante do governo chinês em Pequim por que seu governo necessitava de um Exército tão amplo na era atual de guerra de alta tecnologia. Afinal, apesar da presença da Sétima Frota Naval dos EUA no mar do sul da China, não parece que esse país esteja diante de alguma ameaça significativa. A resposta do representante (traduzida para meu idioma) colocou o dedo no problema central da China: precisamos do Exército, ele disse, para mantê-los quietos no campo. Sem o Exército, a população pobre e rural correria para os centros urbanos, o que faria com que as cidades da costa chinesa triplicassem de tamanho de um dia para o outro. Isso provocaria um colapso nessas cidades. Além disso, a política de décadas de somente um filho criou um excesso de homens em comparação às mulheres. O Exército ajuda a absorver os jovens homens chineses que nunca encontrarão um par.

Desde 1980, mais de cem milhões de chineses do campo se mudaram para as cidades em busca da versão chinesa do sonho norte-americano. Nas próximas duas décadas, espera-se que pelo menos mais algumas centenas de milhões façam o mesmo movimento. Algumas décadas a partir de hoje, mais de três quartos de um bilhão de chineses ansiosos e esperançosos poderão estar apinhados em aproximadamente 150 grandes cidades da costa, em busca do estilo de vida da classe média. Apesar dos esforços para melhorar a rede de segurança e mudar empregos para o campo, a inquietação social e a violência na China rural já estão aumentando rapidamente — e estes têm sido os tempos bons. Os relatórios de notícias do Ocidente raramente mencionam esse problema, embora as estatísticas da polícia chinesa monitorem o crescimento. Isso ocorre por causa dos interesses mundiais no êxito da China, e ficar falando repetidamente sobre a luta interna do país não levará a nada. Mas estejam certos de que o envio de tropas maciças do Exército chinês para o minúsculo Tibet no início de 2008 era um sinal de importantes complicações políticas na China mais adiante. A liderança chinesa sente que o país pode estar chegando a um ponto social crítico.

Os estrategistas japoneses me dizem que as cidades da costa chinesa ainda têm muita liquidez para investimentos, mas no interior do país há uma surpreendente escassez disseminada de capital. As províncias — que contam com as próprias forças paramilitares — funcionam com relativa independência de Pequim. Há um sentimento disseminado nas regiões interioranas de que, nos anos 1990, as cidades costeiras desfrutaram de um boom econômico com a mudança para a economia de mercado. Infelizmente, essa "festa" ofereceu pouquíssimos benefícios para as províncias interioranas. Além disso, os migrantes rurais chineses não têm estado tão felizes após seu estabelecimento nas cidades. Isso pode ter decorrido de inúmeros fatores.

O Banco Mundial observa que 16 entre as 20 cidades mais poluídas do mundo são chinesas. Mais de 70% da água dos sete principais rios chineses já é considerada não potável. A China, hoje, apresenta, de longe, um dos maiores níveis mundiais de poluição com dióxido de enxofre no ar, principalmente em decorrência do amplo uso na forma mais crua de fornos de carvão. De acordo com o Departamento de Estado dos EUA, "doenças respiratórias e do coração relacionadas à poluição do ar são as causas principais de morte na China". Infelizmente, é improvável que os chineses mudem sua política ambiental. Por exemplo, o principal argumento contra a legislação do

Senado norte-americano que começaria a controlar emissões de gás estufa (a lei Lieberman-Warner) é a improbabilidade de as economias emergentes como a China e a Índia cooperarem. De fato, essas economias emergentes rapidamente contestarão que a legislação é inconsistente com as regras da Organização Mundial do Comércio. No entanto, a China, com uma economia bem menor, agora suplanta a dos EUA como a maior fonte de gases estufa. As emissões chinesas, de acordo com a Agência de Energia Internacional, estão aumentando a uma taxa maior do que a capacidade de todas as nações desenvolvidas de reduzir as próprias emissões. As políticas do meio ambiente da China estão em curso de colisão com os objetivos de comércio.

Há outro problema básico assolando a China: falta de informação confiável sobre a economia do país. Há vários anos, um representante sênior da China que estava em um coquetel em Pequim com um grupo de banqueiros internacionais foi perguntado se seu país estava fazendo sérios esforços para alcançar transparência "macro" no sistema financeiro. O representante surpreendeu o grupo com uma resposta direta: "Nosso modelo", ele disse, "é que a melhor pesca é feita em águas turvas." Até aqui, ele parece estar correto.

Apesar das águas turvas (isto é, da falta de transparência), enormes volumes de capital externo têm sido despejados na China, primeiro com investimento direto estrangeiro, mas, cada vez mais, com investimentos em carteiras e imóveis. Embora apostar na China possa ser uma grande e sensata diversificação de carteiras, os investidores globais conhecem completamente os ativos que estão adquirindo? Eles realmente conhecem as estruturas proprietárias das empresas chinesas? Eles realmente avaliam as deficiências da contabilidade e das práticas de auditoria na China? Eles terão muito em que confiar quando a bolha estourar?

Durante os últimos dez anos, os chineses têm cortejado agressivamente os investimentos estrangeiros. Ainda assim, o governo tem restringido consistentemente investimento estrangeiro em setores estratégicos e em outros setores, inclusive de seguros, bancário, varejo, construção naval, mídia, telecomunicações e imobiliário. Alguns anos atrás, por exemplo, inesperadamente, a maioria das fusões e aquisições além das fronteiras começou a se deparar com uma série de obstáculos. Ninguém entende totalmente o que está alimentando esse retrocesso, a não ser alguma mudança política que tenha ocorrido, a qual somente aumentou o mistério e a ofuscação.

Algumas vezes, parece que os próprios chineses não estão seguros sobre o que está acontecendo. Em abril de 2005, uma delegação sênior do Fundo Monetário Internacional (FMI) visitou a China, reuniu-se com as esferas mais elevadas da comunidade representativa do governo, e foi informada de que uma valorização significativa da moeda chinesa era "100% segura" (frase de um representante) na semana seguinte. Para constrangimento do FMI, o certo ajustamento cambial nunca ocorreu (o que pode ter sido auspicioso, porque o FMI estava pensando em uma valorização de 20%, enquanto os chineses pensavam em bem menos do que 5%). Também constrangidos, de acordo com um membro sênior do FMI, estavam os representantes do Ministério da Fazenda e do Banco Central da China. Esses representantes realmente deram um passo não ortodoxo, notificando formalmente — porém discretamente — seus semelhantes do G-7 de que eles (membros do Banco Central e do Ministério da Fazenda chinês) não deveriam ser mais responsáveis pelo controle de decisões fundamentais, tais como reforma monetária. Em vez disso, o Conselho de Estado, um corpo misterioso das elites mais antigas do Partido Comunista, toma todas as decisões mais importantes.

O presidente Hu Jintao, por exemplo, apesar de suas melhores intenções, não participa de reuniões do Conselho com mais do que três votos em seu bolso, bem menos do que o suficiente para alcançar uma vívida maioria no Conselho de nove membros, não importando o que ele tenha prometido ao presidente norte-americano ou ao primeiro-ministro europeu. Um membro do Conselho do Banco Central europeu me disse, em uma ocasião, sobre os chineses: "A estrutura de tomada de decisão deles é uma teia complexa. Nós perguntamos a eles, alguns anos atrás, o que os vários bancos centrais europeus poderiam fazer para ajudá-los a estabelecer uma infraestrutura moderna de Banco Central. Eles levaram nove meses para resolver como responder."

É por isso que, na minha concepção, visualizo a estrutura de poder dos representantes do governo na China metaforicamente como um elegante prédio oficial em Pequim com um salão de entrada pequeno e pobre. Sentado no salão saudando os convidados internacionais em suas minúsculas e improvisadas mesas de recepção de papelão, estão os equivalentes chineses a Alan Greenspan e Ben Bernanke — representantes chineses acentuadamente inteligentes, honestos, diretos e globalmente sofisticados. Em minha metáfora mental, até o presidente Hu está sentado na mesma área. Eles saúdam seriamente os convidados, identificam os problemas óbvios da China, mas exercem pouco poder.

Em contraste, o restante do prédio contém andares de escritórios suntuosos para os executivos, com painéis de carvalho ocupados pelas pessoas que detêm poder real, os medíocres do partido. Eles me fazem lembrar uma versão benigna, não violenta, do gângster Tony Soprano, da televisão norte-americana, e dos frequentadores do Bada Bing Club. Com um grupo entre uma dúzia e algumas centenas, eles controlam o aparato do Partido Comunista exatamente como Tony Soprano controlava o norte de Nova Jersey. Eu tenho a visão de um bando de políticos com pés sobre a mesa fumando charutos cubanos e tagarelando sobre o que os especuladores políticos conversam: como se manter no poder. Nesse caso, é como manter o poder e ficar no topo desse animal político e econômico, imprevisível, altamente caótico e oprimido que é a China. Por favor, observe que não estou sugerindo aqui qualquer grande conspiração maliciosa. Esse grupo de poder está simplesmente tentando descobrir como sobreviver no próprio castelo de cartas da política doméstica.

Mas não se enganem: a China alcançou maravilhas econômicas apesar da — não por causa da — penetração da estrutura econômica por essa elite do partido. Tal situação me faz lembrar do comentário privado feito recentemente pelo presidente de um grande banco europeu.

Esse indivíduo, em negócios na China, foi perguntado enquanto estava no lobby de um hotel de Xangai: "Você não está fazendo muitos negócios aqui na China, está? Você não vê as reformas no sistema bancário?" O banqueiro europeu responde: "Oh, não é a reforma do sistema bancário que está faltando; é a reforma do sistema político que afeta os bancos."

Recentemente, representantes chineses chocaram muitos participantes do mercado global com o anúncio de que o maior banco chinês, o estatal Industrial and Commercial Bank of China, ICBC, era agora o banco de maior valor no mundo. Dentro de poucos anos, o ICBC estará fazendo aquisições. De fato, o banco já está informalmente em busca da possibilidade de compra de um ou dois bancos europeus de tamanho significativo.

No entanto, os indivíduos envolvidos — digamos os investidores ocidentais, muitos dos quais tinham recentemente feito ofertas públicas iniciais (IPOs) muito bem-sucedidas com o ICBC e os quatro ou cinco bancos estatais — parecem ter pouca noção de que o polvo do Partido Comunista ainda está profundamente ligado à estrutura das decisões bancárias. Quando o Partido Comunista sai em descanso no fim de semana — um observador do ICBC me disse —, virtualmente toda a administração sênior dos bancos dá o fora. Isso é verdade nas agências de Pequim, mas particularmente também nos escritórios regionais. Os representantes do partido dominam não somente a avaliação de risco de crédito, mas também as decisões sobre recursos humanos. Portanto, as reformas estruturais feitas por reformadores sérios no topo da estrutura do governo (sim, há alguns) e pelos banqueiros de investimento internacionais estão sendo ignoradas, tanto nas matrizes quanto nos níveis de províncias e de filiais. Essa situação é semelhante ao que aconteceu nos anos iniciais das reformas bancárias japonesas. Enquanto isso, a pilha de empréstimos não honrados e a pilha ainda maior de empréstimos parcialmente honrados continuam sendo deixadas de lado. E a maneira como os bancos chineses estão lidando com a situação tem sido aumentar agressivamente a emissão de *novos* empréstimos. Como resultado, a relação entre empréstimos ruins e empréstimos totais diminui, criando a sensação de normalidade. O óbvio ponto crítico desse esquema Ponzi é aquele em que novos empréstimos se tornam mais difíceis, o que frequentemente ocorre em um ambiente inflacionário.

Se você está convencido da seriedade do risco dentro do sistema financeiro chinês, um risco elevado pelo recente aumento da inflação, dê uma olhada rigorosa nos prospectos de qualquer um dos bancos chineses que recentemente se tornaram públicos. São documentos volumosos. Em alguma parte da seção chamada "Risco", você encontrará páginas após páginas de descrições como: "Sr. Wang, de nossa filial de Hong Su, foi preso por desviar US$2 milhões. Sr. Hu, o gerente de nossa filial, foi preso por roubar US$10 milhões." A lista continua. A seção "Risco" também reconhece que o banco não tem sistema de risco para monitorar o crédito. Em alguns casos, haverá a admissão de que o banco não dispõe de sistema apropriado para gerir a liquidez. No entanto, como o banco se tornou público, desfruta de mais de US$100 bilhões em capitalização no mercado. Isso é o que acontece em um ambiente de maciço excesso de capital... isto é, até que a bolha estoure.

Isso soa como uma hipérbole? A história mais recente entre os banqueiros de investimentos do Ocidente que trabalham na China está relacionada à recente oferta pública inicial por um dos maiores bancos estatais da China. Sabendo da preocupação do Ocidente com gestão de riscos, os chineses contrataram como representante sênior um ocidental que havia trabalhado em um banco de investimento norte-americano bem conhecido. Tudo isso soa prudente, exceto por um pequeno detalhe: o novo gerente de risco não falava chinês. No entanto, cinicamente, solicitaram a ele assinar, pela liderança chinesa do banco, todos os documentos que suportam a oferta pública inicial. Ele se recusou e acabou saindo do emprego. Outro banco de investimento ocidental observou: "Ele não sabia que havia sido contratado exatamente porque não falava a língua?"

Deixe-me reiterar: a estrutura bancária chinesa, sob o polegar de Tony Soprano, tentará comprar importantes instituições financeiras ao redor do mundo. Estou falando sobre um mundo futuro de descontinuidades, com severas mudanças e viradas. Imagine o presidente do Banco Central europeu, Jean-Claude Trichet, o presidente do Fed, Ben Bernanke, e o chinês Tony Soprano, todos em uma conferência de bancos internacional falando sobre transparência financeira, com Tony revelando a Ben e a Jean-Claude a linha de procedimento de pescar em águas turvas. Essa não é uma questão de ideologia; é uma questão de o sistema de propriedade estatal e administrado por partido político ser compatível com as decisões econômicas tomadas nos mercados atuais, altamente sofisticados e globalmente competitivos, em que a transparência financeira adequada é a diferença entre um clima de crescimento saudável e o total pânico e colapso. Comparadas aos bancos chineses, as grandes instituições financeiras norte-americanas e europeias, hoje com problemas, parecem modelos de perfeição financeira.

Os bancos chineses administrados por partido político simplesmente não entendem a gestão de risco de crédito, para não mencionar mesmo as regras fundamentais de transparência financeira. Como os bancos são considerados instrumentos sociais e políticos na China, os chefes do partido têm forte interesse em manter o sistema existente. Mas há também aqui um sentido de justiça. O Ocidente, por intermédio de indivíduos e empresas, investe substancialmente na China, buscando a maior parte do controle em seus investimentos. Por que esse arranjo não funcionaria em ambos os sentidos? Por que estamos surpresos com o fato de que o governo chinês, que controla a maior parte dos investimentos feitos fora da China, queira comprar e controlar as principais empresas no Ocidente?

No início de 2007, o premier da China, Wen Jiabao, anunciou, usando palavras vagas, que a China estava em processo para mudar sua política de administração das reservas no Banco Central, de mais de US$1 trilhão. Nitidamente, os chineses estão prestes a embarcar em uma orgia de compras. Não, eles não farão nada com a intenção de prejudicar o dólar norte-americano, o que diminuiria o valor de suas reservas. Em vez disso, eles seguirão o modelo de Cingapura, concentrando-se primeiro em investimentos nas áreas de energia e commodities, onde se sentem mais vulneráveis, mas em breve mudarão para as instituições financeiras internacionais. No processo, os representantes chineses podem exatamente buscar o tipo de controle majoritário que não deixam os outros adquirirem na China.

Vemos a China como uma nação, mas ela é realmente um grupo de regiões independentes e distintas, com Pequim concorrendo para atuar como comando central. Uma das razões para uma simples estratégia macroeconômica ampla ser tão difícil de funcionar é a grande disparidade chinesa: o PIB de Xangai hoje é maior que o da próspera Malásia, ao passo que o padrão de vida em muitas outras áreas parece o da empobrecida Bangladesh.

Lembro que, uma década atrás, o prefeito de Xangai alardeou para mim que seu governo demandava mais do que um yuan equivalente em serviços para cada yuan de receitas de impostos pagos pelos contribuintes de Xangai a Pequim. Era como se Xangai estivesse permitindo que Pequim salvasse as aparências. A transferência de impostos estava cobrindo o que realmente acontecia na China: o governo central chinês estava perdendo influência em relação à economia, que é substancialmente descentralizada.

É verdade que os Jogos Olímpicos de 2008 em Pequim representam um ponto de orgulho nacional, unidade e estabilidade. Com o desassossego interno em vilas e pequenas cidades crescendo exponencialmente, o governo, nas construções para os jogos, iniciou uma descompostura eficaz, usando o argumento de que as Olimpíadas deviam mostrar a China em seu melhor para o restante do mundo. O receio, entretanto, era que as Olimpíadas se tornassem um ponto focal tão importante para criar ordem que os anos pós-Olimpíadas possam acabar revertendo a situação. No caso de a economia continuar desacelerando e a inflação continuar a ascender, a China pode presenciar um aumento de instabilidade estarrecedor nos próximos anos, na forma de uma espécie de erupção reversa de emoção aprisionada.

Alguns se preocupam com a possibilidade de os chineses ricos se tornarem os novos bodes expiatórios do ressentimento com a desigualdade econômica. As fissuras já são significativas. Há tensão entre Pequim e a ascendente Xangai, entre as províncias costeiras ricas e as interiores pobres, e entre os capitalistas companheiros e os trabalhadores migrantes. Toda essa tensão é exacerbada por um grupo de influência e representação no Partido Comunista. Cinco por cento da população chinesa — de 1,3 bilhão de pessoas, aproximadamente —, 65 milhões de pessoas, conduzidas por um grupo especial de elite de algumas centenas, desfrutam dos assentos de frente sem motivo particular — a não ser o fato de elas serem integrantes do partido. Prever as consequências da transição política na China será difícil. Talvez Martin Wolf, do *Financial Times*, tenha percebido melhor essa questão quando sugeriu que "a China segura um tigre pela cauda: esse tigre, naturalmente, é a própria China".

A situação econômica da China faz lembrar, de maneira duvidosa, a experiência do Japão no final dos anos 1980 e início dos anos 1990. No Japão, houve inicialmente uma corrida para o mercado de ações, seguida por bolhas nos mercados imobiliário e acionário, que foram seguidas por uma política restritiva que acabou levando ao estouro das bolhas. Na China, o aperto e o colapso ainda não ocorreram totalmente, mas o Índice Composto de Xangai (Shanghai Composite Index) saltou 500% no período 2006-2007 e, em 2008, começou a sofrer forte correção, caindo em mais do que a metade de seu valor entre outubro de 2007 e abril de 2008. Entretanto, pela primeira vez, a capitalização no mercado de ações da China excedeu seu PIB. Em certos setores, o preço dos imóveis subiu em magnitude similar. Observe que alguns analistas sustentam que a China também poderia seguir a trajetória de Taiwan nos anos 1990 — mercado de ações em alta disparada, seguido de anos de colapso e desempenho econômico fraco. Essa seria uma situação semelhante à do Japão, mas sem as grandes corporações multinacionais e globalmente competitivas do Japão para servir como um filtro do choque econômico para o restante da economia. Não se esqueça de que, apesar da economia em boom, o gasto do consumidor chinês, estranhamente, caiu de quase 50% do PIB em 1992 para 36% em 2006.

Querem saber a razão definitiva pela qual a China nos anos recentes tem-se encontrado em inclinação escorregadia, com investimentos disparando nos mercados imobiliário e de ações, e estoques de commodities se acumulando fora de controle? É difícil compreender o conceito, mas a razão é que a taxa real de juros na China, a taxa após subtrair a inflação, tem sido negativa ou, na melhor das hipóteses, 0% (em outras palavras, se a taxa de juros é 3%, mas a inflação é 6%, a taxa real de juros é 3% negativa). Hoje, a inflação está subindo muito, mas a taxa de juros administrativamente controlada, fortemente influenciada por políticos com informações sigilosas, não está subindo rápido o suficiente. Essa é uma deficiência que não permite que os mercados funcionem de maneira livre.

Quando uma economia apresenta taxas reais de juros negativas, os investidores tomam emprestado o máximo possível e compram tudo que puderem. Por um período, eles compram ações e também ativos físicos como commodities e imóveis com descontrole inconsequente. É por isso que, nos últimos anos, os chineses têm estado vagando pelo mundo em desenvolvimento, incluindo a África, fechando contratos de longo prazo de compra de commodities. Permita-me afirmar mais uma vez: normalmente, uma economia com inflação crescente também apresentaria taxas de juros crescentes e valorização de sua moeda (eliminando o cenário de taxa de juros real negativa). Mas, na China, as taxas de juros e de câmbio são administrativamente controladas. Assim, o clima de taxas de juros reais negativas tem contribuído para a expansão econômica e a formação de uma bolha financeira. Esse tem sido o jogo na China — tomar empréstimos e comprar a maior quantidade de ativos possível, porque ninguém acredita que a bolha irá estourar. É claro que, mais cedo ou mais tarde, a bolha sempre estoura. Pergunte aos japoneses a respeito de sua experiência nos anos 1990, ou aos proprietários de casas na Flórida e na Califórnia que nos anos mais recentes tiveram o valor de suas casas diminuído, em alguns casos até bem abaixo do nível de suas hipotecas.

Um dos temas deste livro é que mudanças de políticas frequentemente apresentam consequências não intencionadas. Quando o Fed cortou violentamente as taxas de juros de curto prazo após a crise imobiliária, o resultado foi como deixar cair uma bomba atômica nas economias asiáticas, em especial na China. Mesmo quando a economia dos EUA desacelerou e, como consequência, as exportações asiáticas também, o clima da economia na Ásia, de excesso de capacidade (superprodução), permaneceu. Como resultado, a inflação de preços na China e na Ásia acelerou, um fenômeno que provocou aumento de salários. Mesmo que os dados sobre a economia chinesa nem sempre sejam confiáveis, em meados de 2008 a inflação dos salários havia saltado para 20% ao ano, embora os salários reais (após contabilizar a inflação) estivessem, no máximo, constantes. Durante este período, o preço dos alimentos e da energia saltou mais de 20%. O preço do arroz, em um período de nove meses entre 2007 e 2008, saltou 300%, um fenômeno que causou distúrbios em mais de trinta países na Ásia e na África, e não somente na China.

Deixe-me afirmar mais uma vez que os dados econômicos da China podem não ser confiáveis, porém uma área que merece alguma confiança é a que envolve a mensuração da oferta de moeda. Usar a mensuração da oferta de moeda para prever tendências inflacionárias é uma tarefa complicada, particularmente em um sistema financeiro tão sofisticado quanto o dos Estados Unidos. Entretanto, a situação da China é notável. De meados de 2006 a meados de 2008, a oferta de moeda na China cresceu à taxa anual de 16%. A inflação durante esse período saltou de 2% para mais de 8%. No entanto, a oferta *real* de moeda (após ajustar pela inflação) estava desacelerando rapidamente.

Observe também que, como resultado da globalização, a inflação salarial internacional tem-se disseminado de maneira ampla. No Vietnã, por exemplo, a inflação salarial também subiu rapidamente, acima de 20% ao ano. Nos anos recentes, as economias asiáticas têm sido conduzidas por um fluxo estável de despesas de capital. Com o aumento da inflação, espera-se que a taxa de despesas de capital na Ásia comece a cair drasticamente. No futuro próximo, essa situação será agravada pela desaceleração da economia dos EUA, o que reduzirá seu déficit em conta-corrente, mas também reduzirá a liquidez global. Essa não é uma situação positiva para os Estados Unidos, nem para as economias asiáticas. Um dos pontos auspiciosos entre as consequências da crise das subprime foi o emergir das corporações multinacionais norte-americanas como máquinas de exportação, exportando principalmente para a Ásia. Nos primeiros nove meses após a crise, a economia dos EUA deixou de se deteriorar completamente, como muitos analistas haviam previsto, exatamente por causa da enorme expansão das exportações norte-americanas. Nos próximos anos, a inflação salarial na Ásia e o resultante encolhimento de gastos de capital e de consumo provavelmente frustrarão o desempenho da nova máquina de exportação dos Estados Unidos.

Há mais de uma década, os japoneses estavam entre os primeiros a despejar quantias maciças de capital para investimento na China, quando vários líderes de opinião da elite do Japão acreditavam que essa nova relação compensaria, em parte, o relacionamento econômico crescentemente fatigante com os Estados Unidos. Não mais. Os japoneses cortaram, de modo severo, os investimentos na China em 2005 e 2006, e por um período produziram confusão maciça em Pequim.

Na visão dos japoneses, havia uma série de eventos preocupantes, principalmente ligados a decisões chinesas à primeira vista imprudentes. Por exemplo, a China tentou colocar em córner o mercado mundial de minério de ferro, com pouca preocupação com relação à demanda mundial de aço ou com o fato de que o mundo já produz amplo volume de aço para atender às necessidades globais. A capacidade de produção de aço planejada da China em um momento era ampla o suficiente para atender não somente às próprias necessidades, mas também às das duas economias gigantes: a do Japão e a dos Estados Unidos.

Atualmente a China produz 450 milhões de toneladas de aço por ano. Em contraste, o Japão produz 120 milhões; os Estados Unidos, menos de 100 milhões; e a Europa, cerca de 150 milhões. Na China, aproximadamente um terço da produção de aço vai realmente para a construção de mais capacidade de produção de aço, outro terço para a exportação de produtos feitos de aço e o último terço para consumo doméstico. O mercado de aço na China, portanto, representa um risco enorme para o mercado mundial quando a demanda chinesa vier a deteriorar e a economia global, estabilizar.

Os chineses embarcaram nesse empreendimento ambicioso de produzir aço, apesar de ter uma economia ainda somente três vezes o tamanho da economia holandesa. O perigo dessa abordagem é a criação de estoques imensos de commodities, o que, de início, leva ao aumento de preços artificiais, mas correndo o risco de um colapso de preços rápido e brutal se o mercado global de commodities alcançar um ponto crítico de incerteza com relação à sustentação do novo nível de preços. O governo chinês tem também acumulado estoques maciços de outras commodities, todo o tempo desatento a preocupações a respeito de excesso de capacidade global e demanda global atual. E novamente, quando a bolha estourar, a economia mundial parecerá um lugar muito assustador.

Em 2007, um confuso executivo japonês do setor de automóveis observou reservadamente que os chineses, já no setor de produção de carros, disseram a ele que estariam a ponto de aumentar a produção de automóveis de maneira significativa. Os números, se é que é possível acreditar neles, são estarrecedores. Em 2006, a capacidade chinesa de produção doméstica de carros chegava a aproximadamente seis milhões de unidades. Os planejadores de Pequim decretaram que, já em 2012, a capacidade de produção de automóveis deve alcançar vinte milhões de unidades, mais de 300% de aumento. Esse cenário é semelhante ao da superprodução de aço, no qual parece ter havido superestimação burocrática perigosa em relação aos níveis futuros de demanda global de automóveis.

Em 2012, por exemplo, a demanda *doméstica* por automóveis na China é estimada, na melhor das hipóteses, em somente nove milhões de unidades. Portanto, para onde os restantes 11 milhões de veículos serão enviados? Os japoneses acreditam que os administradores da economia chinesa foram ordenados a colocar em movimento um plano para se tornarem os maiores exportadores de automóveis no mundo, independentemente da capacidade ou da demanda global de automóveis. O objetivo: lutar competitivamente para manter uma parcela do mercado — ironicamente, um jogo que os japoneses conhecem muito bem. De início, eu estava cético sobre a história da supremacia chinesa na produção de automóveis até ouvir a Chery Automobile Company, uma fabricante de automóveis independente e estatal chinesa. Recentemente, Yin Tongyao, presidente e gerente geral da Chery, anunciou para o *Wall Street Journal* que, em 2010, sua pequena empresa, sozinha, estará produzindo um milhão de unidades anualmente para vendas global e doméstica, em comparação a menos do que as cem mil unidades no presente.

Talvez a principal razão para os estrategistas japoneses estarem tão céticos com a superprodução chinesa seja o fato de que a China hoje lembra muito o Japão nos anos 1960. Durante esse período, a economia japonesa cresceu a taxas de 10% ao ano, conduzida pela produção maciça de aço. Quando o Japão alcançou um nível de excesso de capacidade e a bolha do aço começou a murchar, as taxas anuais de crescimento do Japão caíram de 10% para a faixa de 4%.

Tudo isso lembra a Teoria Sombria japonesa sobre a China. Alguns anos atrás, durante um jantar em Tóquio com alguns representantes do governo japonês (não o ministro da Fazenda), a discussão voltou-se para a China. Após sequências intermináveis de bebidas, um dos representantes lamentou o fato de que, após todos os investimentos errados do Japão nos EUA, no final dos anos 1980 e início dos anos 1990 (conduzidos pelo investimento no Rockefeller Center), as empresas japonesas parecem estar perdendo dinheiro na China também. "Nossas empresas deixaram, em larga escala, de fazer qualquer investimento direto líquido na China", disse o representante, adicionando: "É muito difícil obter lucro. O Vietnã é muito mais interessante como mercado de salários baixos." Imediatamente eu me senti melhor com relação à China Cement.

A conversa não terminou aí (nem as bebidas). Ela cresceu em intensidade quando o representante apresentou o que chamei de "Teoria Sombria"* japonesa sobre a China, o tipo de conversa que somente se ouve tarde da noite, após as línguas ficarem soltas, e lubrificadas, por doses pesadas de saquê. O que é a Teoria Sombria? Ela é algo assim: a liderança sênior da China — Tony Soprano e a gangue — já sabe que não pode atender a seus objetivos econômicos apesar do tremendo progresso econômico até agora. Embora sob condições favoráveis, alcançar taxas de 10% de crescimento e de 40% de investimento durante 25 anos consecutivos parece um objetivo quase impossível, exacerbado pelas centenas de milhões de novos trabalhadores que têm de ser absorvidos nas cidades. Mas a tarefa da China é ainda mais assustadora por uma razão adicional: demográfica.

Enquanto a Europa, o Japão e, em menor escala, os Estados Unidos se deparam com fortes pressões demográficas por vir, a tarefa deles é simples comparada à da China, cuja política de filho único dos anos 1970 e 1980 criou nada menos do que um monstro demográfico (embora alguns analistas argumentem que o problema demográfico do Japão será tão difícil quanto o da China).

Em 2045, um em cada três chineses estará na idade de aposentadoria. Como o analista Chi Lo escreveu em *The International Economy*, quando a força de trabalho está encolhendo mais rapidamente do que a população, o padrão de vida inevitavelmente cai, criando uma reação em cadeia viciosa. A cadeia começa com menor retorno de capital, o que reduz o estoque de capital e, por sua vez, reduz o padrão de vida. "Suspeitamos que o objetivo da liderança [chinesa] nessa situação é

---
*"Dark Theory", termo que o autor usou para denominar a teoria do Japão sobre a China. (*N. do T.*)

responder como a maioria das pessoas no poder responde — descubra como manter o poder", o mesmo representante japonês disse. "Eles têm muita liquidez agora e uma janela de aproximadamente vinte anos antes que os problemas demográficos surjam. Supomos que eles usarão essa liquidez para modernizar e aumentar o poderio militar, não unicamente — ou mesmo basicamente — com propósitos externos, mas como os militares sauditas, visando manter a ordem doméstica." (Na Arábia Saudita, a maior força de segurança da nação está direcionada ao controle de uma minoria xiita, 30% da população, que, por acaso, vive próximo dos mais importantes campos de petróleo sauditas.)

Observe que essa conversa em Tóquio ocorreu *antes* de março de 2007. Eu sei porque estava, de início, bastante cético com relação a essa Teoria Sombria sobre a China. Então, em 4 de março de 2007, o governo chinês anunciou planos para elevar os gastos militares em extraordinários 18% no ano seguinte, o maior aumento de gastos militares anunciados em uma década. Como todos os dados na China, é provável que o número verdadeiro seja consideravelmente maior. Meu pensamento imediato: eles estão preservando sua base de poder. A Teoria Sombria pode estar correta.

Neste ponto, provavelmente você está se perguntando o que os japoneses estão tramando. Afinal, a China representa uma história de sucesso econômico de classe mundial. Ao manter desvalorizado o yuan, as exportações explodiram, subindo à taxa de 30% ao ano, enquanto o crescimento das importações tem sido muito mais lento. O que está errado em ter reservas oficiais — uma verba para suborno oficial — de mais de US$1 trilhão, do qual 90% são mantidos em ativos dos EUA relativamente seguros, com 15% do total das dívidas do Tesouro norte-americano? Ter mais de US$1 trilhão em reservas, enquanto controlam administrativamente a taxa de câmbio, representa uma apólice de seguro considerável na hipótese de uma falência financeira global. Isso não é agradável?

A resposta é que moedas artificialmente desvalorizadas e o acúmulo maciço de reservas representam uma gigantesca distorção no mercado financeiro global. Essa distorção não somente cria bolhas financeiras, mas também, para os próprios políticos chineses, ela torna extremamente difícil a tarefa de controlar a inflação e administrar o sistema econômico durante o rompimento catastrófico dessas bolhas. As forças normais e saudáveis de equilíbrio de mercado necessárias para alcançar a estabilidade financeira global permanecem contrabalançadas por essa intervenção governamental, com o objetivo de manipular a moeda.

Nada disso serve para negar que o desempenho econômico da China tem sido impressionante. A China se tornou o ponto de montagem final de enorme sucesso para a gigantesca produção asiática de custo baixo, que envia grande parte desse produto final para os Estados Unidos. Como resultado, mais da metade das importações da China vem de empresas com recursos externos, o que significa que elas se destinam à reexportação, como produtos acabados. Mais do que metade dos produtos de exportação da China são feitos de componentes importados de algum local na Ásia. Esse fenômeno tornou toda a região da Ásia extraordinariamente competitiva em termos mundiais à medida que os salários relativamente baixos vão mantendo a pressão para reduzir os preços.

No processo de ponta-de-lança dessa gigante manufatureira em crescimento, a China consome ou estoca um terço da oferta mundial anual de estanho, carvão, zinco e minério de ferro. Ela também estabeleceu, nesse período, relações inquietantes com regimes brutais que exportam petróleo, incluindo Sudão e Angola. Essas alianças mantiveram a China um tanto à parte da comunidade global. O governo dos EUA criticou abertamente a China por não se esforçar o suficiente no sentido de desencorajar práticas desumanas, exortando o país a ser "parte responsável" na comunidade internacional de nações.

Apesar das críticas, o *juggernaut** chinês se move adiante. Pelo menos 100 milhões de trabalhadores chineses já ganham hoje mais de US$5 mil por ano. Isso pode não parecer muito, mas Reed Hundt,

---

*Juggernaut, no sentido de força inexorável. (N. do T.)

na revista *America*, destaca que a nova classe média chinesa não somente é igual a aproximadamente dois terços da força de trabalho total dos Estados Unidos, mas também seu padrão de vida parece, sob muitos aspectos, o padrão de vida médio do norte-americano, já que o equivalente chinês de US$1 dólar é bem diferente na China. Os moradores de apartamentos em Xangai, por exemplo, pagam uma taxa de US$5 mensais cada um pela TV a cabo e pelo serviço de telefone. Um computador pessoal custa US$200. Em Pequim, essa classe média pode se dar ao luxo de contratar ajudantes domésticos para a limpeza e cozinhar, além de serviços de acompanhante. Compare isso com os Estados Unidos e a Europa, onde há muitas famílias com rendas duais e de classe média e a maioria prepara a própria comida e faz sua limpeza.

Na próxima década, os estrategistas econômicos esperam que mais 200 milhões de chineses também participem desse estilo de vida da classe média. Hoje, o chinês consome cerca de um terço do que os norte-americanos consomem (em termos físicos). Dentro de duas décadas, supondo que algumas contendas políticas sejam contidas, com algumas centenas de milhões a mais se unindo à classe média, os consumidores chineses estarão no caminho de influenciar tendências globais e a tecnologia tanto quanto os norte-americanos fazem hoje.

Mais ainda: não se nega que o impacto da economia chinesa sobre o restante do mundo, até hoje pelo menos, tem sido amplamente positivo. A capacidade da China de combinar a taxa nominal de câmbio vinculada ao dólar, com baixa inflação doméstica e rápido crescimento da produtividade na década passada, ajudou a manter a inflação mundial e as taxas de juros de longo prazo baixas. De fato, as exportações chinesas de baixo custo ajudaram a empurrar para baixo o núcleo da inflação dos EUA. Na ausência dessas exportações, o núcleo da inflação dos Estados Unidos poderia ter sido um bocado mais elevado. Daqui em diante, o problema, entretanto, é que o aumento dos preços do petróleo e das commodities, incluindo o preço dos alimentos, que é estimulado pela China e por outros países do mundo em desenvolvimento, está começando a liberar expectativas inflacionárias no mundo industrializado.

No papel pelo menos, o futuro da China é brilhante. O superávit na poupança continua a crescer. Embora a poupança pessoal na China tenha estado em queda, a bonança na poupança está vindo das corporações em forma de lucros não distribuídos. Na China, a poupança das corporações agora é maior que a poupança pessoal. Niall Ferguson, professor de Harvard, e Moritz Schularick, economista de Londres, argumentam que as empresas chinesas "obtiveram ganhos enormes em participação de mercado, levando a lucros recordes... os produtores de manufaturas chineses continuaram a obter ganhos maciços em competitividade de preço [ajudados pelo fato que] o renminbi [ou yuan] está hoje mais barato do que em qualquer momento anterior".

Profissionais que fazem previsões já estão sugerindo que a China tem potencial para a dominância global. Hundt afirma que, embora ninguém ainda saiba o resultado, "se a Ásia cair como a noite sobre o longo dia de verão do Ocidente, ocorrerá o seguinte: as empresas chinesas e de outras partes do Oriente farão quase tudo para quase todos no mundo, e ninguém mais será capaz de dizer ou fazer muita coisa em relação a isso".

As implicações do que acontece na China são enormes. Mas a questão não é se a China está crescendo; a questão é se está crescendo demais. Embora a China não seja totalmente confiável, parece que os chineses, para conter tensões políticas e sociais, têm acelerado a economia bem mais cedo do que muitos analistas ocidentais percebam. Os níveis de crescimento econômico da China provavelmente são bem maiores do que os dados oficiais sugerem. Por conseguinte, as chances de a bolha estourar e do resultante aumento da intranquilidade social são mais significativos do que percebemos. Quanto maior for a imprudência no movimento de forte ascensão da economia, mais brutal será a rápida queda no movimento de descida.

Aqui está o dilema: os representantes chineses enfatizam que o nível de crescimento um pouco acima de 9% é o mínimo necessário para evitar rupturas políticas sérias. O que aconteceria se, na próxima década, o crescimento vier a cair, digamos, para 7%? Essa ainda é uma taxa de crescimento que representa um desempenho econômico extraordinário em qualquer outro lugar do mundo. A China sofreria um colapso político? A maioria dos especialistas do Ocidente sugere que, se a taxa de crescimento da China cair abaixo de 7,5%, haveria um nível de desemprego preocupante, aumentando a inquietação política e ameaçando a estabilidade de todo o sistema econômico.

Além disso, ninguém ainda mediu o efeito social negativo do recente aumento da taxa de inflação na China, que subiu acima de 7% no início de 2008 e parece estar subindo ainda mais. Taxas de inflação crescentes reduzem o poder de compra individual do chinês médio. Para o restante do mundo, a inflação chinesa aumenta o preço dos importados comprados da China. Nas últimas décadas de mercados mundiais globalizados, os produtos importados de preços reduzidos têm ajudado a conter a inflação no mundo industrializado. Nos EUA, por exemplo, quase 50% das compras de roupas e 85% das compras de brinquedos e de calçados vêm hoje da China.

O quadro na China, contudo, parece estar mudando. Em 1º de janeiro de 2008, uma nova lei chinesa que restringe as práticas de contratação de mão de obra deve provocar aumento de salários, ou então escassez de mão de obra. De acordo com o *New York Times*, a nova lei já resultou em greves e tensão geral entre empregados e empregadores. Isso provavelmente levará a mais pressões inflacionárias num momento em que os mercados financeiros da China parecem muito vulneráveis. O perigo aqui é que, historicamente, o aumento de inflação tende a ser um anátema para o bom desempenho do mercado de ações.

O estouro da bolha financeira é um resultado não realista? Hoje, a China tem 102,5 milhões de contas abertas e, de modo incrível, 300 mil novas contas são abertas a cada dia. Somente em 2006, mais de 24 milhões de novos investidores chineses começaram a comprar e vender ações na agitada Bolsa de Xangai. A maioria desses investidores é novata. A propriedade de ações, ainda limitada a menos de 10% da população, está, no entanto, expandindo a taxas explosivas.

Entretanto, o sistema carece de efeitos estabilizadores de um mercado de futuros financeiros para reduzir riscos. Isso porque o governo baniu a negociação em bolsa de derivativos financeiros em 1995. Em fevereiro de 2007, por exemplo, um aparentemente modesto desarranjo no mercado causou queda de mais de 9% no Índice Composto de Xangai em um único dia (espalharam-se rumores de que o governo, para dissolver a bolha no mercado de ações que se expandia acentuadamente, estava em vias de vender ações, de algumas das maiores empresas da China). O Dow respondeu despencando mais de 400 pontos. E isso é somente o início do fenômeno em que o turvo sistema financeiro chinês passa a ficar entrelaçado ao sistema financeiro mundial. Daqui a cinco anos em uma crise, os eventos financeiros na China podem facilmente se tornar o estopim de algo muito maior no sistema financeiro global. Mesmo hoje, o mercado de ações da China ainda está caro, sob qualquer medida. No início de 2008, a relação preço de mercado/lucro das ações no mercado de Xangai alcançou um nível maior que o mercado de ações no Japão exatamente antes de esse mercado entrar em colapso, mais de uma década atrás. No período seguinte, o mercado chinês caiu drasticamente a partir desse ponto elevado.

Como uma lição objetiva, veja o que aconteceu durante a Grande Crise de Crédito de 2007-2008. Inicialmente, o sistema financeiro chinês parecia, de modo estranho, se não bizarro, não afetado. Mas a situação oferecia pouco conforto em outros lugares. À medida que o restante do mundo lutava com problemas de crédito relacionados à confusão com as hipotecas subprime, as ações chinesas do tipo A (de propriedade somente doméstica) durante as quatro primeiras semanas da crise de 2007 subiram mais de 20%. De modo estranho, as ações subiram rapidamente mesmo quando um dos maiores fornecedores de empréstimo da China, o Banco da China, anunciou que tinha uma exposição de US$9,6 bilhões às hipotecas subprime, e outros bancos chineses também anunciaram exposições significativas.

O mercado chinês inteiro devia ter refletido imediatamente sobre a seriedade da situação das subprime. Por quê? A China ainda é uma economia muito dependente de exportação. Se a economia mundial entrasse em colapso como consequência do fiasco com as subprime, as exportações chinesas para o mundo teriam sido as primeiras a sofrer o golpe. Os mercados de ações da China, após o irromper da crise, somente posteriormente refletiram o perigo óbvio, após uma subida significativa de robustez bizarra.

Em 2007, pedi a vários estrategistas seniores do Banco Central europeu para exporem as opções da China a fim de desacelerar lentamente esse gigante econômico e alcançar o que os economistas chamam de *soft landing** em um momento em que a inflação está começando a subir rapidamente e se mostra fora de controle. O objetivo de um *soft landing* é o crescimento forte e contínuo, mas também um crescimento restrito o suficiente para evitar um cenário de superaquecimento e estouro da bolha. Os europeus acreditam que os chineses têm quatro abordagens possíveis: (1) intervenção quantitativa (guiar administrativamente o sistema ao emitir avisos pedindo menos ou mais consumo); (2) subida das taxas de juros; (3) permitir que a moeda se valorize; (4) esforços administrativos para promover a saída de fluxos econômicos e financeiros e colocar obstáculos à entrada de fluxos no país (decidindo, por exemplo, quais importações comprar e quanto).

Na visão europeia, somente uma dessas escolhas seria a opção eficaz — ao permitir que a moeda da China flutuasse e, consequentemente, valorizasse. Eles fazem referência aos anos 1970, quando a Alemanha — como a China hoje — estava em fase de forte crescimento e de vultoso ingresso de capital. A única medida que se provou eficaz, desacelerando a economia em segurança, foi a moeda forte. Para a Alemanha, nada mais funcionou. E os representantes europeus disseram isso para a China em várias ocasiões. Eles também argumentaram que uma apreciação dramática da moeda provavelmente seria o único meio eficaz de controlar a inflação.

---

*Soft landing significa aterrissagem suave, ou seja, desaceleração da economia sem consequências graves. (N. do T.)

Porém, apesar de alguma valorização da moeda até hoje, uma apreciação dramática adicional não é algo simples. De fato, os Estados Unidos e a China enfrentam uma situação cambial em que não há saída fácil. Certamente, os governos provinciais preferem crescimento conduzido por investimento (em oposição ao consumo), o qual é bem mais aberto ao controle e à corrupção. Obviamente, se Pequim cessasse com a intervenção do Banco Central no mercado, o yuan seria significativamente valorizado e os bens estrangeiros vendidos na China talvez fossem mais competitivos em termos de preço. Mas, ao permitir que o yuan sofra mais valorizações, a ineficiência da China, decorrente de empresas estatais não competitivas, criaria riscos de colapso, criando uma massa de desempregados (o superávit comercial da China representa um valor assombroso, um sétimo do PIB). No entanto, ao manter a moeda artificialmente desvalorizada, e com a baixa taxa de poupança e de compras enormes de petróleo dos Estados Unidos, o déficit em conta-corrente dos EUA aumentou para o nível extraordinário de mais de 5% do PIB. Essa situação de desequilíbrio não é benéfica nem para a China nem para os Estados Unidos.

Não é o caso de os representantes norte-americanos terem sido complacentes. O CEO do Goldman Sachs, Hank Paulson, um verdadeiro peso-pesado do mercado, que é muito respeitado em Wall Street, foi chamado para resgatar a economia e tomou posse como secretário do Tesouro em julho de 2006. Embora Paulson conheça os mercados financeiros, sua escolha decorreu de outra qualificação — ele era especialista sobre a China, tendo viajado para lá em negócios mais de setenta vezes. A designação de Paulson representou uma escolha "dois-em-um" para o presidente Bush. Paulson poderia acalmar o mercado financeiro em crise. Ademais, ele poderia perscrutar o santuário interno dos chineses e começar a tratar seriamente das disputas bilaterais, incluindo a relação yuan/dólar.

No início de dezembro de 2006, Paulson havia decidido sobre um plano de ação. Até então, mais de 35 projetos de leis sobre comércio haviam sido encaminhados ao Congresso (Capitol Hill), a maioria acusando os chineses de manipulação cambial. Paulson organizou a delegação do mais alto nível nos EUA, desde a administração de Richard Nixon, para visitar a China. A maior parte do gabinete de Bush e mesmo o relutante presidente do Fed, Ben Bernanke, foram para Pequim. E como os chineses responderam? Paulson retornou sem nada, não havia muito que o secretário do Tesouro pudesse fazer com relação a isso sem que os chineses retaliassem em duas áreas muito influentes em Washington: serviços financeiros e agricultura. Se os chineses interrompessem ou diminuíssem suas compras de produtos agrícolas dos Estados Unidos e restringissem as atividades de investimentos financeiros dos EUA na China, a situação resultante seria muito prejudicial à economia norte-americana.

Durante uma reunião com Bush na Casa Branca no início de dezembro de 2006, de repente, um representante do governo começou a falar sobre a viagem de Paulson. O representante, visivelmente um não admirador de Paulson, expressou surpresa com relação ao grupo de representantes do governo chinês com os quais Paulson e sua delegação se reuniram, dizendo: "Surpreendentemente, não eram diferentes das pessoas que o desafortunado John Snow [ex-ministro da Fazenda] teria visto se ainda estivesse no cargo." A delegação se reuniu com o governador do Banco Central da China, Zhou Xiaochuan, e com o vice-premier Wu Yi, mas os verdadeiros membros poderosos do governo ficaram fora do campo de visão. Nenhum Tony Soprano, nem os outros que puxam as cordas (embora Zhou seja ocasionalmente ouvido).

Oficialmente, o Tesouro dos EUA desculpou a fraca resposta da China com a explicação de que esse país está em desordem política, uma situação que provavelmente permanecerá sem solução nos futuros próximos. O presidente Hu, com minoria de votos no Conselho de Estado, pode estar forçando uma reforma cambial, mas o restante do grupo está preocupado em prejudicar as províncias nacionais com a perda de mercado e de empregos em uma série de indústrias marginais. "Esperaremos por mudanças no governo", essa era a desculpa comum para a inação quando perguntei a vários representantes do governo dos EUA envolvidos. Embora alguém com o currículo de Hank Paulson nunca deva ser subestimado, a reforma cambial da China da boca para fora provavelmente continuaria por mais tempo do que imaginamos. Os representantes da Europa que apelaram para a China na questão da reforma cambial se depararam com a mesma parede de tijolos de Pequim.

Há uma razão para essa resistência: as empresas domésticas politicamente poderosas, mas acentuadamente ineficientes (com frequência, estatais) receiam os efeitos negativos de uma moeda substancialmente mais forte. Hoje, as empresas chinesas que captam recursos no exterior empregam meros 3% da força de trabalho (25 milhões de trabalhadores), mas são responsáveis por 55% das exportações; 80% do crescimento das exportações; 22% do PIB; e 41% do crescimento do PIB. Em contraste, as empresas financiadas no mercado doméstico empregam 97% da força de trabalho (775 milhões de trabalhadores), são responsáveis por 45% das exportações e por 78% do PIB. No setor financiado com recursos externos, a produtividade do trabalho pode ser até nove vezes a do setor com financiamento interno.

Portanto, a liderança chinesa resiste a novas valorizações cambiais por uma razão: ela acredita que suas empresas domésticas (muitas delas estatais) operam com produtividade tão baixa que o fortalecimento abrupto do yuan destruiria sua competitividade para exportação. Além disso, aumentar a produtividade desses 97% da economia (isto é, as empresas com recursos domésticos) requereria algo que é improvável de ocorrer em tempo razoável — uma política monetária independente que clama por completa modernização do sistema financeiro. Isso teria de incluir o desmantelamento imediato dos bancos estatais corruptos, o que, por motivos políticos, não está para acontecer.

Uma questão relacionada é se a nova valorização da moeda chinesa reduziria significativamente o enorme desequilíbrio comercial dos Estados Unidos. Morris Goldstein e Nicholas Lardy, do Peterson Institute for International Economics, argumentam que os exportadores chineses não estão tão vulneráveis às mudanças nas taxas de câmbio porque, na China, aparentemente não há piso para os salários. Os mais baixos sempre podem compensar os efeitos da valorização da moeda — isto é, a menos que as tensões sociais crescentes e a intranquilidade dos trabalhadores aumentem de modo significativo as restrições sobre as práticas de contratação e demissão, criando, desse modo, um piso para os salários. E, como observado anteriormente, agora essas restrições sobre o emprego estão surgindo no horizonte. Nas indústrias mais avançadas, no entanto, em que os trabalhadores chineses têm de reunir habilidades técnicas sofisticadas, as empresas chinesas estão, na realidade, sofrendo com a escassez de mão de obra, um evento que tenderá a fixar um piso para os salários.

Pode ser também que os hábitos de poupança e de gastos dos norte-americanos não sejam tão sensíveis à renda ou, no caso de compras de importados, ao aumento do nível de preços. Em outras palavras, por seu otimismo inerente, os norte-americanos têm forte tendência a consumir. Independentemente de eles terem ou não mais dinheiro, e também do preço, ainda parecem determinados a gastar tudo que têm — e talvez mais. É por isso que a solução para o desequilíbrio em conta-corrente requer que tanto os Estados Unidos quanto a China enfrentem juntos a questão do desequilíbrio, de um modo que reequilibre a relação poupança–consumo. A solução requer — mas não está limitada a — um ajustamento no sentido de valorizar a taxa de câmbio chinesa.

É verdade, naturalmente, que a moeda chinesa tem estado em processo de valorização desde 2006, o que superficialmente levou os Estados Unidos a uma posição significativamente melhor quanto às suas exportações líquidas. Mas a moeda chinesa não pode ser valorizada o suficiente.

Suspeito que uma questão isolada norteará as novas decisões sobre a moeda. Trata-se de uma questão que pode até suplantar a preocupação com o efeito negativo do fortalecimento da moeda sobre as grandes empresas domésticas chinesas. Essa questão é a inflação. À medida que a inflação continue a se tornar mais evidente na China, afetando particularmente alimentos e vestuário, o resultado produzirá ainda maiores tensões sociais. No final, a liderança chinesa pode ser forçada a se confrontar com uma escolha desagradável entre proteger as empresas domésticas e estatais, enquanto aceita os efeitos política e socialmente desestabilizadores da inflação mais elevada; ou aceitar uma moeda mais forte, que diminuirá um pouco a velocidade da economia e controlará potencialmente a inflação, mas colocará em risco, pelo menos na mente dos representantes do governo, a sobrevivência de muitas empresas estatais. Essa escolha crucial, quando feita, poderá afetar toda a economia global.

Um dos temas principais deste livro é o argumento de que o sucesso econômico decorre das inovações correntes de uma classe empreendedora que aceita riscos, o que permite que uma economia continue a se reinventar. Se esse é o caso, então a China devia ter uma classe empreendedora forte e estar obtendo sucesso. Superficialmente, a China, onde as trocas de mercado e os negócios arriscados parecem estar no DNA nacional, pareceria ser uma provável candidata a paraíso dos empreendedores no mundo. Mas, como a maioria das coisas na China, a situação é bem mais complexa. Conforme disse o economista da Columbia University, Jagdish Bhagwati: "Graças ao fato de a China ter um regime autoritário, ela não pode usufruir plenamente da revolução na informação, inibindo, desse modo, a tecnologia que está hoje no coração do crescimento. O CP (Computador Pessoal) é incompatível com o PC (Partido Comunista)."* É verdade que os empreendedores chineses mostraram-se capitalistas impressionantes na Ásia, mas, na China em si, suas perspectivas são limitadas.

Um dos privilégios de ser dono de uma revista é que as editoras regularmente enviam cópias grátis de livros para divulgação. Em um dia muito frio no início de 2007, eu estava sentado em meu escritório de Washington lendo um livro chamado *Wikinomics: How*

---

*No texto original, a ordem é inversa, ou seja, o PC (Personal Computer) é incompatível com o CP (Communist Party). (N. do T.)

Mass Collaboration Changes Everything, de Don Tapscott e Anthony D. Williams. A tese "de descentralização" do livro, observada anteriormente, argumenta:

> A crescente acessibilidade às tecnologias de informação coloca as ferramentas necessárias para colaborar, criar valor, e competir na ponta dos dedos de todos. Isso libera as pessoas para participarem de inovações e da criação de riqueza em cada setor da economia. Milhões de pessoas já juntam forças em colaborações auto-organizadas que produzem novos bens e serviços dinâmicos que rivalizam com aquelas das maiores e mais bem financiadas empresas no mundo. Esse novo modo de inovação e de criação de valor é chamado "produção compartilhada" ou compartilhamento — que descreve o que acontece quando uma massa de pessoas ou empresas colabora abertamente para gerar inovação e crescimento em suas indústrias.

Enquanto leio estas palavras, imagino que o que os autores estavam realmente dizendo era que a internet agora representa a nova ferramenta de reinvenção empreendedora em massa, colaborativa e descentralizada. Fez sentido. Meus filhos de vinte e poucos anos vivem sua vida através da internet. Se, por exemplo, digo que vi um artigo interessante no *Washington Post*, com o jornal a seu lado, eles irão, por hábito, se levantar e caminhar pela sala para o computador a fim de verificar. Na próxima década, a já vibrante cultura empreendedora será "turbinada" de novo, virando a economia ao contrário, em uma espécie de segunda rodada da revolução empreendedora populista "on-line".

Enquanto eu estava pensativo com esse livro interessante, de repente observei uma manchete em minha tela do Sistema Bloomberg em meu escritório. A manchete parecia muito bizarra para que eu acreditasse nela, excessivamente fora de contexto em relação ao sistema globalizado atual, mas li algo assim: "O presidente chinês demanda censura na internet." O ponto crucial do comentário problemático do presidente Hu Jintao para o Comitê Central do Departamento Político do Partido Comunista era que o governo estava elaborando planos para tentar policiar a internet. O governo, ele disse, implementaria "novas tecnologias avançadas" para assegurar que o conteúdo da internet possa promover, entre outras coisas, "o desenvolvimento de uma cultura socialista... e a segurança do Estado".

A intenção do presidente Hu, naturalmente, não é sufocar a iniciativa empreendedora. Pelo contrário, o governo está, de fato, tentando fazer o oposto, e esforços recentes para estabelecer os direitos de propriedade privada e um sistema tributário mais uniforme são casos em questão. É que simplesmente tentar policiar a internet ameaça a nova cultura de iniciativa empreendedora descentralizada. Os representantes do governo parecem não conhecer nada melhor. O mais problemático é que eles não conseguem compreender o papel essencial da liberdade no processo empreendedor.

Na China, grande parte da energia política original de Tiananmen Square foi engenhosamente redirecionada ao empreendedorismo e para fora da mudança política. Mas é uma linha de empreendedores diferente do que conhecemos no Ocidente. Nos EUA, como Reed Hundt astutamente disse, empreendedores rompem a ordem; na China, eles a perpetuam: "Os empreendedores ocupam o espaço uma vez ocupado pelo sistema de produção do Estado comunista."

Talvez os empreendedores chineses considerem tolerável o policiamento da internet porque com frequência já estão sobrecarregados por ter de agir de forma compartilhada com os burocratas do governo (que, por exemplo, os ajudam a desafiar restrições ambientais enquanto o fluxo de poluição aumenta exponencialmente). Alguns empreendedores são até membros do Partido Comunista. Estimativas extremamente díspares da classe empreendedora, que são membros oficiais do partido, variam de valores tão baixos quanto 17% até valores tão altos quanto 76%.

Alguns especialistas chegam até a sugerir que o nível de empreendedorismo alcançou o pico no final dos anos 1980 e início dos anos 1990. Desde então, particularmente nas cidades, os tentáculos da burocracia têm-se apoderado lentamente do sistema de empreendimento com riscos. Em 1999, por exemplo, 32 milhões de pessoas estavam listadas como "autoempregadas". Em 2004, esse número tinha caído para 24 milhões, sugerindo a possibilidade de que o último período de crescimento econômico fenomenal resultou mais dos benefícios de uma moeda desvalorizada e de cortes de custos domésticos do que de uma revolução empreendedora que se reinventou continuamente. Se esse é o caso, a China está com mais problemas do que percebemos.

Porém, não pense que a liderança desistiu. Ainda extremamente dependente do know-how tecnológico estrangeiro, hoje os chineses superam o mundo na tentativa de dominar focos de liderança empreendedora e tecnológica, comprando o que não pode ser preparado em casa. Alguns analistas chamam essa tentativa de criar um "exército de campeões", particularmente em têxteis, petróleo, químicos e tecnologia de informação. É uma tentativa final —provavelmente fútil — de controlar e conter um processo dinâmico que é, e tem de ser por sua verdadeira natureza, incontível. O problema principal é que novas tecnologias com frequência se tornam rapidamente obsoletas. Do mesmo modo que a tinta secou nos contratos negociados há muito tempo pela China para a compra de tecnologias de ponta, um avanço repentino em algum lugar no mundo torna sua tecnologia obsoleta.

As previsões de que a China dominará o mundo algum dia tem mais precisão do que as previsões anteriores sobre o Japão, a França, a União Soviética e a Argentina chegarem ao topo? Talvez. Mas não descarte a Índia, o candidato azarão. Evitei escrever um capítulo separado para a Índia porque sua economia, comparada com a da China, representa uma ameaça substancialmente menor ao sistema global. A Índia não é um grande exportador de capital. De sua população de aproximadamente 1 bilhão de pessoas, menos de 5 milhões trabalham com manufaturas. Se representar alguma ameaça, a ameaça ao mundo não é tanta quanto a da China.

O fato de que a China alcançou taxas de crescimento econômico de 10% por mais de uma década é sem precedentes em qualquer parte do mundo. Menos bem conhecido é que a Índia pode estar pronta para fazer o mesmo em futuro próximo. Em anos recentes, a Índia alcançou a impressionante média de crescimento anual de 8% ou mais.

Visivelmente, a economia da Índia, com sua enorme classe média bem-educada e falando inglês, está em uma fase de desenvolvimento sustentado. Se a China é a fábrica do mundo, a Índia é o suporte de controle do mundo. Em geral, o controle oferece mais estabilidade de longo prazo do que a fábrica. Enquanto o modelo da China depende de variáveis externas imprevisíveis e não completamente controláveis — exportações e ingresso de investimento direto estrangeiro tecnológico —, a Índia desfruta de uma economia guiada principalmente pela demanda doméstica, embora com mais ingresso de capitais de curto prazo. A Índia, além disso, que funciona sob regras legais relativamente confiáveis, no estilo anglo-saxônico, embora não perfeitas para o investidor estrangeiro, representa forte contraste com a situação legal nebulosa, mesmo não existente da China.

É verdade que, historicamente, a economia da Índia tem sido afetada pela inflação, pela liderança política relativamente inconsistente e, talvez, mais do que tudo, por infraestrutura precária, o que finalmente motivou o início de um processo de gastos enormes em uma década. (Hoje, os produtores de manufaturas da Índia pagam o dobro por energia elétrica e o triplo por transporte ferroviário em relação ao que os produtores de manufaturas chineses pagam por conta de os gastos com infraestrutura da China terem iniciado antes.) Nos últimos 15 anos, a inflação tem sido reduzida de modo impressionante, de 14% para 5,5%, mas ainda necessita ser mais reduzida. Essa tarefa não será fácil, dado o fenômeno de inflação salarial globalizada. Além disso, a Índia se tornou mais vulnerável, como resultado de seu crescente déficit em conta-corrente.

Entretanto, a principal questão é que a China, que abriu sua economia em 1979, se beneficia de ter iniciado o processo 12 anos antes da Índia, que somente teve início em 1991. No entanto, a Índia pode estar em melhor posição do que a China estava nesse estágio de desenvolvimento. O investimento direto estrangeiro na Índia, hoje acima de US$50 bilhões, é aproximadamente o mesmo que o da China após 15 anos de reforma. O crescimento da China era maior, porém o da Índia era mais estável, com um setor financeiro potencialmente bem menos fragilizado com empréstimos não honrados.

A Índia parece ter mais conhecimento tecnológico. Will Hutton, em seu livro *The Writing on the Wall: Why We Must Embrace China as a Partner or Face It as an Enemy*, argumenta que a Índia evoluiu bem mais do que a China em tecnologia de computador: "Apesar de investimentos maciços... a China segue bem atrás." Ele concorda comigo no sentido de que as tentativas de Pequim para policiar a internet não ajudaram. "Yahoo, Microsoft e Google constituem parte do fermento cultural da globalização. No entanto, cada uma delas tem estado na ponta receptora da parede de censura à internet da China."

Portanto, a questão não é o que a Índia fez, mas o que pode fazer nas décadas à frente se as necessidades de infraestrutura, as leis trabalhistas restritivas e outros impedimentos ao crescimento forem corrigidos rapidamente, como o governo prometeu. Observe também que, se o setor de manufaturas alcançar um ponto de saturação global, e a China tentar competir globalmente no setor de serviços, a Índia será a pior dor de cabeça para ela.

No final, a China é, acima de tudo, uma economia conduzida por impulso. Seu impulso decorre da necessidade, pelo menos por ora, de um ingresso substancial de know-how técnico e de volumes agressivos de exportação. Qualquer coisa que interrompa esse impulso — seja uma desaceleração dos investimentos, uma queda nas exportações, uma guerra comercial induzida globalmente ou algum erro técnico crasso dos líderes chineses na tentativa de executar a aterrissagem suave da economia — tem o potencial de criar efeitos negativos multiplicadores por meio do sistema chinês e, sem dúvida, sobre o restante do mundo. Outros fatos a observar com atenção: uma piora da inflação e uma demanda por parte dos europeus ou dos norte-americanos de reciprocidade nos investimentos que os chineses, por razões políticas, não possam ou não irão oferecer.

As implicações globais serão sérias. Juntos, o novo "G2" — os Estados Unidos e a China, nos últimos cinco anos — foi responsável por mais de 60% do crescimento acumulado do PIB mundial. Encare este fato: os EUA, considerando tudo, casou-se com a família de Tony Soprano. E, dentro de certos limites, o restante do mundo também. Todo o sistema global está crescentemente ligado ao turvo sistema político, econômico e financeiro e, portanto, de limitada transparência, da China. Com a China, temos pouca percepção do que está após a curva, embora não haja caminho de volta. De fato, se devemos preservar a atual economia global, necessitamos ajudar os representantes do governo chinês a aprender como lidar e trabalhar com o restante do sistema internacional. Precisamos desesperadamente de um esforço coordenado para tentar guiar esse animal impressionante, porém perigoso, que tem a capacidade de elevar o mundo para uma nova era de prosperidade — ou arrastar-nos todos para o caos.

De volta a meados dos anos 1980, quando comecei meu negócio de consultoria, o Japão estava em uma situação notavelmente similar ao posicionamento atual da China na economia global. Esperava-se que o Japão, a maior fonte de poupança global, com seu impressionante poder industrial, fosse dominar o mundo em termos econômicos. Por uma série de erros crassos de política na administração das taxas de juros e da moeda e na condução da política regulatória bancária, a situação não funcionou como planejado. Como demonstro no próximo capítulo, mercados financeiros livres podem às vezes produzir volatilidades e incertezas terríveis. O único sistema pior, no entanto, é aquele em que seres humanos imperfeitos, por meio de controle administrativo e de atos governamentais, tentam administrar o resultado de um sistema econômico e financeiro sofisticado dentro de um mundo globalizado.

CAPÍTULO 5

As donas de casa japonesas assumem o comando principal*

Em meados dos anos 1980, falava-se do Japão com admiração. Se os britânicos dominaram o século XIX e os norte-americanos, o século XX, o Japão criou fortes expectativas de comandar o século XXI. Isso se assemelha ao que os especialistas preveem agora sobre a China e, em menor extensão, sobre a Índia.

De fato, se você fosse um marciano que tivesse acabado de aterrissar no planeta Terra, o Japão hoje ainda poderia parecer muito bom em termos econômicos. Muitas corporações multinacionais japonesas dominam importantes setores industriais no mundo. A Toyota, por exemplo, ofuscou a General Motors como a maior empresa automobilística do mundo. O mercado de ações japonês se recuperou com sucesso de sua baixa nos anos 1990. A propriedade de ações japonesas por estrangeiros aumentou progressivamente a cada ano na maior parte das duas últimas décadas.

---

*"Commanding heights" é uma referência a um discurso de Vladimir Lênin em que descreveu as partes de uma economia que efetivamente controla e domina as outras partes. (N. do T.)

Além disso, o Japão detém o maior volume de poupanças privadas no mundo que podem ser investidas. Ele compra dívidas governamentais de outros países, mantendo as taxas de juros globais baixa. O chamado *"carry trade* com ienes"*, graças à baixa taxas de juros do Japão, tem financiado a expansão econômica pelo mundo (como as taxas de juros no Japão são bem menores que as taxas no restante dos países industrializados, os investidores tomam emprestado enormes volumes de capital das instituições financeiras japonesas para investir globalmente). Dados todos esses pontos positivos, quais seriam os aspectos negativos sobre a economia japonesa?

A resposta é que o Japão é a lição objetiva perfeita sobre como *não* administrar o país na nova economia global. Não, o Japão não lembra o tipo de ameaça que a China representa para o sistema internacional — uma força inconsequente, imprevisível e fora de controle. O Japão simplesmente representa o que acontece quando os políticos co metem erros grosseiros e sérios. O resultado foi uma década e meia de desempenho fraco e o fim da liderança econômica no mundo. Para os norte-americanos, em particular, as lições do Japão são particularmente oportunas e relevantes, já que o passado recente do Japão tem o potencial de se tornar o futuro dos Estados Unidos.

Neste capítulo, mostro as armadilhas de uma economia sobrecarregada por dívidas. Mostro o que acontece quando uma bolha financeira estoura, quando o nível de preços cai muito, e quando bancos centrais se tornam impotentes para resgatar a economia. Explico como o Japão saiu de uma economia em forte ascensão e com bolhas no final dos anos 1980, e ainda com uma moeda extraordinariamente forte, para um período de fraqueza deflacionária nos anos 1990, descritos como nada menos do que uma "década perdida". E ressalto o risco de os EUA tropeçarem e caírem na própria década perdida.

---

*Carry trade significa tomar dinheiro em um país com taxas de juros mais baixas e aplicá-lo em outro país com taxa de juros mais elevada, e, no final do investimento, retornar o dinheiro para o país com juros mais baixos. (*N. do T.*)

E, como questão ainda mais importante, explico como as grandes empresas do Japão, quase sozinhas, se beneficiaram intensamente desse período deflacionário e de taxas de juros baixas — e como as donas de casa japonesas, presas ao lado prejudicado, conseguiram reagir. Vários anos atrás, um amigo meu, Dan Yergin, foi coautor do livro *The Commanding Heights: The Battle for the World Economy*. Na economia do século XXI, as donas de casa japonesas, por mais difícil que seja acreditar, encontram-se no comando. Involuntariamente, elas se tornaram agentes de grande importância nos sistemas financeiros japonês e mundial — uma importante força financeira debaixo do nariz do sistema econômico japonês, que, inicialmente, não tinha consciência disso. Tudo aconteceu da seguinte maneira:

De alguma distância, o Japão desfruta da imagem de grande força e maturidade. Aproximadamente 35 a 40 corporações multinacionais e bem estruturadas — entre elas, Toyota, Mitsubishi e Canons — têm a capacidade de competir cabeça a cabeça com qualquer empresa equivalente no mundo. Usando taxas de juros baixas e moeda relativamente fraca, essas empresas se reestruturam continuamente para se tornar sempre mais eficientes e competitivas. Hoje, elas são enxutas e crescem, gerando lucros enormes com os produtos que vendem no exterior. As megaempresas japonesas representam aproximadamente metade das empresas listadas na Bolsa de Valores japonesa. Superficialmente, o quadro parece ótimo.

No entanto, o quadro tem duas partes de ilusão e uma parte de realidade. Embora as empresas extremamente bem-sucedidas representem metade do mercado de ações e, por conseguinte, mantenham o mercado forte, o mercado em si reflete apenas 10% da economia japonesa real. Os outros 90% — a parte negligenciada não refletida no valor do mercado de ações — não estão indo para lugar algum com rapidez. Hoje, a economia japonesa está abaixo do pico da taxa de crescimento nominal de 1997, de acordo com a Lehman Brothers. Desde então, as economias da área do euro cresceram mais de 50%; a economia dos EUA é 70% maior. Não surpreende que a disputa de classes e o ressentimento no que diz respeito à distribuição de renda no Japão estejam começando a crescer.

Para entender o que aconteceu no Japão em termos econômicos nas últimas décadas, comece com o iene. No Japão, a taxa de câmbio do iene é uma informação importante na vida diária. Os norte-americanos e a maioria das pessoas em outros países geralmente não estão cientes do valor da própria moeda em relação a outras moedas. No Japão, o cidadão comum acompanha o valor da moeda japonesa. As taxas de câmbio piscam constantemente em sinais eletrônicos nas laterais dos arranha-céus no centro de Tóquio e em outras cidades importantes.

A história da moeda japonesa é razoavelmente simples. De início, essa explicação pode parecer um pouco tediosa, mas o iene é uma lente útil para se examinar o sistema econômico japonês. Começando em meados dos anos 1980, a valorização do iene em relação ao dólar foi muito forte (estimulada pelo acordo entre as nações industrializadas chamado Acordo de Plaza, que visava enfraquecer o dólar para reduzir os atritos comerciais globais com os Estados Unidos). O iene saltou de 254 ienes/dólar em janeiro de 1985 para 127 no final de 1990 (quanto menor o número, mais forte o iene). Em 1995, o iene havia valorizado para 80 ienes/dólar.

Foi especificamente no período de fortalecimento do iene de 1986 a 1989 que os comentaristas globais falavam de um novo Japão superaquecido que iria comprar o mundo, na esteira da compra pelos japoneses do Rockefeller Center em Nova York, um ícone norte-americano. Em um momento durante esse período dourado, assinalou-se que o valor de uma milha quadrada* de um imóvel em torno do Palácio do Imperador valia mais do que o valor imobiliário de todo o estado da Califórnia.

A famosa bolha "econômica" se tornou um evento seminal. O preço dos ativos, incluindo os preços das ações e dos imóveis, disparou. Um motivo para o boom imobiliário foi o financiamento imprudente

---

*Uma milha equivale a cerca de 1.600m. (N. do T.)

dos bancos japoneses, durante esse período, de imóveis comerciais e terras e terrenos comerciais a preços nunca vistos. Isso não foi diferente do modo como os bancos norte-americanos financiaram, nos anos recentes, montanhas de mutuários não qualificados com hipotecas subprime. Durante os períodos de bolhas todos dizem a si próprios: "não é uma bolha. Dessa vez, as coisas são diferentes". O preço de virtualmente todos os imóveis japoneses inicialmente disparou. Lembro de um amigo, um estrategista financeiro japonês independente, que me convidou para seu condomínio em uma área da moda em Tóquio. O apartamento era atraente, com vários quartos, e teria custado talvez US$500 mil em Washington ou US$700 mil em Nova York. Ele foi avaliado em US$10 milhões. Em dezembro de 1989, o índice de ações Nikkei quase atingiu a marca de 39 mil pontos (em comparação, o mercado em 2004, uma década e meia mais tarde, estava em 7.500 pontos).

Mas a bolha nipônica estourou, como todas as bolhas estouram. (China, assuma o controle!) Por que a bolha estourou? Um dos motivos foi a natureza da euforia financeira em si. Em geral, mercados que avançam de modo irracional revertem a direção abruptamente à medida que o tempo passa e o senso comum, por intermédio do mercado, eclipsa a euforia. Mas a bolha estourou também por causa de erro humano. Ao longo deste livro, tenho advertido sobre as consequências negativas não desejadas de ações políticas bem-intencionadas. Os representantes do governo japonês, durante as últimas duas décadas, representam um caso importante. Quando o iene começou a se valorizar após o Acordo de Plaza, os dirigentes do Banco do Japão, com a intenção de reduzir o efeito do iene mais forte sobre a competitividade global dos exportadores domésticos, abaixaram as taxas de juros de curto prazo cinco vezes. Eles deveriam, em vez disso, ter permitido que o fortalecimento do iene forçasse a economia a se reestruturar de modo a continuar sendo capaz de competir globalmente. No entanto, até fevereiro de 1987, a taxa de juros de curto prazo (chamada de taxa de desconto oficial) tinha caído para 2,5%. Até o final de 1989, ao perceberem seu erro quando a bolha crescia mais a cada mês, os dirigentes do Banco do Japão reverteram a direção e aumentaram as taxas de curto prazo em passos relativamente rápidos para 6%. Para controlar o preço de imóveis em ascensão acelerada, o governo criou impostos sobre a propriedade de terras e impôs restrições sobre empréstimos bancários para imóveis.

Não surpreendentemente, o mercado de ações entrou em colapso em janeiro de 1990. Bill Emmott, ex-diretor do *The Economist* e especialista em Japão, descreve como o Banco Central japonês, após o colapso do mercado de ações, de fato continuou a elevar as taxas de juros (para esvaziar a bolha de preços de ativos) até setembro de 1990. Então, os representantes do governo esperaram para afrouxar a política até 17 meses após o início da crise, um erro de política econômica de proporções monumentais (e que, felizmente, não foi repetido pelo Fed durante a Crise de Crédito de 2007-2008).

Nesse cenário de ioiô, o sistema econômico e financeiro japonês deu um mergulho. O iene acabou caindo vertiginosamente. Mais importante foi a parada súbita da criação de empregos, além do declínio dos salários, e, portanto, do consumo. Os lucros das corporações — que estavam arrefecendo — entraram em parafuso. Depois disso, as pessoas informadas de Tóquio chamavam o período dos anos 1990 de "década perdida". Muitos japoneses perderam a fé em seu futuro.

Pior de tudo é que a economia, em vez de apresentar inflação modesta, gradual, como a maioria das economias, caiu em espiral deflacionária. Os preços caíram perigosamente abaixo do piso. Como resultado, a demanda doméstica também caiu durante a maior parte do colapso econômico. Afinal, por que comprar uma casa ou um utensílio doméstico importante sob tais condições se você espera que o valor caia acentuadamente? Evite a compra e espere que os preços caiam.

O Capítulo 7 é intitulado, "O incrível encolhimento dos bancos centrais". Talvez a evidência mais forte que suporte esse título seja a do Banco do Japão. Durante o período de crise, os dirigentes do Banco Central japonês, que "encolhia", cometeram outro erro crasso quando tentaram responder ao declínio de preços. Eles cortaram as taxas de juros de curto prazo, mas muito pouco — e muito tarde. Isso deixou o Banco Central bem defasado em relação ao mercado. Correr atrás da espiral deflacionária de preços, mas sempre um passo atrás, foi uma política equivocada e de proporções espetaculares.

Durante essa "década perdida", os políticos do governo erraram de modo crasso de outra maneira. O mergulho da economia fez com que muitos tomadores de empréstimos ficassem atrasados em seus pagamentos, e os reguladores não se movimentaram de forma agressiva o suficiente para forçar os bancos a atacarem seus problemas de empréstimos não performados (um eufemismo para empréstimos quando o tomador está realmente falido ou estará em breve). Uma comunidade bancária paralisada, cheia de empréstimos não recebidos em seus balanços, devia fazer tudo, exceto interromper novos empréstimos.

Mas aqui está uma questão fundamental para os políticos atuais nos Estados Unidos e no mundo. Desse ponto em diante, o estímulo monetário torna-se virtualmente impotente para afetar o nível de preços. Economistas chamam essa situação de "armadilha da liquidez". As taxas de juros estão tão baixas que os títulos e o dinheiro são virtualmente intercambiáveis. Por conseguinte, o Banco Central é incapaz de expandir a liquidez ao comprar títulos; ele simplesmente troca um ativo por outro virtualmente igual. Durante a "década perdida" do Japão, os preços relativos caíram 25% comparados aos dos Estados Unidos. Isso é o que acontece em uma espiral deflacionária. O declínio real do valor do iene foi de quase 50% em relação ao dólar dos EUA. Ainda pior: o Banco Central perdeu a capacidade de afetar as taxas de juros de longo prazo (o Banco Central controla as taxas de juros de curto prazo, mas os mercados financeiros controlam outras taxas, inclusive a taxa de longo prazo). As taxas de juros de longo prazo haviam sido de 7,5% em 1990 no pico do período da bolha. Investidores de títulos no Japão conseguiram retornos saudáveis em suas compras de títulos. Até 1999, os mercados derrubaram as taxas de juros de longo prazo para menos de 1%. O Banco Central não tinha escolha a não ser cortar a taxa de juros overnight para 0%. Mas era muito tarde; o estímulo monetário se tornara ineficaz. Isso levanta a seguinte questão: poderia um cenário similar, criado por uma série de tolos erros crassos de política, se estabelecer nos EUA ou na Europa?

Nesse período de iene fraco e taxas de juros mínimas — o que alguns teriam chamado de era de dinheiro barato —, houve ganhadores e perdedores. Essa situação econômica se mostrou benéfica para as principais corporações do Japão. Essas empresas, devido à moeda fraca, foram capazes de competir agressivamente nos mercados de exportação (em outros países, muitos bens importados do Japão se tornaram mais baratos em relação ao preço dos mesmos produtos domésticos ou de seus similares). Tomando empréstimos a taxas de juros absurdamente baixas, as grandes corporações podiam comprar máquinas e equipamentos mais novos e eficientes para se reestruturar, visando à futura competição global. Hoje, elas estão posicionadas para obter lucros cada vez maiores com suas atividades no exterior, em decorrência da globalização.

A notícia ruim é que as empresas médias e pequenas do Japão, ao contrário, dispõem de poucos recursos e estão em má forma. Mais intensivas em mão de obra, elas sofreram por longo tempo durante o período de taxas de juros baixas e iene fraco. Uma razão é que o iene fraco torna muito cara a energia externa importada. Isso é fundamental porque o Japão importa toda a sua energia. Essas empresas pequenas, as grandes perdedoras, representam 75% do emprego do Japão e são amplamente orientadas à demanda doméstica. Portanto, elas necessitam de um iene *forte* para reduzir o custo dos importados, incluindo petróleo e outras commodities.

Até o final dos anos 1990, a política de taxa de juros zero do Japão também permitiu que os bancos de maior porte começassem a limpar seus balanços desastrosos, livrando-se do excesso de empréstimos imobiliários ruins da década passada. Como as gigantescas corporações multinacionais, eles também foram grandes ganhadores. Durante esse período de dinheiro barato, os bancos recebiam depósitos e podiam pagar aos poupadores quase nada, porque todas as taxas de juros estavam muito reduzidas. Então, os bancos tomavam esses depósitos e compravam títulos do governo japonês livres de risco, que pagavam 1,5 a 2,0% a mais do que os juros pagos aos poupadores (esse lucro é chamado spread). Com a renda estável do spread, os bancos foram capazes de eliminar os empréstimos não recebidos. Por fim, eles limparam completamente seus balanços. Mas esse processo dos bancos carregados de dívida do governo colocou a política monetária do Japão em uma camisa de força perigosa que ainda hoje existe.

Durante esse período, outra entidade — outro perdedor — caiu vítima da política de dinheiro barato: o setor das famílias japonesas. As famílias japonesas sufocaram financeiramente porque suas contas de poupança, que já tinham gerado retornos razoavelmente bons, estavam novamente gerando retornos mínimos. E, no Japão, um país em envelhecimento e de poupança elevada, muitas pessoas tradicionalmente dependem dos retornos das contas de poupança para suplementar suas rendas. A renda na forma de juros das contas de poupança das famílias, 39 trilhões de ienes em 1991 (a partir de 600 trilhões de ienes mantidos principalmente em depósitos bancários), despencou para somente 3 trilhões de ienes (a partir de mais de 700 trilhões de ienes em contas de poupança) em 2005.

É difícil superestimar como os erros crassos de política do Japão ainda hoje frustram a vida do cidadão médio. Mesmo recentemente, no período 2005-2006, por exemplo, os 50% das camadas inferiores dos cidadãos japoneses realmente viram suas rendas caírem. Os 40% médios obtiveram renda anual constante, mesmo com os bônus das empresas. Diante dessa realidade, pouco surpreende que o Partido Democrata Liberal do Japão, que há tempos governa, tenha entrado nos últimos anos em um período político ruim. Isso acontecerá com políticos dos Estados Unidos e de outros países industrializados se a chamada doença do Japão de preços declinantes e política monetária neutralizada surgir como um evento global nos próximos anos.

Aqui entram em cena as donas de casa. Até o início do século XXI, as frustradas donas de casa já tinham suportado muito o mau desempenho da economia, particularmente os fracos retornos dos investimentos em contas de poupança. Usar as palavras *donas de casa* e *fluxos de capital* na mesma sentença pode soar estranho, mas não é. Retrocedendo aos anos 1950, a dona de casa em uma típica família japonesa controlava as finanças. Isso é certamente irônico, dado que as instituições financeiras japonesas continuam a ser dominadas por homens. Esse papel financeiro da dona de casa reflete o estilo de vida de uma família típica. O marido, o assalariado, frequentemente trabalha 10 horas por dia, sofre com duas ou três horas de deslocamento, e é regularmente forçado a participar de encontros profissionais ou sociais com o chefe até tarde da noite. O assalariado raramente está em casa, ou pelo menos não durante o dia. Como resultado, a esposa assumiu naturalmente o papel de matriarca financeira.

No início dos anos 2000, as donas de casa, tomando os mercados financeiros nas próprias mãos, começaram a procurar maiores retornos para suas poupanças. Elas encontraram esses retornos mais robustos nos títulos de dívida *estrangeiros* e em outros investimentos no exterior. No processo, por mais incrível que pareça, as donas de casa se tornaram uma das maiores forças nos bastidores do mercado global de moedas. Coletivamente, elas controlam grandes volumes de poupança familiar do Japão e se tornaram conhecedoras extraordinárias do processo de busca e compra de títulos estrangeiros de rendimentos elevados.

Hoje, aproximadamente um quinto de todas as negociações com moeda no mundo durante o período de negócios em Tóquio envolve indivíduos japoneses do setor privado, grande parte formada por mulheres. No mundo de negócios com moedas, uma questão que se tornou comum ultimamente é: "Em que estão investindo as donas de casa [japonesas] nestes dias?"

Talvez ainda mais interessante seja o fato de que elas contornam com frequência as grandes instituições financeiras intermediárias japonesas quando fazem seus investimentos. Elas investem de forma crescente, diretamente pela internet.

Os números envolvidos surpreendem. Três quartos dos ativos financeiros do Japão são mantidos por uma população já com idade avançada e dependente do retorno financeiro de suas poupanças. Os ativos financeiros líquidos totais das famílias japonesas somam aproximadamente 1.200 trilhões de ienes, ou seja, mais de US$11 trilhões, com significativamente mais do que a metade em contas de poupança e em outros instrumentos. Isso é muito dinheiro. Meros 1% dessa liquidez familiar tornaria as donas de casa o maior participante do mercado de moedas estrangeiro. Potencialmente, 2% seriam suficientes para submeter o mercado global de moeda a uma forte queda se as donas de casa se movimentassem em conjunto. Por segurança, as donas de casa se educaram e desenvolveram um nível extraordinário de conhecimento de computação quase de um dia para o outro.

Para o restante do mundo, aqui está o motivo de as donas de casa japonesas serem tão significantes. Em um sentido, os investimentos delas podem ser vistos como uma influência estabilizadora no sistema financeiro mundial. Com seus computadores, as donas de casa têm acesso a um amplo conjunto de oportunidades de investimentos financeiros globais, podendo, assim, procurar os melhores retornos. Porém, aqui estão elas, milhões de tomadores de decisão individuais direcionando a maior bolada de dinheiro no mundo, e elas estão além do alcance imediato das pessoas cujo emprego é manter a estabilidade do sistema financeiro. Como uma força, portanto, as donas de casa formam uma entidade poderosa e imprevisível. Em 2008, por exemplo, as donas de casa abruptamente mudaram de abordagem. Elas suspenderam as compras no exterior e começaram a comprar ativos financeiros domésticos. Como resultado, os fluxos líquidos de saída de capital japonês começaram a encolher. De fato, em meados de 2008, a maior fonte de capital para o exterior derivava dos bancos japoneses emprestando para os bancos dos EUA e europeus. À medida que a crise de crédito continuou a oprimir a liquidez, Tóquio se tornou o último recurso para um sistema financeiro ocidental desesperado por liquidez.

Essa nova flexibilidade das donas de casa em relação a seus investimentos que foi descoberta não é tranquilizadora para os gestores da crise global. Não muito tempo atrás, durante uma crise financeira em escala global, os representantes dos EUA podiam pegar o telefone e chamar os representantes do Ministério da Fazenda do Japão, que, se considerassem adequado, ordenariam às empresas de seguros e outras grandes instituições financeiras com excesso de poupança que empreendessem uma ação coordenada. Foi isso que aconteceu durante a crise do mercado de ações de 1987. Os burocratas do governo podiam influenciar os fluxos de capitais porque o ministro da Fazenda exercia controle regulatório sobre as grandes instituições financeiras. A situação mudou. Hoje, em uma crise global, quem sabe como as donas de casa reagiriam? No caso de uma depressão financeira global, que dona de casa líder iria, ou poderia, atender uma chamada ao telefone de Washington para uma ajuda coordenada? Estamos diante de uma realidade assustadora, em que um dos verdadeiros membros confiáveis da equipe de gestão de crises globais — o ministro da Fazenda do Japão — não tem mais controle sobre o grande volume de fluxos de poupanças japonesas.

Nada disso significa denegrir a imagem da importância histórica da liderança do governo japonês. Em mais de vinte anos de viagens para o Japão, tive a sorte de conhecer vários grandes operadores burocratas do Ministério da Fazenda. O Japão é um lugar em que as melhores mentes vão para a Universidade de Tóquio e, então, para a University of Tokyo Law. Depois, eles começam a trabalhar não no setor privado, mas em uma área do governo.

Os mais inteligentes e talentosos vão para o Ministério da Fazenda, onde, em anos recentes, espera-se que eles administrem um sistema financeiro que é crescentemente não administrável. Nomes surgem à minha mente, tais como Toyoo Gyohten, Tomomitsu Oba, Eisuke Sakakibara ("Sr. Yen", por causa de seus esforços astutos atrás das cortinas para influenciar os mercados), Makoto Utsumi e Hiroshi Watanabe. Todos eram vice-ministros orientados internacionalmente, e, quando eles falavam, os mercados globais se agitavam.

Ironicamente, hoje um dos problemas mais amplos do Japão é sua história soberba de controle burocrático. Não é fácil, no sistema financeiro global volátil atual, os burocratas se sentirem confortáveis com a forma caótica do capitalismo empreendedor, que envolve risco e, ainda mais importante, falhas contínuas. No Japão, há algo não natural sobre a volatilidade de mercado de um sistema financeiro liberalizado. Os burocratas são preparados para inibir falhas. Mas é exatamente por isso que a economia japonesa continua cometendo erros; seus burocratas não sabem como lidar com a incerteza e os fracassos do empreendedorismo, que são essenciais para o sucesso econômico.

Talvez o estrategista burocrático mais eficaz que conheci tenha sido Makoto Utsumi, que foi vice-ministro de Finanças Internacionais de 1989 a 1991. Primeiro, conheci o Utsumi vestido com esmero, então ministro da Economia da embaixada japonesa, em 1985, para um café da manhã no hotel Four Seasons, em Washington. Eu estava tentando persuadi-lo dos méritos de minha primeira conferência, o U.S. Congressional Summit on the Dollar and Trade.* Por ter crescido como metodista no Japão do pós-guerra e agora um zen-budista, ele se sentou primeiramente com os braços dobrados sobre o peito e com aspecto severo na face. Pude ler sua mente: "Você, pouco acima de seus 30 anos, quer que eu arrisque toda a minha carreira ao enviar mensagem para Tóquio dizendo que nossos representantes financeiros mais importantes devem voar para Washington a fim de participar de uma conferência tola?" Utsumi, então, começou a olhar para o relógio.

Pude perceber que as coisas não estavam indo a lugar algum, então fui direto ao ponto: "O regime de câmbio de pura flutuação existente, Mr. Utsumi, é insustentável porque o dólar em ascensão ameaça aumentar as restrições ao comércio no Congresso. A taxa de 260 ienes/dólar é a receita para uma guerra comercial. Moedas globais e relações comerciais se tornaram inseparáveis. O que o ministro de Fazenda tem a perder ao participar, dada a natureza privada dessa reunião? Além disso, se seu pessoal não participar, o Japão pode ser o ponto de ataque na discussão comercial e cambial. A ausência do Japão geraria potenciais ressentimentos no Congresso."

---

*Reunião de Cúpula do Congresso dos EUA sobre o Dólar e Comércio. (*N. do T.*)

A face de Utsumi se iluminou e, em seguida, se iluminou um pouco mais. Uma mudança mental pareceu ocorrer com rapidez. "Não há promessas", ele disse, "mas talvez possamos ajudar." Makoto Utsumi ajudou, e bastante. No momento da conferência, a poderosa elite de representantes do governo japonês, que, até então, havia resistido a tal exposição pública, estava voando para Washington em grande número para falar sobre moedas. E, em conferência privada, para aproveitar. Tóquio decidira que era melhor se colocar no meio do debate. Por acaso, ao planejar a primeira conferência, incluí os representantes dos principais bancos centrais do mundo na discussão. Até esse momento, a comunidade dos bancos centrais independentes evitou qualquer participação formal em encontros internacionais oficiais que envolvessem ministros da Fazenda ou representantes do Tesouro. Jean-Claude Trichet, hoje presidente do Banco Central europeu, e que assistiu à nossa conferência como representante do Tesouro francês, argumenta que a inclusão dos bancos centrais nesse evento fez história. "Vocês todos fizeram, a partir desse momento, com que todos os encontros oficiais dos ministros da Fazenda do mundo industrializado incluíssem os dirigentes dos bancos centrais", ele disse, em uma palestra realizada em Washington, no final de outubro de 2007.

Quando a economia dos EUA se recuperou após a recessão de 1981-1982, o dólar havia se fortalecido rapidamente. Logo após nossa conferência, representantes das nações industrializadas (incluindo os banqueiros centrais) se encontraram em Nova York e acertaram o mencionado Acordo de Plaza, que abordava os temas levantados por nossa conferência, os quais envolviam a relação moeda-comércio.

Utsumi, a propósito, foi um mestre no uso do poder burocrático. Esses eram os dias de glória do ministro da Fazenda. Em 1991, por exemplo, a Índia enfrentou uma crise de liquidez. Com seus laços com a União Soviética e com a Guerra Fria ainda em vigor, a Índia não desfrutava das relações financeiras com o mundo industrializado que tem hoje. No entanto, o sistema bancário japonês, com investimentos de porte, não podia se dar ao luxo de uma crise financeira na Índia.

Utsumi voou para Nova York e, reservadamente, se encontrou com o ex-presidente do J.P. Morgan, Lewis Preston, que estava prestes a assumir a presidência do Banco Mundial. A oferta de Utsumi: se o Banco Mundial desse "o sinal verde publicamente", o Banco do Japão secretamente forneceria liquidez para evitar um colapso financeiro na Índia. A diplomacia do vaivém — no estilo financeiro — funcionou; a crise de liquidez se desfez.

Utsumi também foi um mestre na projeção da *imagem* de poder. Posso atestar esse fato com base em um estranho incidente que me envolveu. Aqui estão os eventos bizarros que se desenrolaram. O incidente demonstra o quão longe a burocracia japonesa iria para projetar a sensação de poder e de influência.

Quando um homem chamado Ryutaro Hashimoto se tornou ministro da Fazenda em 1990, eu o visitava no Ministério da Fazenda com razoável frequência. Nosso amigo comum, Utsumi, participava dessas discussões. No Japão, as pessoas imaginavam Hashimoto como um sósia de Elvis Presley, mas eu nunca vi semelhança alguma.

Conversando informalmente com Hashimoto no início de uma reunião, sugeri que ele fosse velejar um dia comigo na baía de Chesapeake, próximo de Washington, em um momento de sua conveniência. Esse tencionava ser o que se chama um convite "protestante" ou "WASP"*, em que, em círculos sociais, uma pessoa diz: "Nós queremos que fique conosco por algum tempo." Na realidade, elas estão pensando, isso não vai acontecer. Nesse caso, aconteceu. Utsumi ouvira meu convite e, sem o meu conhecimento, começou a se mobilizar, creio que tanto como um gesto amigável quanto para oferecer uma demonstração do exercício decisivo do poder burocrático.

Meses mais tarde, cerca de duas semanas antes de uma reunião dos representantes da área econômica dos membros do G-7 em Washington, alguém da embaixada japonesa telefonou: "O ministro da Fazenda Hashimoto e sua esposa gostariam muito de aceitar seu generoso convite de velejar um dia na baía de Chesapeake. É o aniversário de casamento de-

---

*Sigla de "White, anglo-saxon, protestant" (branco, anglo-saxão, protestante). (*N. da E.*)

les. Eles chegarão sábado pela manhã e sairão no final da tarde, a tempo de chegar a Washington para o jantar oficial do G-7 [dos banqueiros centrais e dos ministros da Fazenda]." Tudo isso soou simples, mas não era. Ao ouvir a notícia da visita, instintivamente fiquei um pouco nervoso.

A comitiva era tão grande — 18 pessoas, incluindo salva-vidas — que fui forçado a alugar um iate grande, pois meu próprio barco era muito pequeno. À medida que o dia da visita de Hashimoto se aproximava, eu ia elaborando meus planos. Nós sairíamos do porto de Annapolis, em Maryland, algumas quadras da entrada da Academia Naval dos Estados Unidos, e velejaríamos por algumas horas. Por volta de meio-dia, rumaríamos até as proximidades de Mill Creek para almoçar em uma famosa choupana de caranguejos de Chesapeake, chamada Jimmy Cantler's Riverside Inn.

Anteriormente, eu já levara muitos amigos japoneses lá por causa do famoso caranguejo azul de Maryland no vapor, o melhor exemplo, muitos disseram, de uma versão ocidental da cozinha japonesa. Caranguejos eram sempre bem-vindos. Nosso barco alugado se aproximou do cais do restaurante e o pessoal de apoio do estabelecimento estava esperando para ajudar a amarrar as cordas.

Dentro do restaurante, estavam dispostos jarros de cerveja e montanhas de caranguejos azuis do "Jimmies", de 20cm de largura, fervendo no vapor e temperados com molho quente e levemente apimentado, prontos para serem quebrados e abertos com uma marreta de madeira em toalhas cobertas por guardanapos de papel marrons. O ministro da Fazenda Hashimoto, após algumas horas dissecando meticulosamente os caranguejos nesse banquete de frutos do mar, proclamou ser esta a refeição mais agradável que havia experimentado fora do Japão em trinta anos de viagens internacionais. Pensei comigo mesmo: a choupana de caranguejos, para os padrões internacionais, era uma escolha arriscada, mas valera a pena.

Quando o almoço terminou, a comitiva lentamente retornou ao iate. Fotógrafo ávido, Hashimoto parou e tirou centenas de fotografias das vizinhanças dos barqueiros do restaurante. Ele parecia fascinado

As donas de casa japonesas assumem o comando principal • 177

com o fato de como algo tão delicado em sabor podia estar nas cercanias, que, com certeza para ele, eram o estereótipo do *Red Neck*.*
Quando o barco se afastou do cais, prosseguimos ao longo de Mill Creek para a baía e de volta a Annapolis. "Está ficando tarde", informou-me o ajudante-chefe de Hashimoto. "Nós ficamos muito tempo tirando fotografias e temos de retornar a Washington para o jantar do G-7. O ministro tem um papel importante hoje à noite."

De repente, uma leve angústia me invadiu. É melhor falar com o capitão para voltar a toda velocidade porque tempo é essencial, pensei. Exatamente nesse momento, o capitão, como se tivesse lido minha mente, pediu para falar comigo de forma reservada. Descemos do convés, mas a conversa não foi o que eu esperava. "Estamos com problema no barco", ele começou. A leve angústia se intensificou e me deixou mais preocupado. "O motor funciona bem, mas o câmbio de transmissão desmontou", ele explicou. "O barco não dá ré, e não há jeito de colocá-lo no estreito canal do porto sem dar ré. Eu não sei o que fazer."

A essa altura, visualizei em minha mente a manchete do *Washington Post*: "Ministro da Fazenda do Japão encalhado em Chesapeake", com o subtítulo, "Imprudente consultor arruína celebração de aniversário e rompe os procedimentos do G-7." Instantaneamente, senti um entorpecimento, seguido da sensação de ansiedade que me oprimira. Em que eu me meti?, pensei. Se eu tivesse mantido minha boca fechada, não estaria nessa situação. O que fazer agora? No Japão, forma e aparência são tão importantes quanto substância. Esse tipo de fiasco pode destruir minha reputação, e provavelmente a de Utsumi também.

Após respirar profundamente algumas vezes, comecei a me concentrar. Minha única esperança era o capitão, mas isso exigia um blefe. O capitão e eu descemos para o convés novamente para uma conversa séria. "Esta viagem era para ser um teste", comecei, enquanto minha mente corria para descobrir o que eu diria em seguida. "Se tudo fosse bem", eu disse ao capitão, "talvez todos os ministros do mundo finan-

---

*Branco pobre do sul dos EUA. (*N. do T.*)

ceiro e a comunidade dos bancos centrais pudessem usar regularmente seus serviços quando visitassem Washington. Você poderia ser o capitão do iate alugado, e talvez até mesmo para primeiros-ministros, e mesmo para a realeza, mas não se este teste for um fracasso."

À simples menção de negócios adicionais, os interesses do capitão se intensificaram. Ele começou: "O que acha se largarmos todos fora da cidade perto do tabique da Academia Naval? Posso fazer isso sem dar ré. Podemos pedir para redirecionar as limusines para pegá-los nesse novo local." Imediatamente respondi: "Isso não vai funcionar. A limusine deles não saberá para onde ir. Ademais, em consideração aos japoneses, acho que é preferível que eles não saibam que estamos com problemas. Isso provavelmente geraria ansiedade suficiente para arruinar o espírito do dia. Descubra alguma coisa. Isso pode ser um grande negócio, mas preciso saber que é uma operação administrada profissionalmente." Cruzei meus dedos.

A essa altura, meus convidados começaram a se perguntar sobre minha ausência, então voltei para o convés. Quarenta minutos mais tarde, nós nos aproximávamos do tabique da Academia Naval. Eu não tinha ideia do que esperar. De repente, o capitão, com surpreendente confiança, dirigiu-se a nosso grupo. "Sr. ministro", ele começou, "foi um prazer servi-lo hoje. Estamos honrados com sua presença. E, como seu tempo é tão precioso, decidimos como um serviço extra deixá-lo na Academia Naval dos EUA. Nós temos limusines lá para levá-los de volta às suas limusines na cidade."

Quando chegamos ao tabique, olhei para fora e fiquei aturdido. Como ele fez isso em um período de tempo tão reduzido, eu nunca vou saber, mas, diante da tela de fundo do quartel da Academia Naval dos Estados Unidos, estavam quatro limusines esperando pelos japoneses. É verdade que duas eram brancas e uma era azul-clara. Todas, sem dúvida, tinham teto espelhado, e provavelmente seriam usadas à noite em algum baile estudantil. Não importava. A comitiva japonesa saltou para as limusines e saiu rapidamente de volta para os próprios transportes localizados a alguns minutos de distância na pequena cidade, para

As donas de casa japonesas assumem o comando principal • 179

a viagem de volta a Washington. O assistente de Hashimoto agradeceu-me por ser tão sensível ao tempo do ministro arranjando esse meio de transporte mais rápido para a viagem de volta.

Quando as limusines se afastaram rapidamente, quase entrei em colapso no gramado da academia. Assinei um cheque para o capitão com uma enorme gorjeta e, mais tarde, enviei seu folheto de propaganda para a embaixada japonesa e para o Departamento de Estado*. Mas meus planos eram nunca, jamais, abrir minha boca novamente para falar das alegrias da baía de Chesapeake.

Apesar de todo esse drama, Utsumi, ciente da percepção do poder burocrático, chegou ao ponto desejado: seus amigos em Washington desfrutavam de verdadeira influência. Ele conseguiu que eles saíssem de barco com um homem que, no momento, talvez fosse a figura financeira mais poderosa no mundo — e no meio de um fim de semana importante com a reunião do G-7. Esta foi também uma mensagem para os mercados de quão poderosa a burocracia global pode ser. Utsumi, sem dúvida, contava com o fato de que a visita de Hashimoto circularia por Wall Street; e circulou.

Mas a questão é que o sistema japonês, uma vez brilhante ao controlar a imagem e a substância burocrática, hoje está diante do próprio mundo frágil, que é curvo. Agora, milhões de donas de casa e outros tomadores de decisão nos mercados se importam pouco com imagem e poder burocrático. Eles se preocupam com informação — fatos e perspicácia que refletirão taxas futuras de retorno e o risco. Eles se preocupam pouco com o poder burocrático porque, no bravo novo mundo atual, eles, coletivamente, *são* o poder.

Para ser justo, a liderança atual japonesa é dificilmente esquecida para essa população em ascensão. Há um consenso na comunidade política de que a situação atual de taxas de juros baixas precisa retornar para um cenário de equilíbrio, embora haja disputas acirradas sobre o momento exato de elevar as taxas de juros.

---

*É equivalente ao Ministério das Relações Exteriores. (N. *do T.*)

Nem os líderes japoneses esqueceram os benefícios de mercados financeiros mais liberalizados e do empreendedorismo capitalista, como existe nos EUA e em outros locais. Os representantes de Tóquio iniciaram algumas reformas sérias na lei de falências bancárias e de pequenos negócios para encorajar investimentos em iniciativas empreendedoras. A liderança política japonesa entende também que a economia necessita de mais do que contas-correntes com rendimentos elevados para as donas de casa. A economia necessita de uma revolução empreendedora.

Ainda assim, há sempre esse sentimento que perdura entre muitos líderes japoneses, em que a economia de mercado no "estilo japonês" culturalmente não tem escolha a não ser permanecer um pouco menos aberta, menos transparente e mais regulada. Indivíduos importantes que assumem riscos dentro de um mercado aberto no estilo anglo-saxão são, de certo modo, inconsistentes com a psique japonesa. Na comunidade política, um novo e mais sofisticado sistema financeiro multialavancado para avaliar riscos e distribuir riquezas ainda está nos estágios de planejamento. Após a angústia criada com a Grande Crise de Crédito de 2007-2008, o plano provavelmente ficará nos estágios de planejamento e não se tornará realidade nos próximos anos. A crise das subprime produziu alguns efeitos secundários ameaçadores, incluindo, em muitas partes do mundo, queda de entusiasmo pelo modelo de empreendimentos com risco ao estilo ocidental. (As políticas mais no início desta década que permitiram investimentos diretos estrangeiros nas empresas japonesas — um componente fundamental do processo de globalização — também estão sendo revertidas.)

Essa não é uma boa notícia para a economia global, em que a forte atividade empreendedora japonesa, tanto separada quanto dentro de grandes corporações, pode levantar o nível de crescimento econômico e provocar aumento no consumo. Aumento de consumo japonês de importados ajudaria a reduzir drasticamente os desequilíbrios globais.

Infelizmente, em termos de fornecer liquidez para suas empresas pequenas e médias, e também para as novas, o Japão está onde os

Estados Unidos estavam no início dos anos 1980 — em busca desesperada por meios melhores de avaliar risco e distribuir capital. O número minúsculo de grandes bancos japoneses hoje, após fusões e novas fusões, quase não está interessado em investir em desconhecidos. Esse é particularmente o caso após a debacle dos balanços dos bancos da "década perdida".

Nem os novos empreendimentos desejam enfrentar pagamentos de taxas de juros pesadas nos empréstimos bancários em seus estágios iniciais de fortalecimento. Portanto, é muito importante que novos caminhos sejam encontrados para encorajar o investimento de capital em novos projetos de risco. Investir em participações por meio da venda de ações é particularmente importante nos estágios iniciais de uma empresa que ainda enfrenta dificuldades, mas é promissora. O ex-presidente do Federal Reserve, Alan Greenspan, ressaltou que "os negócios devem ter capital próprio antes que sejam considerados candidatos viáveis para financiamento de dívidas. O capital próprio age como um amortecedor contra as oscilações do mercado e é um sinal da credibilidade de um negócio empreendido. Quanto mais opacas as operações, ou mais nova a empresa, maior a importância da base em ações".

No Japão, as reformas que tornariam os investimentos em capital mais alcançáveis estão surgindo lentamente. A questão, contudo, é se um sistema sofisticado, de vários estágios e acentuadamente inovador para investimentos de capital alternativos em ações — o tipo iniciado nos Estados Unidos no final dos anos 1970 e 1980 — pode vir cedo o suficiente. A questão é também se o Japão, fortemente controlado, pode sofrer uma mudança cultural que tolere a independência, a imprevisibilidade e a "loucura" total do setor empreendedor.

A inabilidade geral e, algumas vezes, o desconforto do Japão com o processo empreendedor me faz lembrar uma das muitas viagens que fiz a Tóquio, no início dos anos 1990. A seguinte anedota oferece uma forte lembrança de por que o Japão, um sistema fechado e unido, considera o risco empreendedor tão desafiador. Ela explica por que o Japão não pode ser considerado uma importante locomotiva do sistema global tão cedo. E não se enganem: com a força da economia dos EUA declinando e a Europa aceitando uma política de longo prazo de baixo crescimento, o mundo industrializado necessita desesperadamente de uma locomotiva econômica confiável adicional.

No dia anterior à viagem, encontrei em Washington o ex-senador líder republicano e chefe da equipe da Casa Branca, Howard Baker. Ele acabara de retornar de Moscou e havia concordado em dividir a mesa em minha próxima conferência. Essa foi uma época de grande turbulência na Rússia — o novo Ocidente Selvagem* —, com a ordem social em ruptura. Baker comentou casualmente que Moscou estava tão caótica e assolada por crimes, sem segurança doméstica, que "o preço de um segurança havia saltado 400%".

Alguns dias mais tarde, eu me encontrava em uma reunião em Tóquio com vários banqueiros e operadores financeiros. "Como está o caos na Rússia?" Alguém rapidamente perguntou, referindo-se às manchetes sobre a crise na Rússia na página frontal de quase todos os jornais do mundo. Pensei por um momento e comecei com a frase: "Howard Baker acabou de retornar de Moscou; a situação está tão ruim que o preço da segurança saltou 400%." A frase funcionou, pois retratava o que estava acontecendo na Rússia. Repeti isso ao longo da semana como o elemento principal de minha análise mais séria sobre a economia, o risco político e o potencial de default da dívida da Rússia.

No final da semana, eu tinha almoço marcado com o ex-primeiro-ministro Noboru Takeshita, então com 68 anos, que também havia concordado em dividir a mesa de minha próxima conferência. Mesmo após deixar o cargo de primeiro-ministro, Takeshita dominava o mundo da política oficial japonesa. Ele era o chefe da facção original Tanaka, os membros mais sofisticados do Congresso na política liberal disseminada pelo governo. Ele também era o elemento que mantinha unida toda a estrutura do reinante Partido Democrata Liberal. Amigos meus na embaixada dos Estados Unidos expressaram surpresa com minha pro-

---

*"Wild West" no original. (N. do T.)

ximidade com Takeshita — "um acontecimento raro", eles disseram. Portanto, fiquei honrado em ter o ex-primeiro-ministro como anfitrião da pequena reunião de almoço.

Após anos de lutas com afinco e de se agarrar em seu caminho para o topo, o diminuto Takeshita era um pouco estranho para os que estavam de fora da arena pública, pois nunca mostrava qualquer expressão facial — nenhuma raiva, alegria, pesar —, nada. Era como se, para os oponentes políticos obstrutores, ele tivesse ensinado a si próprio ao longo dos anos a não se permitir demonstrar emoções que traíssem suas intenções enquanto manobrava pelos campos minados da política. Tudo o que qualquer um via era um pequeno sorriso sutil e afável. Sua face não deixava escapar nada, mas seus olhos penetrantes estavam sempre a postos. Toda vez que eu estava em sua presença em público, seus olhos movimentavam-se rapidamente e com ceticismo para trás e para a frente ao longo da sala, em uma sucessão de lances rápidos, medindo o ambiente humano quanto ao perigo político.

No almoço, Takeshita trouxe o ministro da Fazenda, Hashimoto, o homem que parecia com Elvis e que eu havia levado anteriormente em nossa desastrosa viagem de barco na baía de Chesapeake. Meu amigo Utsumi, o mestre da burocracia, também estava presente. Takeshita e Hashimoto, diante de mim, constantemente provocavam o novato Utsumi, sugerindo que ele era o grande "titereiro" do governo japonês, puxando todas as cordas do poder. A face de Utsumi ficou vermelha como beterraba, em um embaraço amistoso. Por quê? Porque, nesse ponto, ele *era*, de muitas maneiras, o grande titereiro.

O engraçado nesse dia, na sala privada de um restaurante de Tóquio, foi que Takeshita e companhia relaxaram e se divertiram. Em geral recorrendo a um tradutor, o ex-primeiro-ministro, ao contrário, falava lentamente em inglês. De modo estranho, o humor era como o de um corredor com armários em uma escola secundária com uns estalando suas toalhas contra os outros e com uma série de contínuas chacotas alegres. Isso era totalmente atípico na maioria dos encontros entre estrangeiros e japoneses. Normalmente, uma parede invisível de sutil embaraço, com base nas amplas diferenças culturais, mantém os visitantes a distância.

Após cerca de 20 minutos, um membro do Congresso com aspecto de louco chamado Morihiro Hosokawa chegou. Ele se desculpou profusamente a Takeshita por seu atraso, curvando tantas vezes e tão agressivamente — e de modo tosco — que imaginei que ele iria perder o equilíbrio. Hosokawa era um pouco estranho. Seu terno marrom barato e a combinação entre sua gravata e camisa não seguia o padrão — uma gravata de cor azul definida combinando com uma camisa branca — e mais um terno azul típico dos políticos do Partido Democrata Liberal. E mais ainda: Hosokawa saltitou na sala como um jovem Jerry Lewis, o que o tornou motivo de gozação para os outros, o alvo das piadas de seus colegas.

O ex-primeiro-ministro Takeshita, presumivelmente em um esforço para continuar com a frivolidade, disse que o Sr. Hosokawa — isto é, o Sr. Jerry Lewis — em breve se tornaria primeiro-ministro. Isso parecia absurdo. Eu seria primeiro-ministro do Japão antes desse sujeito pateta, pensei comigo mesmo. Nesse momento, o ministro da Fazenda Hashimoto (vulgo Elvis), lançou uma piada sobre Hosokawa em japonês que, quando traduzida, soou um pouco confusa, mas terminou com as palavras "o garoto das mensagens". Todos riram, conduzidos pelo garoto pateta, que deu uma série de gargalhadas sonoras.

Para minha surpresa, o que Takeshita disse acabou se revelando correto. O "garoto das mensagens" tornou-se primeiro-ministro alguns anos mais tarde. Ele desempenhou sua função em 1993 e 1994 como uma espécie de figura de pouco privilégio, espremido entre duas facções políticas em luta dentro do Parlamento japonês. Lembro-me de minha total descrença quando assisti à notícia na televisão em Washington. Mais tarde, soube que o avô de Hosokawa, o primeiro-ministro Fumimaro Konoe, um membro da segunda família de maior prestígio no Japão, depois da família imperial, desempenhou papel importante no acontecimento. Ele foi o primeiro-ministro que ajudou a iniciar a Segunda Guerra Mundial. Seu neto fez papel de comediante. Mas o episódio me ensinou que o poder no Japão raramente está onde você imagina.

No final, a discussão no almoço se tornou séria. Nós trocamos visões sobre o cenário político e econômico mundial. Então, Hashimoto, meu companheiro do velejo em Chesapeake, perguntou se eu tinha algumas observações sobre a situação caótica da Rússia. Eu me preparei para responder, aproveitando as boas informações que ouvira de Howard Baker, incluindo a história sobre a segurança. Mas, antes que pudesse começar, Takeshita, o político mais poderoso do Japão naquele momento, interveio: "Desculpe-me, mas, antes de você começar", ele disse, "deixe-me dizer que fui informado que Howard Baker acabou de retornar de Moscou. Criminosos dominam a cidade. Ele diz que o preço da segurança aumentou em 400%." Eu me sentei surpreso, com minha boca bem aberta.

Deixe-me colocar tudo isso em perspectiva: em menos de cinco dias, minha rápida história introdutória com as informações de Baker viajara das salas de negociação e escritórios de várias instituições financeiras aos mais elevados níveis do governo japonês. De repente, aprendi a Regra Número 1 no Japão: mais cedo ou mais tarde (e provavelmente mais cedo), todos na estrutura de poder da elite sabem tudo. E, como todos sabem tudo, o empreendedorismo individual que envolve risco pode ser significativamente mais difícil no Japão do que em algum outro lugar no mundo. O Japão é um sistema em que o consenso conduz à tomada de decisão dentro de uma cultura que "bate no prego saliente que está com sua cabeça acima da superfície." Enquanto o mundo do lado de fora percebe com frequência a falta de transparência dentro do sistema econômico e financeiro japonês, a elite japonesa, ironicamente, parece saber tudo sobre cada um.

No entanto, em grande proporção, a inovação empreendedora impõe um grau de sigilo — avançar a todo custo com uma nova ideia que, se exposta prematuramente ao restante da sociedade, seria desancada como temerária. A inovação também impõe risco e possível fracasso, que não são facilmente aceitos no sistema de controle rígido do

Japão. Trata-se de um sistema que abomina o caos, recompensa a habilidade organizacional criativa, mas, historicamente, tem considerado o fracasso um sinal de inferioridade cultural e de caráter.

Os políticos, na verdade, são pouco complacentes. Alguns anos atrás, sinais de reforma estrutural no Japão excitaram a comunidade financeira internacional. Especialistas de grupos catalisadores de ideias (*think tanks*) e de outras instituições japonesas suscitaram a perspectiva de que isso poderia ser o início de uma revolução na produtividade — alimentada, em parte, pelo brotar do crescimento empreendedor, com parte dele dentro de subsidiárias de grandes empresas. Mas, segundo o analista Richard Katz descreveu o resultado, "a reforma carecia de massa crítica e logo a fadiga da reforma se estabeleceu".

E, isso, no longo prazo, é uma má notícia para o processo de globalização. Sem maior empreendedorismo e reformas econômicas mais profundas, é improvável que a economia japonesa possa se recuperar totalmente. Sem uma recuperação plena japonesa, o sistema financeiro global continuará a ter acesso ao capital japonês, mas ao custo de desequilíbrios globais sempre persistindo. Esses desequilíbrios manterão todo o sistema global como um castelo de cartas. Afinal, como os políticos do mundo industrializado podem pressionar fortemente a China para alimentar seu consumo doméstico e deixar de confiar tanto nas exportações, quando o Japão, um membro de muito tempo da comunidade política do G-7, aplica amplamente a mesma combinação de política?

Para que tudo isso não pareça muito negativo, deixe-me tornar claro que, de modo diferente das recuperações natimortas de 1995-1996 e de 1999-2000, por um período a recuperação atual japonesa alcançou algum sucesso modesto. Mas isso porque o restante do mundo estava em forte expansão. Grandes empresas japonesas obtiveram lucro nas atividades de investimentos no exterior e nas exportações, uma situação que está mudando à medida que a economia global desacelera e o iene se fortalece enquanto o capital está sendo repatriado para o Japão após a crise de crédito relacionada às subprime.

Para a economia de forma mais ampla, a situação está enfraquecendo rapidamente. O sistema econômico subconsumista, sensivelmente dependente de exportação, estaria, de forma acentuada, vulnerável no evento do rompimento da bolha asiática. Dados recentes sugerem que a economia japonesa está apresentando tendência de queda, já que mesmo o saudável setor exportador se encontra bastante pressionado pelo fortalecimento do iene.

Certamente as autoridades do Ministério da Fazenda e do Banco Central do Japão estão bem conscientes de que suas políticas econômicas estão fora de equilíbrio. A política monetária necessita ser ajustada com urgência, com taxas de juros elevadas. Mas, por várias razões, colocar o navio no novo rumo se mostrou quase impossível. Além disso, o comércio internacional tem crescido ao dobro do ritmo do referente ao PIB global. Portanto, os políticos precisam encontrar um caminho que amplie o consumo doméstico sem fazer nada que prejudique o setor exportador de grandes corporações renomadas, que têm tido desempenho brilhante.

Além disso, muitos estrategistas de Tóquio, no fundo de suas mentes, também imaginam se o motivo para o restante da economia ter consistentemente apresentado desempenho fraco está relacionado menos à necessidade de mudanças políticas do que a fatores psicológicos e estruturais arraigados decorrentes do rápido envelhecimento da sociedade japonesa e da crescente aversão ao risco. O tempo dirá se semelhante aversão ao risco será desenvolvida nos Estados Unidos e na Europa. Isso pode acontecer, especialmente se a Crise de Crédito de 2007-2008 se metamorfosear em uma versão ampliada no estilo japonês de uma debacle importante com relação a empréstimos não honrados entre várias instituições financeiras do Ocidente.

Considerando tudo isso, o Japão representa uma lição objetiva crucial para os Estados Unidos por outro motivo bem mais importante: a experiência dos japoneses em décadas recentes demonstra, em termos vigorosos, as armadilhas de uma economia sobrecarregada com dívidas excessivas. O peso das dívidas pública e privada do Japão, como observado anteriormente, resultou da montanha de dívida do governo japonês comprada durante os anos 1990, era de dinheiro barato, quando as taxas de juros foram mantidas em níveis muito reduzidos para compensar o fortalecimento do iene no final dos anos 1980. Até os anos 1990, o Japão também entrou em uma política do tipo defensiva. Os políticos aprovaram orçamentos com gastos enormes com fins políticos, contemplando despesas maciças em estradas e pontes nas amplas províncias rurais de liderança do Partido Democrata Liberal. Esses gastos, no entanto, simplesmente mantiveram a economia flutuando. Enquanto isso, parecia que toda instituição estava carregada de dívidas do governo.

Em capítulo anterior, observei como alarmistas, incluindo o investidor Warren Buffett, haviam exagerado em seus cenários de desastre no que diz respeito à economia dos EUA, oprimida por dívidas, e ao dólar. Eles subestimaram a capacidade do sistema norte-americano para importar capital. O Japão é o outro lado desse argumento. O Japão prova que há limites para o volume de dívida que uma economia pode carregar com êxito. E os políticos norte-americanos devem prestar atenção à medida que a economia dos EUA nas próximas décadas se depare com um pesadelo de dívidas autorizadas, com os *baby boomers** se acumulando em aposentadorias e sobrecarregando a Previdência Social e o sistema de Seguro Médico** (esse último é o verdadeiro desafio para os políticos — um dreno de dívidas que pode quebrar a banca).

As montanhas de dívidas do Japão se tornaram o verdadeiro obstáculo para alcançar um sistema econômico reequilibrado, mais saudável e com melhor desempenho. As autoridades monetárias sabem que o atual ambiente de taxas de juros absurdamente baixas representa uma distorção perigosa para o sistema japonês. No entanto, aumentar as taxas para refletir as taxas nominais do restante do mundo industrializado será difícil.

---

*Baby boomers: pessoas que nasceram numa fase de alta taxa de natalidade, especialmente a geração nascida nos EUA no final dos anos 1940 e início dos anos 1950. (N. do T.)
**Medicare: sistema de seguro médico para pessoas acima de 65 anos e patrocinado pelo governo. (N. do T.)

A razão, naturalmente, é o pequeno segredo sujo do Japão — sua montanha de dívida escondida colocou a economia em uma camisa de força política. Dê uma olhada em virtualmente todas as instituições no Japão, públicas ou privadas. Elas todas estão abarrotadas de dívidas do governo de longo prazo (chamadas JGB, ou Japanese Government Bonds, o equivalente às dívidas do Tesouro dos EUA de dez anos). Esse é o dilema do Japão. Se o governo eleva a taxa de juros muito rapidamente e com muita intensidade para melhorar o retorno do poupador médio, o Japão teria repentinamente em suas mãos uma crise no mercado de títulos públicos (porque aumentar a taxa de juros reduz o preço dos títulos).

Esta é a situação difícil do Japão. Uma crise no mercado de títulos deformaria a engrenagem de toda a economia japonesa, forçando cada instituição a registrar o valor bem reduzido dos títulos mantidos como garantia, decorrentes da era de dinheiro barato. O valor do Japão, Inc., despencaria como uma onda de maré revertida. Isso traria problemas financeiros sérios, não somente para o Japão, mas também para o mundo. As taxas de juros pelo mundo subiriam acentuadamente, o que também ocorreria com a perda de empregos. Como o Japão se tornou uma das maiores fontes de financiamento do mundo, todo o mercado global de bônus e a economia mundial iriam sofrer.

Isso pode soar exagerado, mas não é. Por incrível que pareça, o nível atual dos JGB do Japão, como percentual do PIB, realmente excede o nível da dívida de longo prazo do governo mantida em 1944. Durante esse ano, a Segunda Guerra Mundial ainda era violenta e o desesperado governo japonês aumentou os gastos militares para o maior valor de todos. Hoje, a dívida está acumulada em toda parte, em virtualmente todas as instituições.

Entretanto, por mais estranho que isso pareça, alguns analistas de Tóquio acreditam que o Japão necessita desesperadamente permitir que suas taxas de juros de longo prazo aumentem independentemente do risco do sistema financeiro. Hoje, as taxas de longo prazo são mantidas baixas porque o Banco do Japão intervém, de forma contínua, no mercado financeiro comprando títulos de longo prazo do governo, para manter baixo o rendimento desses títulos. Essa prática de sustentar o mercado de títulos JGB também mantém o iene artificialmente fraco. Se o Banco Central simplesmente cortasse essas compras, segundo a teoria, dois resultados seriam possíveis: (1) Os rendimentos desses títulos (taxas de juros de longo prazo) subiriam (produzindo o que os economistas chamam de aumento da inclinação (*steepening*) da curva de rendimentos, o que significa que as taxas de longo prazo se tornaram bem mais elevadas que as de curto prazo). Essa é uma condição que, historicamente, tende a produzir um aumento significativo nos empréstimos. (2) O aumento no rendimento dos bônus pode encorajar os poupadores japoneses a comprar esses títulos de longo prazo (saindo de investimentos de curto prazo, que atualmente não pagam quase nada). O resultado, muitos especialistas sugerem, seria o aumento drástico do consumo. A questão, portanto, não é simplesmente se o Banco do Japão aumenta as taxas de juros; a questão é se o Banco Central tem permissão de deixar de comprimir artificialmente as taxas de juros. Este, então, é o dilema central da política do Japão. Trata-se de um debate que provavelmente dominará as eleições gerais de 2009. Mudar é arriscado, mas manter as políticas do *status quo* também o é.

As implicações do problema da dívida elevada do Japão são significativas para os Estados Unidos. Até agora, a economia norte-americana tem carregado com êxito sua dívida por conta de sua capacidade de atrair capital global — isto porque é segura, já que o sistema financeiro moderno tem permanecido intocado pelo Congresso, e porque os torpedos decorrentes dos gastos de aposentadoria e médicos com a geração *baby boomers* ainda estão por vir. Mas os torpedos estão chegando, rápida e inexoravelmente em direção aos EUA e a outras economias industrializadas.

Em algum lugar, em algum momento, provavelmente mais cedo do que esperamos, haverá limites para o nível de dívida que uma economia poderá carregar. A dívida cria distorções. Ela limita a eficácia dos banqueiros centrais em recuperar a economia e pode torná-los impotentes. E, quando os políticos, com a melhor das intenções, obstruem tolamente o funcionamento do sistema financeiro, a dívida pode tornar-se ainda mais mortal.

Para aqueles céticos que duvidam de que a dívida excessiva pode paralisar uma estrutura de política econômica, limitando severamente sua capacidade de enfrentar o problema e se ajustar, olhe para o que aconteceu com o Japão. Para os norte-americanos, o Japão é o que os Estados Unidos podem tornar-se facilmente se os políticos dos EUA não forem cuidadosos. Para o Japão, esta década de desapontamento não ocorreu em um vácuo; ela resultou de sérios erros crassos, agora históricos, em que os políticos superestimaram sua capacidade de entender e de influenciar os mercados financeiros. Minha preocupação é que os políticos em outros locais no mundo atual parecem estar exibindo a mesma falta de entendimento e de previsão em relação aos perigos correntes de um sistema financeiro global bem maior e bem mais complexo do que era nos anos 1990, quando os políticos de Tóquio cometeram seus erros.

CAPÍTULO 6

Nada permanece o mesmo: a crise da libra em 1992

Procure a palavra mudança no *Google* e a lista de citações ao longo da história será impressionante. Benjamin Disraeli declarou: "A mudança é inevitável; a mudança é constante." Heráclitus pronunciou: "Não há nada permanente, exceto a mudança." Winston Churchill sugeriu: "Melhorar é mudar; ser perfeito é mudar com frequência." E Alvin Tofler, o escritor da cultura pop, adicionou: "Mudar não é meramente necessário à vida — é a vida."

A obsessão universal por mudanças levanta a seguinte questão: Se a mudança é tão essencial à experiência humana, como nós, como uma sociedade, nunca a vemos chegando?

Se, por exemplo, no início de 2007, alguém tivesse escrito um livro sugerindo que os bancos norte-americanos haviam escondido o risco das hipotecas em uma série de veículos dúbios e fora dos balanços, os revisores teriam alegado, em uníssono, que uma série de erros de impressão haviam ocorrido. O autor, obviamente, queria dizer que o setor bancário *do Japão* estava escondendo risco.

Se o mesmo livro sugerisse que somente um volume inicial de US$200 bilhões de hipotecas subprime em uma economia mundial de centenas de *trilhões* de dólares quase derrubaria os mercados financeiros globais, a hipótese seria que tal livro pertenceria ao departamento de ficção.

Se o livro tivesse apresentado a imagem dos executivos do Citibank, como resultado dessa tempestade financeira, sendo forçados, com uma caneca na mão, a vagar pelo mundo implorando pela assistência de fundos soberanos de riqueza, o manuscrito teria sido rotulado como parecido demais com os romances de Tom Clancy.

Para a maior parte de nós, o *status quo*, não a mudança, domina nosso pensamento. O *status quo*, nós pensamos, não é parte da vida; é a vida. Nós assumimos que o que é, será.

No pensamento da maioria das pessoas, por exemplo, o sistema de transações globais de bens e serviços, embora perenemente em complicações, sempre sobreviverá. Os Estados Unidos continuarão para sempre como o poder econômico dominante no mundo. A China servirá somente como uma influência positiva para a prosperidade da economia global. Os bancos centrais, nesta nova era de produtividade global ampliada, domarão a inflação e a deflação para sempre. Os investidores globais e os operadores permanecerão otimistas para sempre. Nossas instituições e liberdades durarão para sempre, e nossos ativos financeiros serão seguros para sempre. Permaneceremos prósperos principalmente porque as instituições econômicas e os arranjos institucionais nos quais confiamos nunca irão, nós acreditamos, mudar. O ruído da máquina de riqueza global permanecerá para sempre constante.

Neste capítulo, demonstro o que acontece quando os políticos e os executivos assumem hipóteses erradas. Como Isaac Asimov (novamente de volta para o Google) disse: "É a mudança, a contínua mudança, a inevitável mudança, o fator dominante na sociedade." Eu realmente prefiro a frase de um desconhecido chamado John A. Simone no contexto do ambiente econômico atual. Simone disse: "Se você está em boa situação, não se preocupe, ela mudará."

A história que vou lhes contar neste capítulo é sobre uma crise monetária europeia que ocorreu em 1992. É um conto de ego, intransigência e cegueira. A história serve como lembrança de que, por mais que nos agarremos firmemente à certeza do *status quo*, a mudança — frequentemente mudança desagradável — é inevitável. Esse é o caso da política econômica quando o julgamento humano entra em cena e o poder dos mercados financeiros é grosseiramente subestimado. Os responsáveis pelas políticas, em especial, nunca veem os erros em suas ações, ou em períodos de inação, até que as forças brutais da mudança chegam caindo sobre eles e fazendo cobranças inexoráveis.

Cada agente ativo e sério no mundo financeiro sabe, em nível intelectual, que a economia global é uma estrutura instável e em constante mudança de forma. Mas, em sua mente, o sistema é amplamente vulnerável em um sentido abstrato. Eles veem mudanças no *status quo* como uma ameaça distante, não como algo imediato. Assim, eles agem como se a economia e os arranjos institucionais atuais fossem permanecer intactos por ora.

Como a história mostra, essa cegueira à realidade de um mundo em mudança pode ser muito perigosa. Nesse caso, o resultado foi o brutal colapso da libra inglesa, o que explica por que os britânicos ainda usam a própria moeda, a libra esterlina, e não o euro. Os eventos que ocorreram no outono de 1992 foram totalmente imprevistos, embora tenham remodelado o mundo monetário europeu e representado um fenômeno que continua a impactar as economias globais.

Esse episódio, aparentemente limitado, de fato redefiniu a relação entre o mundo político e os mercados financeiros globais. O incidente, no qual eu me encontro em uma posição única como observador próximo, marcou o início do poder de uma pessoa que se arrisca no mercado financeiro global alavancado. E, com a situação atual de nosso sistema financeiro e do comércio liberalizados, poucos pensavam que uma mudança abrupta de tamanha magnitude fosse sequer possível. Em 1992, poucos podiam imaginar que os mercados financeiros, então muito menores e mais sob a influência dos políticos, seriam capazes de pegar todo o sistema monetário europeu, virá-lo do avesso, e sacudi-lo violentamente para forçar uma mudança inesperada. Mas foi exatamente isso que aconteceu. Poderia uma convulsão destrutiva semelhante, ou uma de ainda maior magnitude, ocorrer com o atual sistema financeiro global? Não estou prevendo quando ou onde, mas você pode estar certo de que um cenário de mudança abrupta é uma possibilidade real.

Para entender completamente a história que vou contar sobre a explosão da moeda do Reino Unido, deixe-me antes dizer algo sobre o arranjo da economia europeia de forma ampla.

Para entender a economia da Europa, passado, presente e futuro, olhe para a Alemanha. Ela constitui um terço da economia da zona do euro. Durante uma década, após a unificação em outubro de 1990 da Alemanha Ocidental com a Alemanha Oriental, a nova e unificada economia, a Alemanha, tornou-se o doente da Europa enquanto lutava com os enormes custos e outros problemas associados à unificação. No entanto, nos anos recentes, a economia alemã conseguiu realizar uma mudança impressionante. Boa parte do sucesso decorreu da capacidade da economia para exportar. De fato, a "máquina" de exportação se tornou a única de desempenho confiável na Alemanha.

Essa recuperação econômica poderia ter sido bem mais robusta salvo pelo fato de que a Alemanha não é o local ideal para começar ou potencializar uma atividade. Por exemplo, se um empregador está modernizando e reestruturando uma empresa alemã globalmente não competitiva, e descobre que dois empregados têm a mesma função, ele levará cinco anos pagando salários para remover o trabalhador excedente.

Por isso a taxa de desemprego na Alemanha é quase duas vezes a dos Estados Unidos. Em outras partes da Europa Ocidental, a situação de desemprego é pior. A maioria dos novos empregos advém de novos pequenos negócios — que não estão em expansão rápida em larga escala — nas grandes economias europeias estabelecidas. Isso se deve às leis trabalhistas altamente contraprodutivas e ao excesso de regulamentações nas economias. Por que alguém desejaria abrir uma nova empresa nesse ambiente, quando, em outras jurisdições, algumas ao lado na Europa Oriental, oferecem bem mais flexibilidade?

Não porque os líderes políticos alemães não estejam cônscios da situação. Eles entendem que a Europa teria benefícios enormes ao competir na nova economia mundial. Eles entendem a importância de uma economia empreendedora flexível, mais eficiente e com leis trabalhistas menos restritivas. Eles simplesmente não podem concentrar consenso político suficiente para modificar o sistema. O melhor que eles podem fazer são remendos modestos que envolvem, em alguns casos, a suspensão temporária de algumas das leis trabalhistas mais restritivas. No início de suas atividades como chanceler da Alemanha, Ângela Merkel sugeriu, em seus discursos, algumas reformas econômicas impressionantes, mas quase todas ficaram pelo caminho.

O clima trabalhista não convidativo foi vivamente ilustrado para mim em uma viagem de negócios que fiz para Roma no início dos anos 1990. Eu estava no hotel Hassler, próximo ao famoso Spanish Steps.* O Hassler é popular entre os ocidentais porque seu restaurante no topo do hotel oferece uma vista espetacular da cidade. Sentindo um pouco de fadiga, tudo o que eu queria naquela primeira manhã era tomar café da manhã. Após três dias de café composto de pãezinhos e massas em Frankfurt, eu estava pronto para um verdadeiro café da manhã norte-americano, composto de bacon e ovos. Eu me encaminhei para o café no topo do hotel Hassler.

Quando cheguei, o recepcionista do restaurante me encaminhou para uma mesa interna, afastada da vista. Eu, polidamente, fiz objeção e sugeri uma mesa do lado de fora, já que o tempo naquele dia estava perfeito. "Não é possível!", o anfitrião disse, de modo bastante áspero.

Quando me sentei e olhei o menu, localizei rapidamente o que queria. O café veio imediatamente — era espesso, escuro e forte. Acenei para o garçom, mas percebi seu uniforme somente meio abotoado, como se ele tivesse corrido, já atrasado para o trabalho. "Eu queria bacon e ovos", eu disse. E acrescentei: "A propósito, você se

---

*Spanish Steps: Os 138 degraus da escadaria que ligam a igreja da Trindade dos Montes à famosa praça com a fonte de Bernini Barcaccia. (N. do T.)

importaria se eu mudasse para o lado de fora por causa da vista? A maioria das mesas está vazia."

O garçom enrijeceu e, então, ficou ereto como o general italiano cômico no filme *Casablanca*, peito estufado, como se estivesse prestes a saudar. "Senhor", ele começou, "o senhor *não* pode sentar-se do lado de fora, e certamente não pode pedir ovos fritos e bacon. Um ovo cozido e talvez alguma carne fatiada seja possível, mas bacon e ovos está fora de questão."

Comecei a sentir certo aborrecimento. Então, vi algo ainda mais problemático. Menos de seis metros distante, um casal estava sentado bebendo café com clara evidência de que haviam recebido exatamente o que eu tinha pedido. Ainda mais aborrecido, chamei tanto o garçom quanto o recepcionista. "O que está havendo?", protestei, tentando não fazer muito o tipo norte-americano mal-humorado. "Não tem ovos, nem bacon, nem vista do lado de fora? E o casal lá adiante..."

O anfitrião interrompeu abruptamente de um modo que me mostrou, com um jeito engraçado, muito sobre a natureza excêntrica naquele momento a respeito do ambiente trabalhista tradicional europeu e das leis trabalhistas. Ele começou: "Oh, sim, nós servimos ovos e bacon para *eles*. Mas isso foi há 40 minutos. Desde então, estamos em greve. Isso significa somente ovos cozidos; ovos fritos, não. Vista externa também não, somente a interna." Eu respondi: "Bem, e um mingau de aveia quente?" O recepcionista, parecendo desconcertado, respondeu: "Ummm, eu não sei. Tenho de fazer uma chamada." Eu não o vi novamente.

Certamente, os atuais mercados de trabalho da Europa se tornaram um tanto mais flexíveis, e os europeus, durante a maior parte dos anos 2000, começaram a alcançar níveis de crescimento levemente mais elevados. Mas esse fato ilustra o poder que a mão de obra europeia desfrutou historicamente e sua capacidade para interromper atividades a qualquer momento. Embora essa história represente uma situação exagerada, leis trabalhistas inflexíveis e outras restrições sobre os negócios têm sido um sério atraso na expansão econômica.

Entretanto, nos anos recentes, a Alemanha tem sido, de longe, a maior surpresa no crescimento econômico. Apesar do impasse político nos planos de reforma econômica do governo Merkel, a economia alemã começou a despontar à frente do grupo europeu. E como essa mudança relativa ocorreu? Por mais difícil que seja para a comunidade oficial admitir, os fundos de hedge globais, as empresas de private equity e os bancos de investimento globais, discutidos no Capítulo 3, sem alarde empurraram adiante o processo de reestruturação do setor privado.

Axel Weber — o distinto acadêmico alemão, e agora presidente do Bundesbank — descreveu com uma honestidade sem cerimônia como, nos últimos poucos anos, a economia alemã começou a ser reestruturada. Ele admite que, inicialmente, nem o governo nem o Banco Central estavam plenamente cônscios do que estava acontecendo.

O que houve foi uma explosão de fusões e aquisições de empresas grandes e de porte médio. Hoje, mais de 50% das ações alemãs pertencem a estrangeiros. Os bancos de investimentos globais e outras instituições financeiras estrangeiras — desconhecidas para o governo — começaram, então, a demandar a reestruturação e a reforma das empresas alemãs. Como resultado, a reestruturação corporativa interna de muitas empresas alemãs inchadas ocorreu bem mais rapidamente que o previsto. Acionistas internacionais exigiram mais produtividade, e a máquina de exportação alemã se tornou ainda mais uma fonte de influência global. No processo, até mesmo o sistema financeiro alemão começou a ser transformado de um sistema baseado em bancos grandes para um sistema mais parecido com o de mercado de capitais. Isso gerou melhores taxas de retorno e aumento abrupto nos gastos com investimentos.

A Alemanha, o doente da Europa nos anos 1990, se recuperou. As empresas alemãs puderam contratar trabalhadores disponíveis da categoria não sindicalizada, portanto não cobertos pelas regulamentações trabalhistas onerosas. Os custos reais por unidade de trabalho decresceram, enquanto a produtividade aumentou modestamente. No processo, a Alemanha fortaleceu sua posição de competitividade internacional.

A economia foi ajudada ainda pela demanda global excitada, particularmente da Ásia, dos produtos de dois importantes setores exportadores da Alemanha — automóveis de luxo e instrumentos e máquinas de precisão. Se a desaceleração global afetará seriamente as exportações alemãs, isso ainda é algo a confirmar.

O sucesso recente da Alemanha pôs o restante da Europa em posição de desvantagem. Enquanto a Alemanha continuou a se tornar mais competitiva em termos globais, os outros países europeus correram o risco de ficar para trás. A Alemanha, por exemplo, é o maior parceiro comercial da Itália. No entanto, a Itália, ano após ano, fica perigosamente para trás na escala de competitividade. Essas diferenças competitivas são os pontos cruciais da história que vou contar sobre a queda da moeda britânica e do abalo brutal do sistema cambial europeu.

O fortalecimento contínuo do euro contribuiu para o problema que, em essência, pode ser resumido como segue — nem todas as economias europeias são desenvolvidas igualmente. A situação gerou debate dentro da comunidade econômica sobre se a restrição salarial na Alemanha e outras medidas para aumentar a produtividade estão matando a economia europeia ou salvando-a de ser posta de lado como globalmente irrelevante.

Ao longo da última década, os europeus fizeram um trabalho de mestre ao construir a credibilidade do Banco Central europeu. A união monetária e a integração da nova moeda, o euro, têm sido impressionantes. Alguns — mas dificilmente todos — especialistas em câmbio argumentam que o euro dentro de uma década pode desafiar o dólar como a moeda líder ou a reserva mundial. Mas os representantes europeus continuarão a enfrentar um problema inegável: por conta da diferença em competitividade entre várias economias, sérias tensões econômicas permanecerão. Por exemplo, algumas economias europeias (como a da Alemanha) podem tolerar um euro forte; outras (a Itália, por exemplo) consideram a moeda forte um enorme impedimento, equivalente a quase uma sentença de morte da economia global. Como a economia da Alemanha continua a melhorar sua competitividade em relação à da Itália, os investimentos do mercado financeiro global continuam a se fixar mais na melhoria futura da economia alemã do que na italiana.

Afinal, a Alemanha compete com êxito globalmente, no mesmo nível que o Japão nos setores de automóveis de luxo, equipamentos de precisão e outros produtos industriais acentuadamente sofisticados. Por toda a parte na Ásia, os automóveis de luxo Mercedes e BMW são onipresentes. O mesmo vale para as ferramentas de máquinas e equipamentos de precisão alemães. Em contraste, muitos outros países europeus, tais como a Itália, exportam itens de consumo relativamente simples e fáceis de duplicar. Esses itens são forçados a competir no mercado global com exportações do restante da Ásia. Os bens de consumo de luxo e com marcas famosas tais como Gucci e Ferragamo estão naturalmente sob forte demanda global, mas competir contra os países asiáticos nos mercados de bens de consumo não exclusivos é algo extraordinariamente difícil, particularmente com a moeda europeia sempre se fortalecendo.

A noção de a Alemanha — essa poderosa entidade — dominar a economia europeia e o cenário financeiro quase não é novidade. Por décadas, desde os anos 1970, os alemães, suportados pela enorme credibilidade de seu Banco Central, o Bundesbank, têm controlado as taxas de juros europeias, com frequência para a aflição do restante da Europa. De fato, alguns analistas argumentam que a ascensão da união monetária e do euro no final dos anos 1990 foi uma tentativa direta dos outros países da Europa para remover parte da influência política da Alemanha.

Esse poderoso papel da Alemanha estava na mente dos políticos britânicos em 1992, logo antes do grande turbilhão cambial daquele período. O que transpirou no outono daquele ano foi um incidente notável que chocou o mundo. A Alemanha estava no centro do drama. Uma década após o início da liberalização dos mercados financeiros, o episódio marcou o começo de um declínio de poder dos bancos centrais do mundo. Em breve, a capacidade dos governos para administrar os mercados financeiros globais seria questionada. O perigoso oceano de capital — incluindo os alavancados fundos de hedge e outros tomadores de riscos sobre os quais falei anteriormente neste livro — estava pronto para confrontar face a face a minúscula e não consciente comunidade de bancos centrais europeus.

Os agentes nesse drama de 1992 incluíam o teimoso presidente do Banco Central alemão, um grupo de desafortunados representantes das finanças italianas e um grupo de representantes britânicos que não conseguiu enxergar cuidadosamente uma situação crucial para a sobrevivência de sua moeda. A sequência dos fatos é complexa, mas é importante entender por que ela ilumina o fato de que mudanças abruptas provocadas por forças financeiras poderosas com frequência surgem quando menos as esperamos. O mundo é bem menos certo do que pensamos.

Mas, inicialmente, gostaria de apresentar alguns fundamentos sobre como o mercado cambial funciona em geral. Em meados dos anos 1980, o sistema cambial mundial era chamado de sistema flutuante. Uma grande quantidade de operadores de mercado, apostando em algumas moedas, fazia os mercados mundiais de moedas flutuarem em amplas oscilações. O dólar dos EUA era, de longe, a moeda de maior influência. Para se contraporem a essa influência, os europeus, acreditando na força dos números, uniram suas moedas individuais em um acordo chamado Sistema Monetário Europeu, ou SME*. O pensamento europeu fazia sentido em algumas frentes. Integrar as moedas europeias (e, no final, as economias) tanto aumentaria a estabilidade monetária quanto reduziria a probabilidade de tensões econômicas que tipicamente contribuíram para as duas maiores guerras no século XX.

Para novatos no assunto, é difícil compreender a ideia de um sistema de moedas global. Aqui está uma metáfora útil. Pense no sistema financeiro mundial como uma piscina gigante. Na piscina, dentro da água estão as moedas globais na forma de bolas de borracha porosas que podem expandir-se ou contrair. De longe, a maior bola na piscina é o dólar dos EUA. A bola do dólar se expande ou se contrai com base na percepção

---

*Exchange Rate Mechanism, ou ERM. (*N. do T.*)

dos mercados globais de capitais quanto à eficácia das políticas econômicas norte-americanas, ao nível das taxas de juros, e à eficiência econômica geral. Na maioria dos casos, mas não todos, se a taxa de juros de um país é reduzida, a bola de borracha se contrai; se as taxas de juros são elevadas, a bola expande. Se a moeda se fortalece após um aumento da taxa de juros (a bola expande), isso ocorre, em geral, porque os mercados acreditam que haja menos ameaça de inflação. Quando a moeda enfraquece após um corte nas taxas de juros (a bola contrai), isso ocorre, geralmente, porque os mercados acreditam que a inflação se tornou um risco maior.

Nos anos 1970, as moedas europeias eram bolas relativamente pequenas na piscina, em especial se comparadas à grande bola dólar. Ter a bola muito maior deu à política dos EUA uma influência sutil, porém importante, dentro do sistema econômico internacional. Os europeus achavam essa influência incômoda. Para obter vantagem, os europeus conectaram suas moedas (bolas) menos influentes — chamando o sistema de SME. Ficou entendido que cada bola europeia individual continuaria a expandir e contrair, mas somente dentro de valores acordados (chamados de banda cambial).

Se os mercados de capital expandissem ou contraíssem uma bola em demasia (em relação aos valores-limites determinados pela banda cambial), os responsáveis pela política econômica tinham algumas opções para evitar que todo o arranjo cambial europeu se rompesse. Eles podiam "intervir" nos mercados comprando ou vendendo a moeda, o que teria o efeito de injetar ou extrair água para afetar o tamanho da bola. Eles também podiam aumentar ou diminuir as taxas de juros do país com a moeda em questão, afetando, desse modo, o tamanho da bola (moeda) ao aumentar ou reduzir a demanda por ela. Ou, como medida final, se tudo mais falhasse, os responsáveis pela política econômica podiam requerer um "realinhamento" da banda cambial. Na maioria dos casos, isso significaria que o país em realinhamento aceitaria que sua bola, relativamente às outras bolas de moedas europeias, seria reduzida em tamanho de modo permanente. Os bens e serviços desse país poderiam, então, tornar-se mais competitivos no comércio com outros países europeus, mas com risco de maior inflação, porque moedas mais fracas aumentam o preço dos importados.

O Sistema Monetário Europeu, ou SME, foi estabelecido para permitir flexibilidade. Esses realinhamentos iniciados pelos governos tinham o objetivo de servir como válvulas de alívio para as pressões de mercado. Eles permitiriam a uma economia um pouco de ar na competição internacional acirrada. O novo sistema atual completamente unificado não dispõe dessa válvula de escape.

Na teoria, após um realinhamento, a nova moeda mais fraca permitiria, como já dito, que os bens e serviços da economia sob desvalorização competissem com mais eficácia com os outros membros do sistema europeu. É aqui que entra a Itália. Por causa de sua economia relativamente ineficiente, a comunidade política da Itália tentava regularmente impulsionar sua competitividade no comércio negociando realinhamentos com seus parceiros comerciais. Os realinhamentos da Itália eram comuns e vistos, de certo modo, como piada no sistema internacional. Eles representavam um sinal regular de deficiência econômica.

Em contraste, a moeda alemã, o marco alemão, ou DM, tradicionalmente se colocava no topo (mais forte) da banda do SME. O DM era a maior bola na piscina, em parte por causa da forte economia alemã, mas principalmente porque o Banco Central da Alemanha, o Bundesbank, era o mais confiável pelo mercado por sua credibilidade, independência e força anti-inflacionária. Por outro lado, a fraca lira italiana, sustentada por um governo e um Banco Central de baixa credibilidade, sempre ficava no — ou próxima do — fundo. Sua bola era comparativamente mínima.

Em 1992, o fato de que a moeda alemã dominava a coleção de moedas conectadas sob o SME criara inveja considerável na Europa. Os políticos não alemães se ressentiam em particular do poder e da influência do Banco Central alemão. Muitos europeus acreditavam que o Bundesbank era, de fato, uma força repressora sobre a política de taxas de juros europeia (mantendo taxas muito elevadas para combater a inflação). Os outros europeus não podiam cortar suas taxas de juros sem correr o risco de ter suas moedas ainda mais desvalorizadas em relação à moeda alemã. Essa redução de juros poria em risco os mercados financeiros, forçando o país que cortou sua taxa de juros (a menos que a Alemanha também cortasse suas taxas de juros) a um realinhamento humilhante. Essas tensões, ocultas sob a superfície, permaneceram não resolvidas.

Eu estava profundamente consciente dessa situação quando me preparei para uma viagem de negócios em 1992, a fim de discutir o cenário macroeconômico com representantes de governos e economistas de todas as várias capitais europeias. Quando meu parceiro de negócios, Manley Jonhson, e eu caminhávamos para o Bundesbank em Frankfurt, em 11 de setembro, minha esposa estava a menos de um mês de dar à luz nosso terceiro filho. Eu estava nervoso por estar tão distante de Washington. Descobri que os alemães também estavam nervosos, embora por razões totalmente distintas.

O Reino Unido, a Itália, a Espanha e Portugal estavam todos sofrendo fortes pressões competitivas dentro do sistema monetário europeu, criando motivos para realinhamento. A lira italiana, contudo, estava com os maiores problemas. Para complicar a situação, havia o conhecido Tratado de Maastricht para unificar a Europa sob uma única moeda, que seria votado na França em 20 de setembro, menos de duas semanas mais tarde. O apoio para o plano de unificação de Maastricht era completamente incerto; a Dinamarca já votara contra. Imaginava-se que, se a França também votasse contra, o já frágil arranjo monetário europeu (SME) poderia ser desmontado. Esse desmonte poderia eliminar qualquer chance de uma união monetária mais ampla, sob uma única moeda, na Europa, e, no curto prazo, criaria considerável incerteza financeira. Eu fui para a Europa esperando uma série de conversas polidas sobre o cenário macroeconômico. Em vez disso, eu me vi no meio de um tornado econômico e financeiro de proporções históricas.

Os alemães haviam elevado as taxas de juros somente dois meses antes, como uma política de segurança contra a inflação futura. Agora, por causa dessa pressão no mercado financeiro contra a lira, a libra e outras moedas, eles estavam repentinamente sendo instados, em especial pelos britânicos, a reverter sua direção e cortar as taxas. Os britânicos queriam que os alemães cortassem suas taxas de juros de curto prazo para ajudar a aliviar as pressões cambiais dentro do SME. Se a taxa fosse reduzida, esperava-se que o marco alemão enfraquecesse — sua bola se contraísse — em relação às outras moedas europeias, e a relação das moedas no SME poderia retornar ao normal.

Ocorre que vários grandes operadores do mercado financeiro já tinham ficado céticos com relação à moeda britânica. O investidor George Soros, seguindo o conselho estratégico de seu operador-chefe, Stan Druckenmiller, havia tomado calmamente uma posição no mercado um mês antes (vendendo 1,5 bilhão de libras a descoberto). Em essência, eles estavam apostando que os representantes do governo em Londres não estavam entendendo o problema. A política monetária britânica não poderia igualar-se à credibilidade da política monetária alemã. Mais do que isso: a libra britânica dentro do SME estava com valor muito elevado em relação à moeda alemã. Soros e Druckenmiller estavam apostando que os britânicos acabariam sendo forçados pelos céticos mercados financeiros a realinhar a libra — isto é, a desvalorizar sua moeda (reduzir o tamanho de sua bola). Mas essa era somente uma aposta isolada.

Ainda assim, mesmo nesse momento precoce, falava-se amplamente nos círculos internacionais que operadores agressivos estavam observando os políticos europeus de forma atenta, posicionados para captar os menores passos em falso e tomar posição no mercado para ganhar com esses passos errados. Além disso, esses operadores podiam usar enormes quantias para alavancar posições (tomando empréstimos para investimentos), a fim de ampliar o potencial de suas ações.

O Bundesbank era presidido por Helmut Schlesinger, um técnico de política monetária sem humor que trabalhara nessa área durante anos como adjunto do Banco Central. Schlesinger era direto, quase sem personalidade, e religiosamente devotado aos princípios conservadores de longo tempo do Bundesbank, em um ambiente em que muitos outros agiam de forma política. Ele também via os fatos principalmente como preto ou branco.

Schlesinger detestava os britânicos por usarem sua posição de membros no SME de modo tático, tentando exercer controle sobre os eventos financeiros e cambiais europeus. Ele imaginava que os britânicos estavam simplesmente tentando manipular o sistema cambial contra a Alemanha com pouco compromisso com a integração monetária europeia mais ampla. Alguns anos antes, sem negociar com o restante da Europa a respeito do nível de cotação cambial de entrada, o Reino Unido simplesmente anunciou que iria se unir ao SME. Após ter optado originalmente por ficar de fora, os britânicos decidiram se unir, à taxa, por eles escolhida, de 2,95 marcos alemães por libra. Os alemães sempre haviam questionado os termos da entrada britânica, acreditando que o ponto era irreal, muito elevado para a moeda britânica. Em outras palavras, eles perceberam que a bola britânica na entrada era grande demais. Esse julgamento se baseou na fraqueza dos fundamentos econômicos do Reino Unido. A inflação no Reino Unido era três vezes a da Alemanha, e as taxas de juros, no nível estonteante de 15%. Isso significava, de acordo com a visão alemã, que a moeda britânica sempre ficaria sob suspeita aos olhos dos operadores do mercado financeiro.

Ao ser conectada ao novo clube monetário — o SME —, a moeda britânica seria forçada a flutuar (a bola iria expandir ou contrair) dentro de uma faixa de somente 6%. Se a moeda flutuasse mais do que isso, o Banco Central do Reino Unido, o Banco da Inglaterra, seria forçado a realinhá-la ou a usar seu estoque de reservas para intervir no mercado. Isso significaria comprar a moeda britânica ou vender o marco alemão como um modo de estabilizar a primeira em relação ao segundo. A maioria dos políticos na época considerava improvável que os britânicos tivessem de fazer algum realinhamento, muito menos serem forçados a sair do sistema. Uma arma final de que os britânicos dispunham era elevar as taxas de juros de curto prazo para tentar impressionar os mercados financeiros, provando que eles também, como o Bundesbank, poderiam mostrar credibilidade em relação a combater a inflação. A esperança era que, ao elevar as taxas, a moeda que estava em queda estabilizasse.

Os alemães pensavam que os britânicos haviam escolhido a taxa de entrada errada e estavam ressentidos por não terem sido consultados a esse respeito. Agora, o Reino Unido estava desesperado por ajuda. O governo conservador britânico, particularmente cético sobre a União Europeia, havia imaginado que o ponto de entrada em 2,95 marcos alemães reduziria a influência da moeda da Alemanha dentro do SME. Esse foi um erro de cálculo significativo, que deixou a moeda britânica perigosamente sobrevalorizada na visão de muitos operadores do mercado de moedas.

Na segunda semana de setembro, a situação britânica deixara o presidente Schlesinger com contínuo mau humor. O rancor com relação aos britânicos era palpável. Nosso encontro em Frankfurt, em meio a esse drama, não foi com Schlesinger, mas sim com Otmar Issing, um membro do conselho de enorme influência do Bundesbank, economista-chefe, chefe de pesquisa e o confidente mais próximo de Schlesinger.

Pode-se imaginar por que importantes representantes de governo se encontraram com analistas de mercado e jornalistas de fora. A resposta é que os bancos centrais consideraram perigoso limitar as discussões às equipes internas e julgaram útil aferir os sentimentos do mercado e políticos internacionais. No caso dos alemães, eles também sentiram uma necessidade particular de apresentar seu caso para os mercados e para a imprensa norte-americana, corrigindo, com frequência, a percepção com viés negativo da política alemã oferecida pelo que chamavam constantemente de "turma de Londres" — um eufemismo para a imprensa financeira britânica.

Quando entramos no escritório de Issing, o executivo, normalmente vibrante e atlético, parecia pálido, com cabelo amarfanhado e costas inclinadas, como se tivesse ficado acordado durante a noite inteira. A reunião, originalmente programada para durar uma hora, tinha no último minuto sido reduzida para 20 minutos. Quando estávamos prontos para sentar, Issing, nervosamente, pediu para reordenar os assentos, de modo que pudesse sentar próximo ao telefone. "Estou esperando uma chamada urgente e posso ter de sair a qualquer instante", ele disse.

Durante semanas, eu previa que os italianos realinhariam sua moeda, cotando-a em níveis mais baixos do que as outras moedas europeias. Eu também estava razoavelmente convencido de que o Bundesbank, liderado por Schlesinger, não estava pronto para atender às demandas dos britânicos, no sentido de reduzir as taxas de juros na ausência de um realinhamento dos italianos. Reduzir as taxas sem o realinhamento seria algo equivalente a recompensar os italianos pelo mau comportamento em sua política econômica. Parecia possível, mas não provável que os britânicos se juntassem à chamada irmã frágil da Europa — a Itália — em um realinhamento para desvalorizar a libra. Os britânicos poderiam também optar por sair do sistema por completo, mas isso parecia absurdo no momento.

Muitos agentes de mercado acreditavam que o Reino Unido ainda tinha como última alternativa um aumento nas taxas de juros. Como uma arma para espantar os operadores de mercado que apostavam contra a libra esterlina, o aumento das taxas de juros, teoricamente, se ocorresse no momento adequado, teria potencial para aumentar a força da moeda de um país. Novos aumentos de taxas de juros, contudo, arriscariam empurrar a economia britânica para uma recessão. Se fosse criada pelos mercados financeiros a percepção de que a economia estava a ponto de enfraquecer, os operadores em toda a parte iriam derrubar a libra, levando-a a uma queda livre.

Algumas semanas antes do início desse drama, o ministro da Fazenda britânico, Norman Lamont, e o ministro da Fazenda francês, Michel Sapin, haviam feito declarações estranhas. Ambas implicavam que a Comunidade Europeia tinha decidido que nenhum realinhamento seria necessário. Isso era uma cortina de fumaça ridícula que me fez ficar ainda mais desconfiado. Algo estava acontecendo, pensei.

O chefe de um dos bancos centrais de Benelux estivera em Washington em torno desse período, dizendo a todos que ouvissem que "o realinhamento da Itália é quase uma decisão passada". O primeiro-ministro da Itália Giuliano Amato, durante anos uma figura importante no Brookings Institution em Washington, apresentou a um grupo de economistas em visita a Roma o próprio cenário: se o Tratado de Maastricht for aceito pelos franceses em 20 de setembro, a Itália realinhará ou desvalorizará em "5 a 7%". Se o tratado falhar, os mercados assumirão o controle e um realinhamento de 10% ou mais será inevitável. Minha pergunta foi se a Itália faria isso até o voto francês, e que efeito um realinhamento teria como um ponto crítico de instabilidade para o sistema monetário europeu de forma mais ampla.

Quando me sentei no escritório de Issing, seu nervosismo agudo era, no entanto, maior do que eu esperava. Por que deveria haver tamanha angústia em relação a uma desvalorização da Itália? Essas desvalorizações eram rotina. E ainda mais: os italianos, de certo modo, sob o ponto de vista econômico, eram considerados uma espécie de assunto de importância secundária, e nunca tomavam parte como membros principais do clube monetário europeu. Algo maior estava em jogo, mas ainda não estava claro que os britânicos se tornariam o ponto central.

Naquela manhã, 11 de setembro, Frankfurt estava plena de notícias na imprensa sobre como o primeiro-ministro John Major e o ministro Lamont haviam sido inábeis ao apresentar suas justificativas para uma redução da taxa de juros alemã na reunião entre os ministros da Fazenda e presidentes de Bancos Centrais europeus no fim de semana anterior em Bath. Os representantes não alemães presentes notaram que o ataque furioso e descontrolado contra o Bundesbank na reunião fora tão severo que Schlesinger, da Alemanha, quase saiu da sala. Lamont tinha requerido um corte no momento de 25 pontos-base na taxa de juros alemã, o que é acentuadamente incomum no protocolo do mundo dos bancos centrais. A demanda foi repetida mais três vezes. O ministro da Fazenda alemão, Theo Waigel, encorajou Schlesinger a ficar, mas isso não foi muito antes de Schlesinger ouvir o suficiente de todos os italianos. Eles requeriam que os alemães prometessem endossar e defender os alinhamentos no atual SME, incluindo a lira. Essa era uma proposição proibitivamente cara, que exigiria que os alemães comprassem bilhões de dólares em liras.

Sem surpresa, a reunião fez com que o Banco Central alemão — que desfrutava de uma longa e sólida história de resistir à influência externa — se opusesse a um corte de taxas de juros. E o ressentimento dos alemães em relação aos britânicos cresceu; o esforço para manipular o ambiente político do Bundesbank teve efeito oposto.

Complicando a situação ainda mais, o presidente do Bundesbank fez o que pensava ser uma declaração certamente não provocativa, alguns dias mais tarde, na reunião mensal dos bancos centrais dos países industrializados na Basileia, Suíça. Entretanto, as palavras de Schlesinger foram distorcidas em uma série de vazamentos na imprensa britânica, querendo dizer que a redução dos juros pelo Bundesbank "viria em breve".

No momento que cheguei a Frankfurt, a relação Reino Unido–Alemanha entrara em colapso. Ao reconhecerem essa perturbação, ou o que alguns chamavam de comédia de egos, os operadores dos mercados globais rapidamente começaram a se concentrar coletivamente na situação vulnerável dos britânicos, preparando-se para vender a moeda do Reino Unido a descoberto.

Para adicionar combustível ao fogo, um representante britânico anônimo, falando para o *Financial Times*, sugeriu que os representantes do Reino Unido, caso escolhessem, poderiam expandir a oferta de moeda alemã por conta própria, encorajando unilateralmente a intervenção maciça em toda a Europa. Esse detalhe técnico, aparentemente benigno, foi de fato uma ameaça. O representante do Bundesbank Gerd Häusler respondeu com uma política monetária equivalente a declarar uma guerra nuclear: "Este não é o momento para uma declaração de guerra", ele disse, "mas, certamente, o Bundesbank irá esterilizar [tornando amplamente ineficaz] toda a expansão. Se o Reino Unido quer jogar o jogo da intervenção, podemos cortar o número de operações de acordo de recompra [injeções diárias de liquidez] para zero. Se isso não funcionar, o Bundesbank pode até cortar cotas de descontos [limites de quanto os bancos centrais podem emprestar através da janela de desconto] se ele tiver de fazer isso!" Essa troca verbal foi considerada extremamente não usual no mundo dos bancos centrais.

De repente, todos os operadores de mercado no mundo repararam no que acontecia. Após ler o artigo no *Financial Times* e a resposta dos alemães, o operador de fundos de hedge Druckenmiller caminhou até a sala de seu chefe George Soros e declarou: "Esses caras [os britânicos e alemães] estão em guerra. Acabei de adicionar US$5 bilhões à posição vendida em libras." Soros respondeu: "Isso é ridículo! Se você realmente acredita no artigo do *FT*, aumente isso para US$10 bilhões."

A visão dos alemães sobre esses assuntos residia principalmente no aspecto econômico, não em personalidades. Se você limita as moedas em conjunto via um mecanismo como o SME, a convergência das políticas econômicas dos membros acaba se tornando essencial. A grande questão nos círculos europeus era a convergência em direção a quê? Para os alemães, não havia dúvidas de que a convergência tinha de ter como alvo o melhor desempenho econômico, a Alemanha. No entanto, a Itália, a França e os britânicos queriam como alvo o desempenho *médio* dos países participantes do SME. Sob a superfície, o restante da Europa apavorava-se com a ideia de ser ligado permanentemente às políticas inflexíveis do Bundesbank.

Enquanto eu estava sentado conversando com Issing, ouvi, de repente, o ruído alto, porém abafado, de um helicóptero. Então, o som das lâminas se tornou mais intenso. E mais intenso. Eu falava sobre os italianos, perguntando se eles, em sua recente intervenção, estariam trocando uma moeda boa por uma moeda ruim, para suportar a lira. "Se os italianos tivessem feito os ajustes orçamentários e realinhado sua moeda mais cedo", Issing observou, "a lira provavelmente estaria se valorizando, em vez de cair." Argumentei que a intervenção italiana (usando marcos alemães para comprar lira de modo a suportar a moeda italiana) parecia estar ficando terrivelmente cara, e os mercados esperavam que os italianos em breve ficassem sem dinheiro. As reservas do Banco Central da Itália, que estavam em US$75 bilhões não há muito tempo, agora, estariam em aproximadamente US$20 bilhões, de acordo com minhas estimativas — e ainda caindo rapidamente. Segundo minha visão, os italianos não conseguiriam resistir até 20 de setembro, o que poderia potencialmente desarranjar os esforços da unificação europeia e colocar o sistema monetário europeu como um todo sob forte tensão.

Foi nesse ponto que o barulho do helicóptero abafou completamente nossa conversa. Quase imediatamente, Issing fez uma rápida chamada telefônica. Contraindo-se nervosamente, ele ficou de pé e, educadamente, se desculpou, mas ressaltou que o encontro tinha de ser encerrado. Quando nos levantamos e olhamos pela janela, vimos a figura alta e corpulenta que somente poderia ser do chanceler alemão em pessoa, Helmut Kohl, deixando o helicóptero e entrando no prédio do Bundesbank em uma rara aparição.

Embora, talvez, os italianos e britânicos não tenham avaliado completamente os perigos adiante, os alemães estavam bem conscientes de que a situação era séria. Potencialmente, ambos, o arranjo do SME e a futura unificação da Europa em si, estariam em risco se o sistema monetário explodisse. Com surpreendente percepção, o governo de Kohl sabia que, nesta nova era de globalização, os mercados globais deveriam ser tratados com cautela resoluta. O novo e perigoso oceano de capital se moveria rapidamente e com força brutal no caso de erros crassos de políticas.

A ironia dessa disputa e agonia europeia é que ela chegou precisamente em um momento em que o próprio Bundesbank estava sutilmente sendo incitado por forças políticas e econômicas domésticas a sair da política restritiva em que estava. Cada observador profissional do Bundesbank podia ver essa pressão sutil emergindo. Isso levantou a seguinte questão: se outros notaram essa mudança sutil em funcionamento em Frankfurt, por que não o governo britânico? Por que, além disso, os britânicos estavam tão emocionalmente fixados na personalidade prussiana de Helmut Schlesinger? Por que o ministro da Fazenda Norman Lamont permitiu que se desenvolvesse a perigosa percepção quanto aos britânicos estarem, de certo modo, manipulando a política do Banco Central de outro país? Certamente um ressentimento de longo tempo em relação à Alemanha estava embutido na atitude habitual dos britânicos. Minha percepção era de que os alemães estavam cônscios desse ressentimento e não se sentiam confortáveis com a discórdia, enquanto a Europa estava contemplando uma unificação mais ampla.

Em um momento posterior desse drama, o sitiado presidente Schlesinger por pouco não prometeu a redução dos juros no caso de uma desvalorização da Itália. No entanto, o líder do Partido Democrático Livre da Alemanha, conde Otto Lambsdorff — ele mesmo um líder sofisticado em termos financeiros na política econômica alemã —, censurou o Bundesbank por parecer se submeter às demandas de um ministro da Fazenda estrangeiro. Lambsdorff chamou esse comportamento de "precedente perigoso". Muito pouco sobre a relação entre Alemanha e Reino Unido permaneceu arrumado.

Após essa notável visita a Frankfurt, viajamos a Paris, para encontros de mais ou menos um dia com vários operadores de mercado franceses e com Jean-Claude Trichet, então o chefe do Tesouro francês. Mais tarde, Trichet se tornaria presidente do Banco Central europeu. Esperávamos que ele pudesse esclarecer para nós essa confusão entre alemães e britânicos.

Como os alemães, Trichet, com frequência, se encontrava com analistas privados e jornalistas para explicar os méritos especiais da atual política e da economia. Durante a mais recente preparação para a unificação monetária europeia, por exemplo, Trichet, por meio de suas reuniões com analistas por trás dos bastidores, conseguiu convencer um mercado global cético de que a unificação se tornaria uma realidade com credibilidade.

Casualmente, encontrei Trichet pela primeira vez em Washington, D. C., durante minha primeira conferência econômica internacional. Ele chegou literalmente segurando as malas do adjunto da França no G-7 e chefe do gabinete de Miterrand, Jacques Attali. Observando Trichet sozinho de pé, enquanto o poderoso Attali arrumava a sala, perguntei a ele se gostaria de se unir a um grupo pequeno que eu estava formando para o jantar naquela noite. Ele aceitou. Tudo isso prova o velho adágio de que sempre é importante ser gentil com o sujeito que carrega as malas. Um dia ele pode ser o Mestre do Universo. Exatamente quando estávamos prontos para deixar Frankfurt, nosso encontro com Trichet no próximo dia em Paris foi cancelado.

No momento em que chegamos a Paris, naquele sábado pela manhã, o Banco da Itália, segundo meus cálculos, estava quase sem marcos alemães em suas reservas. O exército monetário italiano estava sem armas. Como resultado, os italianos seriam forçados a abrir linhas de troca com o Bundesbank, para tomar marcos alemães emprestados que eles venderiam no mercado para defender a lira. Essa seria uma proposição crescentemente dispendiosa e que, mais tarde, exigiria o pagamento de volta da quantia emprestada usando recursos do Tesouro italiano, já em déficit.

Manley Johnson e eu tínhamos decidido nos encontrar para beber algo no bar do Ritz, uma câmara pequena, coberta de veludo, e com pequenas mesas e cadeiras ainda menores, situada em um lado do lobby, a fim de esperar pelo encontro com o chefe de um grande banco francês. Quando nos sentamos, observei imediatamente a estrela do tênis, Boris Becker, sentado duas mesas adiante, envolvido em uma discussão feroz com seu agente. Mudamos para outra mesa, mas os gritos altos de Becker em alemão para seu companheiro de negócios se intensificaram. Nesse ponto, à parte do impasse que consistia em se deveríamos confrontar ou não o atleta ("Você vai primeiro", eu disse para Jonhson, apontando para o brigão, porém musculoso Becker), eu me debatia com duas questões.

Primeiro, se um realinhamento italiano desvalorizando a lira ocorresse nesse fim de semana (esses eventos frequentemente ocorrem nos fins de semana), ele seria tão pequeno a ponto de os mercados esperarem algum outro movimento após 20 de setembro? Eu sabia que os italianos estariam tentados a fazer um minirrealinhamento, acreditando que a França acabaria votando a favor do Tratado de Maastricht. Mas, se eles estivessem errados, os mercados provavelmente forçariam um segundo realinhamento, desvalorizando a lira em magnitude significativa. Isso adicionaria pressão ao sistema monetário europeu mais amplo.

Segundo, eu pensava se o mercado estava em um ponto crítico. Os alemães iriam, a despeito das percebidas tentativas britânicas de manipulação, ajustar as taxas o suficiente para estabilizar a situação, puxando a fraca lira e a libra da beira da queda? Não subestime o ego e o prestígio nacional — eu ficava me lembrando —, mas eu estava também consciente de que pressões domésticas significativas estavam se formando para o Banco Central alemão reduzir as taxas de juros de curto prazo. Suspeito que isso decorria, com as expectativas inflacionárias sob firme controle, das informações que o Banco Central estava recebendo dos exportadores alemães, que diziam que o DM, ou marco alemão, estava se valorizando desnecessariamente além de sua posição já fortalecida.

Ademais, os representantes do governo em Frankfurt estavam conscientes de que, se errassem na redução dos juros, particularmente se parecessem ter cedido à pressão externa, a mesma "turma de Londres" que desancava a política restritiva da Alemanha mudaria de posição. Eles argumentariam que o todo-poderoso Bundesbank havia comprometido sua independência — a chamada coragem política. O Banco Central poderia perder parte significativa de sua credibilidade duramente conquistada.

O banqueiro francês chegou e imediatamente tornou claro que Paris estava agitada diante da possibilidade de um realinhamento da moeda italiana naquele fim de semana. Mais tarde, soube-se que Trichet, o vice-presidente do Bundesbank, Hans Tietmeyer, e o adjunto alemão no G-7, Horst Köhler (agora presidente da República Alemã), estavam secretamente em Roma, naquele exato instante trabalhando nos detalhes com os italianos. Ao ouvir a conversa sobre realinhamento, soube imediatamente que os olhos do mundo se voltariam rapidamente para

Frankfurt. E, de fato, naquela segunda-feira pela manhã, 14 de setembro, às 9h, o Bundesbank realizou uma reunião extraordinária de emergência para cortar as taxas de juros de curto prazo em resposta ao realinhamento italiano. O pensamento era que o corte de taxas da Alemanha estabilizaria todo o sistema monetário europeu.

Mas a questão permanecia: essa mudança emergencial da política alemã seria suficiente para acalmar os mercados e salvar a libra esterlina? De repente, pareceu duvidoso. Ao criar todo esse drama, com vazamentos para a imprensa, o alto-comando da economia britânica se expusera a um oceano globalizado de céticos operadores dos mercados de moeda que são guiados por impulsos e estão acentuadamente alavancados, todos eles imaginando o que os britânicos estavam tentando febrilmente esconder. Todo o drama havia colocado um foco de luz sobre a moeda britânica. Agora, um coro universal de céticos nos mercados financeiros perguntava se a libra estava seriamente sobrevalorizada dentro do SME. Mesmo operadores não normalmente envolvidos nos mercados de moedas se juntaram a ele. O perigo específico era que um exército de operadores tomasse liras e libras emprestadas e as vendessem em troca de marcos alemães. Os operadores sabiam que, se as duas primeiras moedas enfraquecessem drasticamente, particularmente após um realinhamento, eles poderiam pagar os empréstimos em moedas desvalorizadas, ficando com a diferença como lucros enormes. Havia potencialmente muito dinheiro envolvido, mas também muito risco. O truque para os bancos centrais era convencer os mercados dos riscos dessa abordagem.

No meio desse fluxo de atividade, viajamos para Londres na noite de terça-feira, 15 de setembro. Tivemos a sorte de ter um encontro agendado com Terence Burns (que, mais tarde, se tornou lorde Burns), um conselheiro importante do primeiro-ministro Major no G-7. Tínhamos feito um pedido um mês antes para vê-lo. O encontro foi alterado para um jantar no Inn on the Park (agora o Four Seasons) no Hyde Park, uma rápida corrida de táxi do Buckingham Palace. Diante do prato com costeletas de carneiro, o amável Burns esclareceu que seu governo estava convencido de que a crise havia terminado. O corte de taxas da Alemanha, eles pensavam, acalmara os mercados de moedas europeias. O consenso era que a confusão remanescente com a libra não era nada de que o Banco da Inglaterra não pudesse facilmente "dar cabo" nos próximos poucos dias. No jogo monetário de olhar fixamente para os olhos, os alemães piscaram, ele sugeriu.

O interessante foi que Burns disse que o primeiro-ministro Major agora estava realmente planejando usar esse manejo "soberbo" da crise, e sem dúvida domar o animal, o Bundesbank, como foco central em seu esforço de reeleição. Ele disse que Major acreditava que o estilo de sua administração bem-sucedida da crise rapidamente o colocaria como o principal poder na Europa, particularmente com os britânicos logo assumindo a presidência da União Europeia (que muda a cada seis meses).

Após Burns sair, nós sentamo-nos à mesa, chocados, não acreditando em sua falta de consciência a respeito da crescente onda financeira que se formava e seguia em sua direção. Nessa mesma manhã, 15 de setembro, Schlesinger, do Bundesbank, concedera uma entrevista para o jornal alemão *Handelsblatt* que foi imediatamente traduzida para seu jornal irmão, o *Wall Street Journal* europeu. A entrevista, que lemos naquela mesma noite em Londres momentos antes de nosso jantar, causou certa comoção porque o chefe do Banco Central alemão, em uma linguagem um tanto ambígua, parecia oferecer suporte para a libra. Entretanto, imediatamente o diretor do Banco da Inglaterra telefonou para Frankfurt a fim de obter esclarecimentos. Schlesinger se recusou a atender o telefone sob o argumento de que a entrevista "ainda não havia sido autorizada". A repentina falta de interesse de Schlesinger em atender o telefone se tornou pública, e a situação disparou um ataque especulativo furioso contra a libra na manhã seguinte. De repente, exércitos de operadores financeiros globais se juntaram na caçada.

Para aquela manhã, tínhamos um encontro previamente marcado com Eddie George, o diretor-adjunto do Banco da Inglaterra. Para nossa agradável surpresa, o encontro não estava cancelado, apesar da situação de emergência. Supusemos que o Banco da Inglaterra estaria um pouco mais ligado à realidade sobre os riscos do mercado com os quais os políticos britânicos se deparavam do que Burns estava na noite anterior.

O Banco da Inglaterra, situado na rua Threadneedle no distrito financeiro de Londres, tem a atmosfera de um clube exclusivo requintado do século XIX. Entrando no impressionante prédio, tem-se a sensação de voltar na história a um mundo de privilégios da elite. Quando entramos no escritório do adjunto, percebi que ele também estava com notável boa disposição. George estava vestido como um banqueiro de investimentos de Londres, com uma camisa xadrez da moda e uma gravata listrada combinando com a camisa. Eu acabara de falar ao telefone com nosso escritório em Washington. Uma de nossas pessoas que olhavam atentamente as telas do mercado observou que um enorme exército de operadores se amontoara no limite da libra. A desvalorização italiana e o corte das taxas de juros da Alemanha não haviam funcionado, pensei imediatamente. A entrevista no *Handelsblatt* e a retratação tinham iniciado um fogo que se espalhava furiosamente e que os britânicos não podiam controlar.

Como Burns na noite anterior, o banqueiro central britânico George falou confidencialmente sobre a capacidade do governo de evitar uma situação de nova crise cambial. Não que ele tenha sugerido de modo presunçoso que os alemães tivessem piscado ao cortar as taxas de juros, como alguns colunistas financeiros já estavam escrevendo; foi somente seu ar de marcante confiança quando ele disse: "Nós temos tudo sob controle."

Então, ele anunciou o seguinte (que eu vou parafrasear): "Se for necessário, e nós acabamos de tornar isso claro esta manhã para a imprensa financeira, estamos preparados (ele fez uma pausa e respirou) para elevar as taxas de juros de curto prazo em até cem pontos básicos. Mas, francamente, não achamos que isso será necessário (a expectativa era que a simples ameaça de fazer isto em tal magnitude ajudaria a fortalecer a libra e controlar os operadores)."

Nesse ponto, era difícil saber como reagir. Poderia a comunidade oficial britânica estar tão mal informada, tão desatenta à rápida globalização dos mercados financeiros e às mudanças singulares e poderosas dentro dos próprios mercados para não estar profundamente preocupada com a perda de controle da situação? Então, talvez Eddie George estivesse certo. Os operadores em posições enormes, e que haviam tomado emprestado muito dinheiro, e que se encontravam no lado errado do movimento político do Banco Central, podem ver todas as suas carreiras extintas. Até certo ponto, o poder de um Banco Central reside em sua capacidade ocasional de "queimar" um operador excessivamente ambicioso. Isso não tem de acontecer com frequência porque a mensagem através da comunidade de operadores é extremamente clara.

Eu, entretanto, decidi fazer um esforço extremo e perguntei: "Você não está preocupado com a possibilidade de estar muito atrasado em relação ao mercado nessa questão? Que você tenha esperado demais para aumentar a taxa de juros e agora o movimento será contraproducente?" George devolveu um olhar de suave contrariedade e estava a ponto de responder quando o telefone tocou. Ele respondeu e desviou o olhar para sua mesa enquanto ouviu atentamente por cerca de um minuto. Quando a ligação terminou, ele lentamente levantou a cabeça. Sua pele começou a ficar da cor cinza de seu terno. "Eu tenho de encerrar este encontro", ele disse educadamente, em um tom suave. "Soube que acabamos de aumentar as taxas de juros em duzentos pontos básicos" — uma mudança abrupta e inédita. Nesse momento, ele ficou de pé, apertou minha mão, e literalmente correu para fora da sala. O próprio castelo de cartas britânico havia começado a ruir.

No mundo das operações financeiras, há sempre o risco de que uma ação política seja interpretada não como um sinal de forte intenção, mas como um sinal desesperado de fraqueza e de gesto inútil. A ação política, então, torna-se um magneto, atraindo toda a comunidade global de operadores como abelhas para o mel, para misturar metáforas. Isso é semelhante ao que aconteceu durante a crise financeira da Ásia em 1997-1998. Os bancos centrais da Ásia, com a ajuda do FMI, tentaram suportar as moedas asiáticas e descobriram que seus esforços eram completamente contraproducentes. A libra esterlina estava passando exatamente por esse fenômeno em setembro de 1992. Os políticos britânicos tentavam provar sua força cambial com aumentos das taxas de juros extremamente agressivos. O mercado não estava aceitando nada disso.

Mais à tarde, os britânicos tentaram novamente, ameaçando elevar as taxas de juros em mais trezentos pontos básicos no dia seguinte, em vão. Mais tarde, um representante do governo alemão mencionou que a quantidade de moeda usada pelos bancos centrais para suportar a libra e a lira durante esse drama excedeu as quantias usadas para intervir durante os últimos estágios do sistema de Bretton Woods, antes de seu colapso, em 1971. No entanto, nenhum desses exercícios funcionou. Naquela noite, Norman Lamont não teve escolha, diante da reação tão brutal do mercado, a não ser anunciar humildemente que os britânicos estavam de fato saindo do SME.

O Banco da Inglaterra foi atropelado pelo mercado. De acordo com reportagens na imprensa, George Soros, sozinho, obteve lucros de mais de US$1 bilhão. Outros operadores também ganharam muito. Antes dessa crise, Lamont havia anunciado que os britânicos tomariam empréstimos de US$15 bilhões para defender a libra, não percebendo que dois operadores, Soros e Druckenmiller, haviam montado operações que se aproximavam desse valor, apostando que a moeda entraria em colapso. Muitos outros operadores também tinham entrado na briga. Aqui está um descompasso de informações, em que os responsáveis pela política econômica parecem não ter ideia do tamanho imenso e da velocidade da quantidade de capital que se move no mundo.

Após o fato, o Tesouro do Reino Unido tentou subestimar deliberadamente a perda para os mercados por razões políticas, estabelecendo o custo da Quarta-Feira Negra em US$5,8 bilhões. Os representantes do governo, convenientemente, deixaram de fora a imensa perda para os contribuintes, pois o governo, em vez de usar US$24 bilhões em reservas para intervir, poderia ter investido esses recursos para obter lucros com a moeda que desvalorizava. Mas esses esforços para ofuscar são compreensíveis porque o episódio como um todo foi injusto, e economicamente doloroso, para os britânicos. As forças de mercado que mais tarde reestruturariam a economia alemã trouxeram devastação para a vida de um grande número de pessoas no Reino Unido.

Ao ignorar essas novas e poderosas forças financeiras, os políticos britânicos criaram condições para uma imensa transferência de riqueza dos contribuintes britânicos para os operadores independentes e os administradores de recursos das principais instituições financeiras — e isso não precisava acontecer. Após alguns dias, autoridades políticas de Londres começaram a zombar do primeiro-ministro conservador Major, perguntando, de modo audível, o que os bilhões de libras poderiam ter comprado para o povo britânico se o governo não tivesse desperdiçado os recursos com os recentes episódios de intervenção. O governo respondeu com uma campanha mostrando dois bodes expiatórios — acusava os mercados e "os Hunos".* Deveria ter havido, em vez disso, uma discussão nacional sobre o futuro papel dos britânicos na economia e no sistema monetário europeu, incluindo como chegar a um acordo bem-sucedido com esse furioso oceano de liquidez. Os políticos globais de hoje estão tomando nota da necessidade de uma discussão similar?

Ironicamente, para a própria Grã-Bretanha, optar por sair do SME, embora humilhante, pode ter sido a melhor decisão dali em diante. A economia foi reestruturada e, tendo escapado da camisa de força cambial do SME, após alguns anos começou a prosperar. Entre 1996 e 2005, por exemplo, a economia alemã cresceu somente 1,3% ao ano, enquanto a economia do Reino Unido se expandiu a uma taxa anual duas vezes a da Alemanha, 2,7%. No entanto, por se ter pavoneado, John Major e o Partido Conservador nunca se recuperaram e levaram uma surra nas eleições de 1997.

O empreendimento internacional de Trichet, Tietmeyer, Miterrand e Kohl, Ltda. certamente prosseguiu para alcançar seus sonhos de uma

---

*Há uma associação com os alemães pois, na Segunda Guerra Mundial, os soldados alemães eram chamados de "os Hunos". (*N. do T.*).

Europa unificada, unida por meio de uma única moeda: o euro. Os alemães haviam estabelecido os limites de Maastricht para a adoção do euro — os requisitos orçamentários em particular — tão elevados que a exclusão da Itália parecia certa. No entanto, os italianos fizeram algum misterioso malabarismo no último minuto com os dados fiscais e financeiros, e conseguiram milagrosamente se esgueirar pela porta que se fechava. Desde esse momento, o uso internacional do euro explodiu.

Apresentei essa explicação das decisões nos bastidores sobre a grande crise da libra em 1992 não para trazer à tona histórias antigas, mas para mostrar os riscos de não reconhecer e não lidar com mudanças no ambiente financeiro global. Isso foi o que os representantes britânicos fizeram em 1992, antes que o mundo de sua moeda fosse virado pelo avesso. Eles permaneceram indiferentes quanto ao fato de o ponto de entrada da libra no SME ter deixado essa moeda em uma situação de instabilidade perene. É uma indiferença semelhante, a atitude que nossos líderes atuais apresentam diante dos desequilíbrios financeiros correntes, do protecionismo crescente e da luta de classes, da dúbia arquitetura financeira e das políticas econômicas, em geral irresponsáveis. A única diferença é que os mercados financeiros do século XXI são vinte vezes mais poderosos, e mais capazes de destruição econômica, do que eles eram no início dos anos 1990.

Os responsáveis pela política econômica e os políticos de hoje lembram-me de Eddie George, do Banco da Inglaterra, que declarou naquela manhã, em seu escritório, quando estávamos sentados bebendo café e seu mundo veio abaixo: "Nós temos tudo sob controle." Prevejo um resultado similar, a menos que os líderes atuais abram seus olhos para as ameaças financeiras despontando no horizonte. Nós nos convencemos de que o sistema atual alcançará seu objetivo. Mas, como os britânicos descobriram em 1992, no mundo de hoje, com capitais extremamente móveis, nada pode ser dado como certo. Na vida, nada permanece o mesmo.

CAPÍTULO 7

Os incríveis bancos centrais que encolhem

As pessoas veem os bancos centrais como detentores de poderes mágicos. Quando uma crise no mercado financeiro se desenvolve, instituições como o Fed simplesmente balançam sua varinha mágica, reduzem taxas de juros, e o cenário financeiro é recuperado e volta à normalidade. Um sonho.

Em minha carreira, conheci a maioria dos principais dirigentes dos bancos centrais do mundo. Nos Estados Unidos, os presidentes do Fed, Paul Volcker, Alan Greenspan e Ben Bernanke. Todos seriam os primeiros a admitir que a imagem do poderoso Banco Central é muito inflada. E o poder declinante dos bancos centrais pode ser o argumento mais convincente para o mundo ser curvo.

Neste capítulo, mostro como, quando crises financeiras chegam às suas portas, os bancos centrais hoje não têm as mesmas opções de respostas eficazes de que dispunham mesmo há poucos anos. Mostro que há novos limites para o grau de agressividade com que os bancos centrais podem responder com estímulos monetários. Isso é problemático, porque, ao mesmo tempo, o furioso oceano de capital, pelo uso da alavancagem, não parece conhecer limite algum. E explicarei como os bancos centrais perderam parte de seu "radar" estatístico. De fato, de algum modo, os pilotos dos bancos centrais têm, nestes dias, feito "voos cegos".

O último estudo de caso sobre as limitações dos bancos centrais é o dos Estados Unidos no início de 2008, após o desdobramento inicial da crise imobiliária. Os dilemas políticos durante esse período explicam por que o trabalho dos bancos centrais se tornou tão difícil. O Fed, naquele momento, enfrentava uma desagradável combinação de inflação crescente, colapso no mercado imobiliário, crise de empréstimos bancários e dólar enfraquecendo; tudo isso ameaçou produzir uma catástrofe na economia norte-americana.

Os responsáveis pela política econômica dos EUA, para seu desalento, descobriram que não havia soluções óbvias para esse dilema — ou pelo menos nenhuma que pudesse ser acionada sem gerar consequências negativas potenciais. O colunista do *New York Times* Roger Lowenstein sugeriu que o Fed enfrentava "uma escolha infernal". Os responsáveis perderiam se eles se movessem com intensidade em uma direção e perderiam se aguardassem e não fizessem nada.

Aqui estão as suas opções. Devido ao enfraquecimento da economia e às condições financeiras instáveis, os dirigentes do Fed puderam recorrer ao que chamo de Opção I. Eles derrubaram drasticamente as taxas de juros de curto prazo, talvez ainda mais 1 ponto percentual adicional, em uma queda rápida, e mais cortes posteriores. As taxas de curto prazo já foram cortadas algumas vezes no final de 2007, somando 1 ponto percentual de redução total. Objetivo da Opção I: reposição da política monetária para se antecipar ao mercado. Isso é o que o Banco Central japonês devia ter feito no início dos anos 1990, mas não fez.

No entanto, esse corte de taxas de juros audacioso — diziam alguns especialistas na época — pode aumentar o receio do mercado com relação ao aumento da inflação adiante. Ele pode, o que é ainda mais importante, também pôr em risco um colapso do dólar. Nesse cenário, potenciais compradores estrangeiros e domésticos de bônus do Tesouro norte-americano, receando declínios substanciais nos rendimentos de seus investimentos em decorrência dos cortes de taxas do Fed, poderiam procurar alternativas com rendimentos maiores no exterior. Ainda pior: os investidores estrangeiros com excesso de poupança — mais destacadamente os fundos soberanos de riqueza — permanecem como melhor aposta para socorrer os bancos dos EUA, assolados pelas montanhas de hipotecas subprime. Um colapso do dólar poderia espantar esses investimentos.

O ponto crítico na Opção I é que os cortes audaciosos das taxas de juros pelo Fed podem estimular a economia com êxito, ou podem ser interpretados como um sinal de instabilidade, prolongando a crise de crédito, enquanto geram novo aumento das expectativas inflacionárias.

A Opção II envolveria cortes mais restritos das taxas de juros. Essa é a abordagem, na mente de alguns dos dirigentes do Fed que são avessos à inflação, mais provável para evitar um retorno ao cenário econômico dos anos 1970. Tal período, como hoje, iniciou com a disparada dos preços do petróleo seguida por inflação crescente e pelo enfraquecimento econômico. O objetivo na Opção II seria como uma cartola mágica que permitiria conter a inflação, limitar a fraqueza do dólar e estimular a economia. O risco, no entanto, poderia ser o agravamento do colapso econômico em decorrência de o Fed estar se movendo muito lenta e timidamente. O perigo estava em ficar atrás da curva financeira do mercado. E, uma vez que os operadores de mercado percebessem isso, derrubariam o dólar em qualquer caso, levando-o a baixas sem precedentes.

Delineei essas duas opções como um estudo de caso importante da relação embaraçosa e às vezes subserviente do Banco Central aos mercados financeiros no século XXI. Então, que opção os dirigentes do Fed escolheram em suas discussões internas? Nenhuma. A razão é que essas discussões não ocorreram porque o mercado financeiro global rapidamente se controlou. Em 21 de janeiro de 2008, uma semana antes de o Federal Reserve se reunir formalmente em Washington para seu debate, os mercados de ações na Ásia, receando a fraqueza econômica dos EUA, despencaram. No dia seguinte, os mercados de ações europeus também afundaram. O da Alemanha caiu 7%. No mesmo dia, a descoberta repentina de que um operador trapaceiro do banco francês Société Genérale havia sofrido uma perda de US$7,1 bilhões ligada a transações desonestas jogou os mercados de ações globais em outra espiral. No processo, os mercados financeiros globais tomaram a decisão pelo Federal Reserve. Fim de discussão. Os mercados escolheram a Opção I. Na manhã de 22 de janeiro, os dirigentes do Fed foram forçados pelos mercados a anunciar um corte emergencial de 75 pontos básicos na taxa de juros e outro corte de 50 pontos básicos na reunião ordinária marcada para a semana seguinte.

Talvez Paul Volcker, presidente do Fed de 1979 a 1987, tenha resumido da melhor maneira o apuro do Banco Central quando disse ao *New York Times* que achava que os dirigentes do Federal Reserve estavam em "uma situação muito difícil". Volcker conclui que "bolhas demais continuaram por muito tempo. O Fed não está realmente no controle da situação". Esse também é o ponto central para mim. O oceano de capital furioso se tornou tão enorme, tão complexo e com movimentos tão rápidos que os bancos centrais de hoje estão em enorme desvantagem.

O sucessor de Volcker, Alan Greenspan, que serviu de 1987 a 2006, descreve as atuais dificuldades dos bancos centrais. Na visão de Greenspan, os dividendos decorrentes da queda do Muro de Berlim e da ascensão da globalização — salários reais em declínio — deram ao Fed, por um período, enorme flexibilidade na condução da política monetária. Isso foi durante o período de Greenspan. Mas a globalização, ao trazer maior prosperidade para o mundo, também fez com que o preço das commodities, incluindo o do petróleo, disparasse. Conclui Greenspan: "Por causa desses aumentos de preço, os problemas com que hoje se deparam os dirigentes dos bancos centrais são imensamente mais complexos e difíceis do que eles eram durante minha administração." Não convencido? Em meados de 2007, os rendimentos dos bônus (de longo prazo) dos EUA estavam em torno de 5,3%, e o preço do petróleo era aproximadamente US$65 por barril. Um ano mais tarde, o preço do petróleo havia quase dobrado para mais de US$125. No entanto, os rendimentos dos bônus, por alguma razão, tinham *caído* abaixo de 4%. Historicamente, os rendimentos dos bônus não caem em um ambiente de aumentos drásticos dos preços do petróleo. Em meados de 2007, as expectativas inflacionárias (isto é, pesquisas mostrando o que as pessoas esperam que seja a inflação futura) estavam na faixa de 3,2%. Um ano mais tarde, as expectativas inflacionárias tinham subido para 5,2%, a maior em 25 anos. Entretanto, durante esse período, os rendimentos dos bônus do Tesouro dos EUA *caíram* de novo mais de 150 pontos básicos. Na regra tradicional dos bancos centrais, como o observador do Fed Ed Hyman destacou, o mercado de bônus não deve comportar-se dessa maneira. Expectativas inflacionárias ascendentes têm tido, historicamente, efeitos devastadores no preço dos bônus; elas não aumentam o preço dos bônus (e, desse modo, não reduzem os rendimentos dos bônus). No entanto, na confusa era atual de mercados globalizados, isso foi exatamente o que aconteceu.

A vida e a época do ex-presidente Greenspan servem como uma perfeita janela através da qual podemos ver o funcionamento de um Banco Central. A administração dele assistiu à redução da influência do Banco Central como uma instituição de política econômica. Durante seus 19 anos de serviço, Greenspan foi um talentoso representante da política econômica do Fed, movimentando-se, criando, e com frequência usando sua perspicácia. Mas sabíamos que ele estava jogando com cartas ruins. Lentamente, mas com certeza, o oceano global de capital estava vencendo o jogo. Dito de outro modo, os mercados financeiros globais tinham em mãos não somente todos os ases, mas também todas as cartas com figuras. Neste capítulo, demonstrarei a extraordinária habilidade de Greenspan na comunicação das decisões de política monetária para os mercados financeiros. No entanto, ele mesmo admite ter presidido o Fed na pior crise de crédito desde os anos 1930.

Greenspan e eu nos encontramos pela primeira vez em 1985, nos escritórios da sua empresa de consultoria no centro de Manhattan.

Como consultor privado de economia, antes de sua ascensão para a presidência do Fed, ele havia aceitado minha oferta de servir de moderador da minha primeira conferência monetária internacional. Greenspan estava bastante interessado na conferência. De raciocínio extremamente rápido, ele sabia que este era um foro no qual iria brilhar. Ele seria um genuíno debatedor de ideias e entraria em contato com ministros da Fazenda, dirigentes de bancos centrais e economistas importantes.

Greenspan teve um bom desempenho, como eu esperava. A conferência de dois dias em 1986 foi descrita pelo falecido Hobart Rowen, do *Washington Post*, então decano dos repórteres de economia internacional, como "o prego final no caixão do sistema de taxas de câmbio puramente flutuantes". O *New York Times* escreveu sobre ou mencionou a conferência em seis reportagens separadas, e a *Newsweek* escreveu duas reportagens em duas semanas. Além disso, a conferência recebeu ampla cobertura em várias outras mídias impressas.

UMA SEMANA APÓS a primeira conferência de sucesso em Washington, Greenspan e eu nos encontramos para discutir um segundo evento. Este era para ocorrer no elegante hotel Dolder Grand, nas colinas acima de Zurique, na Suíça. O local era perfeito; isolado, mas importante por causa do papel único dos bancos suíços por transcender os sistemas financeiros dos EUA e da Europa no processo emergente da globalização financeira. "Deixe-me dar-lhe um pequeno conselho", Greenspan avisou, enquanto bebíamos café em seu escritório: "Você acertou em cheio com sua primeira conferência. Você afetou a política e isso não ocorre com muita frequência. É melhor declarar vitória e sair enquanto você está na frente."

De qualquer modo, prossegui com a segunda conferência na Suíça. Greenspan foi o moderador, e ela também se tornou um enorme sucesso. O senador Bill Bradley, patrocinador líder, propôs um novo programa de perdão das dívidas dos mercados emergentes. Os representantes do Tesouro dos EUA que estavam presentes não conseguiram matar completamente a ideia. Então, os mercados de títulos do mundo em desenvolvimento subiram significativamente.

Essas discussões levaram a amplas conversas sobre o perdão da dívida do Terceiro Mundo. O consenso acabou conduzindo à emissão dos chamados Brady Bonds. Eles eram títulos denominados em dólar que consolidavam as dívidas emitidas pelas economias de mercados emergentes nos anos 1980 e 1990. O resultado foi um impulso acentuado nos mercados emergentes e, logo, nas economias do mundo.

Quando Greenspan assumiu o comando do Banco Central dos EUA em 1987, a maioria dos economistas tradicionais ainda considerava os Estados Unidos um sistema econômico relativamente fechado. As forças da globalização financeira estavam em movimento. Ainda assim, havia a percepção de que o todo-poderoso Federal Reserve controlava o sistema financeiro dos EUA, ainda contido.

Mesmo então, isso cada vez mais não era o caso. Os mercados financeiros globais, com a emergência das economias em desenvolvimento (que mais adiante incluiriam a China), estavam se mobilizando. O aumento generalizado das exportações baratas e competitivas dos países em desenvolvimento acabaria comprimindo os ganhos salariais no mundo industrializado. Isso provocaria declínio nas expectativas inflacionárias nos Estados Unidos e em outras nações industrializadas, seguidas por taxas de juros de longo prazo mais baixas. O resultado foi um conjunto de condições macroeconômicas quase perfeitas. No pensamento de todos, os bancos centrais não podiam fazer nada errado. Isso era especialmente verdade para o Federal Reserve, que desfrutava da imagem de uma força de sabedoria e de estabilidade, com todo o controle.

Parte dessa percepção decorre do que eu chamo de "Cultura Presidencialista". Desde a consolidação do Banco Central dos EUA sob a Lei Bancária de 1935, o próprio sistema promoveu o "Escritório do Presidente" como uma força onisciente e onipotente. Quase não importa quem assume o papel de presidente do Fed; essa pessoa torna-se o foco central do culto. Com tudo visto e sabido, ele não pode fazer nada errado. É questionável, no entanto, se o status desse culto é bom para os mercados financeiros turbulentos atuais, em que é cada vez mais impossível ver e saber de tudo.

O antecessor de Greenspan, Paul Volcker, merece enorme crédito por ter derrubado a inflação dos anos 1970. Ele também desfrutava de um status de culto. Entretanto, Volcker e Greenspan usaram estilos de operação com contrastes radicais. Ambos tinham instintos excepcionais, mas diferiam em como chegavam a uma decisão particular. Volcker assumiu o estilo quase de um aristocrata do século XIX. O estilo de Greenspan era mais moderno, sintonizado com os avanços mais recentes em tecnologia. No entanto, ambos tiveram histórias de sucesso. Isso prova que não há uma personalidade ou um conjunto de habilidades que leva ao sucesso nessa função. Aqueles que criticaram o sucessor de Greenspan, Ben Bernanke, por seu estilo mais contido e colegial devem olhar para trás e examinar as diferenças de seus antecessores.

Nas manhãs de segunda-feira, por exemplo, o germânico e alto Volcker se sentava em uma sala de reunião de diretoria do Fed, lendo o *Wall Street Journal* que mantinha diante de seu rosto. Fumava um charuto enquanto um membro de sua equipe fornecia o esquecível resumo econômico da semana. Volcker não expressava interesse algum em dados econômicos arcanos e disse uma vez a um colega: "Eu tenho um objetivo. Quero deixar o escritório sem nunca ter olhado uma tela de computador."

Seu sucessor, Greenspan, seguia abordagem exatamente oposta. Ele adorava os dados, quanto mais arcanos melhor (usualmente consumidos durante as horas fora do escritório, em um banho de banheira legendário, no qual o presidente tecia gemas verbais para serem usadas em declarações ao Congresso, a fim de encapsular e, algumas vezes, ofuscar o cenário político de curto prazo). É verdade que Greenspan se beneficiava dos bons instintos. Ele tinha a capacidade de sentir algo em seus ossos, mas esse instinto vinha de estudos meticulosos e da fascinação por dados.

Deixe-me oferecer alguns exemplos. Em uma reunião do Fed, a discussão seguia monotonamente sobre os últimos acontecimentos macroeconômicos. De repente, o presidente Greenspan interrompeu: "Isto tudo é muito interessante, mas alguém sabe o último preço do tomate?" (Houvera um congelamento na Califórnia e em algumas outras partes do país.) A equipe ficava louca, como também vários membros do conselho. "O que tomate tem a ver com política monetária?" um membro do conselho perguntou incrédulo. Assistindo a tudo isso com frustração, estava o chefe das pesquisas. Primeiro, Volcker ignorava seu departamento. Agora, Greenspan estava direcionando a irregular equipe para buscas de dados aparentemente arcanos.

Apesar das diferenças em estilos de operação dos indivíduos, o Culto Presidencialista permaneceu. Até certo ponto, o poder da instituição em si repousa na percepção de que o Fed sabia algo que os mercados não sabiam. O Fed "sabia" que a inflação estava controlada, então os mercados financeiros ficavam calmos. As expectativas inflacionárias obtidas de dados do mercado permaneciam dominadas. O Fed "sabia" que a produção permaneceria forte, então os mercados de títulos permaneciam estáveis e os mercados de ações, robustos.

Volcker, Greenspan e Bernanke, todos admitiriam que o Culto Presidencialista é exagerado de tal modo que é perigoso para os mercados financeiros. Por quê? Porque os participantes de mercado desenvolvem falsas expectativas de que, por mais que a crise seja brutal, o Banco Central pode sempre aparecer com uma solução para o problema (no período de Greenspan, essa expectativa da intervenção do Fed ficou conhecida como "Greenspan put,"* uma apólice de seguro, ou seja, um piso garantido na mente dos investidores de ações). No entanto, o crescimento da globalização roubou parte considerável da capacidade dos bancos centrais de vir correndo para salvar o mercado. Esse é um pensamento assustador, devido às importantes incertezas por todo o sistema financeiro global atual. A globalização reduziu a

---

*Put significa opção de venda. (N. do T.)

capacidade dos bancos centrais como emprestadores de última instância (eles surgem para estabilizar a situação quando os mercados assumem muitos riscos). Afinal, o valor atual de todos os títulos globais de longo prazo excedem a espantosa quantia de US$100 trilhões. Com quantias significativas desse oceano de liquidez sendo negociadas todo dia, tudo à pressão de um botão, as reservas atuais mantidas pelo Fed parecem comparativamente minúsculas. A questão óbvia: com que intensidade o Banco Central ainda pode influenciar essa economia de elevada complexidade e volatilidade?

A resposta a essa questão é mais complicada do que parece. Desde o início dos anos 1990, as forças da globalização financeira levaram a taxas de juros de longo prazo mais baixas em nível mundial. Como resultado, o preço no mercado das ações e dos imóveis disparou. O problema é que o risco no mercado, particularmente nos últimos 12 anos, tem sido *subavaliado* à medida que o crescimento global em determinado ponto alcançou níveis não vistos desde os anos 1960. Riscos subavaliados acabam levando a períodos de correções de mercado difíceis e dolorosas. Um exemplo fundamental de risco subavaliado é, certamente, o dos preços das ações das empresas dos EUA engajadas nos setores de hipotecas e residências nos anos antes da crise das subprime. Os preços dessas ações deixaram de refletir o risco crescente de que a bolha imobiliária acabaria estourando. De fato, os níveis de preços em ascensão do próprio setor residencial dos EUA nos anos antes de a bolha estourar representaram risco subavaliado, dada a história razoavelmente previsível de bolhas no mercado. Como, na média, os proprietários pensavam que suas casas haviam aumentado, eles se sentiam mais confortáveis aumentando seus níveis de consumo familiar. Os economistas chamam esse fenômeno de aumento no "efeito riqueza". Mas o risco de que esse consumo não iria se expandir vivamente para sempre foi subavaliado tanto pelos responsáveis pela política econômica quanto pelos mercados.

O Fed ainda tem uma ferramenta poderosa para estimular a atividade econômica ou para diminuir a velocidade da economia para baixar o risco. Essa ferramenta é o Fed funds* ou taxa de juros de curto prazo. Em tempos de crise, o Fed tem sido capaz de rapidamente "dar liquidez" aos mercados (por meio do sistema bancário) cortando violentamente as taxas Fed funds. Em tempos de crescimento e risco excessivos, o Fed tradicionalmente tem sido capaz de moderar a expansão econômica e erradicar o risco de inflação elevando as taxas de curto prazo. Mudanças na taxa Fed funds influenciariam as taxas de juros de longo prazo, que o mercado controla. E as taxas de juros de longo prazo nos Estados Unidos e na maior parte da Europa são usadas para financiar grande parte da expansão econômica, incluindo, na maioria dos casos, residências (uma exceção é a Grã-Bretanha, onde os empréstimos residenciais, em sua maior parte, são vinculados às taxas de curto prazo).

É nesse ponto que o Fed se vê diante de uma situação potencialmente perigosa. Desde 2004, a influência do Banco Central sobre as taxas de juros de longo prazo começou a decair. Como sabemos disso? Durante esse ano, o Fed iniciou uma longa série de elevações das taxas de juros de curto prazo. Para a surpresa de todos, as taxas de juros de longo prazo, que afetam a maior parte da economia, quase não se moveram. No passado, as taxas de juros de longo prazo também teriam se movido em paralelo com as de curto prazo. De certo modo, as taxas de juros de longo prazo dos EUA podem ter se tornado, até certo ponto, prisioneiras das forças do mercado. Às vezes, as taxas de longo prazo parecem estar reagindo mais aos eventos financeiros globais do que às decisões dos responsáveis pela política econômica dos Estados Unidos. Para os dirigentes do Fed, isso representa uma situação realista. De certa maneira, os norte-americanos às vezes não controlam mais completamente a própria política de taxas de juros.

Essa mudança transformou os bancos centrais de um depósito de dados atuais sobre a economia em algo mais próximo de um grande

---

*Fed funds são reservas junto ao Fed, e representam as taxas de juros que um banco paga a outro por um empréstimo entre eles, geralmente de um dia para o outro. Nesse empréstimo, as reservas de um banco junto ao Fed são disponibilizadas para o outro banco. (N. *do T.*)

teatro global. Os banqueiros centrais — gostando ou não — se tornaram os atores principais. Eles provocam e blefam com os mercados sobre tendências futuras na economia, mas principalmente sobre decisões de política de taxa de juros de curto prazo. Seus recursos ou ferramentas prontamente disponíveis são menos potentes. Portanto, os agentes do Banco Central não têm tido escolha a não ser usar suas habilidades dramáticas para tentar persuadir, adular, encantar e intimidar. A razão é que os operadores do mercado global formam a audiência e controlam as taxas de juros de longo prazo.

A situação não é exatamente como aquela de *O mágico de Oz*, em que um pequeno homem atrás da cortina está puxando todas as alavancas, mas a analogia não é completamente inapropriada. Ao final do dia, a questão permanece: O Banco Central tem credibilidade? Em particular, o líder da peça teatral, o presidente, tem-se desempenhado bem? Isso tudo pode soar um pouco tolo, mas, com os atuais oceanos de capitais devastadores, os banqueiros centrais não têm escolha exceto fazer sua parte tão habilidosamente quanto possível.

Ben Bernanke reconheceu, após seus primeiros seis meses de trabalho, que ele, com certeza, estava inicialmente consciente de que administrar "o teatro" (palavras dele) era o componente essencial de sua atividade. O que o surpreendeu foi como a administração bem-sucedida do teatro se tornou *esmagadoramente* importante.

Bernanke e seus colegas prefeririam se afastar de um sistema baseado na sabedoria do presidente como uma forma de culto para uma abordagem mais objetiva na forma de determinar e alcançar certas metas de taxas de inflação. Isso conduziria todos os trabalhos internos do Banco Central em direção a um objetivo transparente e bem conhecido dos mercados financeiros. Isso faz algum sentido, embora, durante crises financeiras, quando o Fed e os mercados não estão seguros sobre a opção apropriada de política, poderia ser mais tranquilizador para os mercados instáveis se o Fed permanecesse um pouco misterioso, de modo a não ferir a confiança dos investidores em períodos de incerteza do próprio Fed.

O Fed ainda está tentando descobrir seu papel na gestão de crises. Nesses períodos, é importante que os bancos centrais permaneçam pragmáticos e evitem regras rígidas. Certamente os mercados procuram por lideranças críveis e inventivas do mundo político, não aderentes às fórmulas fixas de políticas. É por isso que Bernanke logo reconhece que, não obstante o objetivo de meta de inflação, desempenhar seu papel ainda é a parte dominante do trabalho do Fed e provavelmente permanecerá assim durante o restante de sua administração e depois dela.

O motivo é que os principais bancos centrais têm estado em atividade em um mundo de gigantescos excessos de poupança, bem maiores que as oportunidades de investimentos seguros e críveis. Durante a década passada, um bocado do excesso de poupança se acumulou em investimentos em dívida governamental, particularmente no mercado do Tesouro dos EUA. Em decorrência desses investimentos maciços nos títulos do Tesouro, as taxas de juros de longo prazo caíram com intensidade, o que causou forte elevação do preço dos ativos, incluindo os mercados de ações e imobiliário. É por isso que as bolhas financeiras continuam a subir à superfície, para desalento dos dirigentes dos bancos centrais.

Neste novo mundo, os bancos centrais não têm tido escolha a não ser aprimorar suas habilidades teatrais. Como líder de todos os atores e homem que controlou a política monetária nos EUA por mais de duas décadas, Alan Greenspan, no entanto, seria o primeiro a dizer que é quase impossível desempenhar o papel com perfeição.

Como Greenspan, apesar de alguns erros regulatórios crassos, foi uma figura com poder irresistível de atração nos palcos mundiais por tanto tempo, acho que seria útil levantar a cortina e oferecer uma visão rápida dessas manobras nos bastidores. O estilo de operação do ex-presidente oferece uma singular posição vantajosa para entender como a condução das políticas no mundo dos bancos centrais mudou tão drasticamente nos anos recentes.

Economista com uma voz enfadonha, monótona, Greenspan parecia, para pessoas de fora, desatento à política. De fato, era exatamente o oposto. O que me surpreendeu foi que as antenas políticas de Greenspan eram as mais sensíveis em Washington (sua esposa, Andrea Mitchell, uma correspondente sênior da NBC, é uma força importante no sistema político de Washington). Isso provavelmente porque, diferente de outras figuras de poder, a posição do presidente do Federal Reserve não desfruta de um amplo eleitorado político. Os norte-americanos nunca votaram nele para o cargo que ocupa. Ele não teve escolha a não ser trazer uma dose incrível de sensibilidade política para seu gabinete. Ao longo dos anos, Greenspan e eu tivemos muitas conversas sobre política. Eu sempre saí surpreso com sua capacidade aguda de avaliar estrategicamente o cenário político.

No trabalho diário, o estilo operacional de Greenspan era muito básico: para os competidores em posição de vantagem, ele sempre chegou excessivamente preparado. Mesmo como presidente do White House Council of Economic Advisers* na administração Ford em meados dos anos 1970, ele nunca foi para uma reunião na Casa Branca com o presidente Ford sem alguma surpresa útil. Por exemplo, Greenspan, em determinada ocasião, concluiu que uma empresa chamada Stone Container, uma fabricante de caixas de papelão, era um bom barômetro para a economia. Por quê? As empresas necessitam de caixas de papelão para despachar produtos, mas usualmente não têm lugar para armazená-los. A Stone Container fornece caixas em dois ou três dias após o pedido. Uma declaração típica de Greenspan: "Acabei de falar ao telefone, Sr. presidente, com o diretor de Operações da Stone Container. Ele me disse que os pedidos de caixas ultimamente têm caído de forma acentuada. É claro que alguma coisa negativa está acontecendo com a economia." O restante da equipe, incluindo o presidente, se sentiu repentinamente inadequado.

Em outra reunião da Casa Branca, outro membro estava jorrando sua visão sobre a tendência corrente do crédito ao consumidor. Greenspan, polidamente, seguiu esses comentários com a seguinte sugestão:

---

*Conselho de Consultores Econômicos da Casa Branca. (N. do T.)

"Também poderia ser útil saber o que o setor está dizendo. GE Capital é o maior banco industrial nos Estados Unidos, Sr. presidente. Ontem, perguntei ao presidente do GE se ele poderia pedir a seus rapazes para preparar um pequeno memorando sobre como eles veem os mercados de capitais. Li o memorando na noite passada. Deixe-me dizer o que está acontecendo."

O mantra de Alan Greenspan como banqueiro central era que havia *sempre* algo lá fora que não sabemos o que é, alguma peça útil de um quebra-cabeça que poderia tornar o quadro mais claro. É por isso que ele se tornou quase viciado na busca de dados aparentemente arcanos.

Embora Greenspan fosse fascinado por política eleitoral, ele também estudou intensamente as políticas internas do Fed. Ele sabia que tanto sua reputação quanto sua sobrevivência estavam em risco. No início dos anos 1990, por exemplo, o *Wall Street Journal* lançou um artigo afirmando que o vice-presidente do Fed David Mullins, não Greenspan, estava no controle do Federal Reserve. A maioria dos observadores do Fed sabia do que o artigo tratava: Greenspan não agradava a imprensa. O inocente Mullins estava sendo usado jornalisticamente como um bastão para atingir o presidente. Essa é, com frequência, a maneira como a relação da mídia com o mundo oficial funciona. No jargão jornalístico, você tem de pagar para jogar.

O artigo surgiu em uma de minhas discussões com Greenspan. Uma semana depois de o artigo do *Wall Street Journal* sobre Mullins ter sido publicado, Greenspan, meu colega de negócio Manley Johnson (um ex-vice-presidente do Fed) e eu nos encontramos para o café da manhã. Quando estávamos saindo, o presidente me puxou para o lado e disse com alguma determinação em sua voz: "Telefone-me, Dave, se alguém tentar convencê-lo de que eu não estou no controle do que está acontecendo aqui." Daí em diante, eu e Jonhson nos referíamos a essa tendência como a "questão viril de Greenspan". Criticar as visões políticas de Greenspan era um jogo justo. Ele adorava a troca intelectual. Entretanto, para Greenspan, qualquer sugestão de que não estava comandando o show equivalia a uma declaração de guerra. Ele, instintivamente, sabia que administrar a parte teatral de seu trabalho significava tornar absolutamente claro que ele era a estrela do show.

Ironicamente, seus colegas, mesmo após saírem, de modo que eles pudessem falar com grande franqueza, deixavam claro que o presidente nunca enfrentara qualquer oposição política interna significativa (exceto por um leve desentendimento sobre um detalhe técnico envolvendo a flexibilidade do presidente em uma situação de emergência para mudar a política monetária entre as reuniões do FOMC*. William McDonough, como presidente do Federal Reserve de Nova York por uma década, era o principal especialista em mercados financeiros e merece algum crédito pelo sucesso de Greenspan na política monetária. Ele resumia a administração do ex-presidente do Fed da melhor maneira quando dizia: "Nunca houve alguém nem mesmo perto da classe dele." No entanto, aquele artigo do *Wall Street Journal* havia penetrado na consciência do presidente.

Não deveria ter. Uma reunião típica do FOMC conduzida por Greenspan ocorria assim: todos os membros votantes, muitos deles talentosos e alguns poucos infelizmente desinformados, primeiro apresentavam suas visões. Então, o presidente do Federal Reserve de Nova York dava sua avaliação sobre como os *mercados financeiros* provavelmente reagiriam às várias ações propostas. Não havia mistérios aqui porque o presidente do Fed de Nova York (que, por mais da metade do mandato de Greenspan, era McDonough) e o presidente do Fed sempre se asseguraram de que suas posições políticas estavam em ampla sincronia. Uma vez que os dois alcançavam um consenso, Greenspan apresentava sua análise e a opção de política monetária que ele preferia. Essa opção seria consistente com o que o presidente do Fed de Nova York acabara de descrever como "a expectativa do mercado". Não que os dois tivessem como meta os mercados financeiros;

---

*Federal Open Market Commitee, equivale, no Brasil, ao Copom (Comitê de Política Monetária); ele trata das definições de política monetária. (N. do T.)

eles tinham seus olhos sobre uma taxa de juros consistente com uma economia estável. Suas manobras táticas tinham a intenção de evitar volatilidade excessiva no mercado, causada pelo desapontamento nas expectativas do mercado.

Algumas vezes, dias antes da reunião do Fed, Greenspan tentava pré-guiar os mercados usando vários canais de comunicação informais. Seu repórter favorito era John Berry, então do *Washington Post*. O objetivo do presidente era sempre se assegurar de que a política estava em equilíbrio razoável com o que o mercado estava esperando. Greenspan recolhia informações vitais acerca do mercado, mas o que o mercado estava esperando em termos de movimentos nas taxas de juros de curto prazo era exatamente o que Greenspan havia vazado para os mercados.

Por que todas essas manobras nos bastidores? A resposta é, por enquanto, familiar: o perigoso oceano de capital. A versão de Greenspan para o sucesso da política monetária era aquela que não surpreendia nem perturbava os mercados de ações no mundo. Greenspan vivera o pesadelo da grande queda do mercado de ações de 1987. Ela ocorreu logo após ele ter-se tornado presidente do Fed (Greenspan sabiamente inundou o mercado com liquidez, mesmo quando vários economistas conservadores argumentaram, em público, que o Federal Reserve devia restringir o crédito para combater a inflação e, desse modo, suportar o dólar). Receando o crescente oceano de capital, sua abordagem era sempre condicionar os mercados primeiro por meio de uma série de mensagens verbais sutis. O evento real — a mudança nas taxas de curto prazo —, do ponto de vista do mercado financeiro, ocorria principalmente em um ponto em que os resultados positivos do mercado financeiro já tinham ocorrido.

Com os mercados financeiros hoje maiores, mais voláteis e mais globais, essa manobra hábil está se tornando acentuadamente mais difícil. O próprio Greenspan admite que serviu durante um período em que as condições estavam quase sempre do seu lado. Em outras palavras, ele recebeu uma "mão de cartas" excelente. Em uma era de baixa inflação global, as séries de bolhas financeiras que estouraram que ele enfrentou ao longo de seu caminho puderam ser facilmente tratadas com rápidas expansões monetárias. Hoje, as opções não são tão simples assim.

Embora ele estivesse consciente de sua posição no palco do mundo, Greenspan, vez ou outra, tomava decisões técnicas que falhavam. Por exemplo, o presidente regularmente recebia dois conjuntos de dados recentes muito importantes para os mercados. Um era o então Purchasing Managers Survey (agora chamado Institute for Supply Management,* ou ISM). O outro era o componente industrial do relatório mensal de emprego (cobrindo menos de 30% da economia dos EUA e compartilhado com o Fed antes do anúncio oficial por seu preparador, o Bureau of Labor Statistics**, para permitir ao Fed completar seu trabalho de preparar outro conjunto de dados, o Industrial Production Index***). Com frequência, as palestras do presidente, que refletem seu conhecimento antecipado acerca desses relatórios ainda não divulgados, podem fazer parecer para o não informado que ele detém poderes especiais de ver o futuro. Com dados novos, porém incompletos sobre a força da economia, ele iria, por exemplo, falar de modo agourento sobre a economia. Dentro de dias, os dados apareceriam mostrando fraqueza na indústria. O Culto Presidencialista tornou-se excessivo. Greenspan parecia, para aqueles não cônscios, que podia ver o futuro.

Em outras ocasiões, no entanto, o presidente veria que suas declarações públicas não estavam corretas quando os dados sobre emprego, finais, mais completos, eram tornados públicos pelo Labor Department. O motivo era que, embora os dados industriais pudessem ter sido fracos, para continuar com o exemplo, o relatório mensal de emprego revelava mais tarde que o setor de serviços do relatório (representando

---

*Institute for Supply Management significa Instituto para a Administração da Produção.
**O Bureau of Labor Statistics é o órgão responsável pelo cômputo de dados estatísticos sobre trabalho.
***O Industrial Production Index representa um Índice de Produção Industrial. (N. do T.)

70 a 80% da economia) estava inesperadamente forte. Isso iria questionar a exatidão da previsão mais ampla do presidente.

Esses poucos soluços, certamente, desaparecem no contexto do amplo registro da trajetória do presidente. Embora ele próprio admita depois de ter saído do Fed que falhou ao não prever a crise das subprime que atingiu os mercados mundiais (um erro crasso regulatório de proporções históricas que descreverei em mais detalhes no final do capítulo), Greenspan foi muito eficaz na condução da política monetária. Enquanto esteve no cargo, ele cresceu rapidamente em termos profissionais como presidente, resolvendo as dificuldades, com frequência tornando mais incompreensíveis os ciclos dos mercados integrados. À medida que a globalização financeira se tornou uma realidade, os banqueiros centrais do mundo cada vez mais foram forçados a viver de suas perspicácias.

Os verdadeiros responsáveis pela política econômica necessitam saber quando agir e quando não fazer absolutamente nada — não causar danos. Esse foi um dos segredos da abordagem de Alan Greenspan, ao tentar administrar uma economia com complexidade crescente. As teorias e os protocolos monetários estabelecidos são importantes, mas as regras, como ele previdentemente descobriu, estão deixando de funcionar como previsíveis para sempre.

Entretanto, essa habilidade de dominar o funcionamento do sistema financeiro não duraria eternamente. Talvez Greenspan tenha mostrado isso da melhor forma quando disse: "As forças globais, combinadas com menos barreiras ao comércio internacional, diminuíram a liberdade de ação dos governos nacionais para afetar a trajetória de suas economias."

Algumas vezes, seu talento estava em ser sábio o suficiente para não atravessar o caminho de um trem de carga em velocidade. Outras vezes, os responsáveis pela política econômica não têm escolha, exceto agir com base em seus instintos (dentro dos limites de alguma estrutura conceitual). Um dos maiores especialistas internacionais do Bundesbank, Stefan Schönberg, comentou que, "embora a globalização possa ter enfraquecido o domínio de curto prazo dos bancos centrais sobre a política, Greenspan, com a integração dos mercados financeiros, realmente conseguiu aumentar a influência do Fed dentro do sistema financeiro global".

Na política de curto prazo, Greenspan esteve bem menos fixado em qualquer teoria pelo simples motivo de que muitas das convicções prevalecentes sobre dados e seus efeitos sobre a economia se tornaram menos confiáveis. Para estabelecer uma tendência, o Fed às vezes necessitava de alguns meses de dados. Ainda assim, a relação entre diferentes conjuntos de relatórios com frequência tornava a situação mais obscura, não mais clara.

Até o final dos anos 1990, Greenspan pôde sentir na pele, certamente, como resultado das montanhas de dados, que a economia dos EUA estava em meio a uma revolução de produtividade. O crescimento da produtividade estava significativamente acima do padrão histórico. Greenspan percebeu que a taxa de produtividade de longo prazo poderia ser maior, não dramaticamente, mas o suficiente para fazer diferença marcante na quantidade de riqueza criada nos Estados Unidos. Mesmo um aumento adicional sustentado de 0,5% no crescimento da produtividade é enorme em termos de suas implicações econômicas. Essa melhora de produtividade tornaria as empresas norte-americanas globalmente mais competitivas, enquanto, ao mesmo tempo, manteria a inflação sob controle.

No final, os norte-americanos conseguiram reter trilhões de dólares de riqueza que teriam desaparecido se Greenspan tivesse seguido uma rota mais convencional no final dos anos 1990. Essa rota convencional teria requerido taxas de juros maiores para perseguir o fantasma inflacionário que nunca se materializou (em princípio, quanto maior o crescimento da produtividade, menores as pressões inflacionárias). A maior realização de Greenspan foi reconhecer a revolução da produtividade e seus efeitos benéficos sobre a economia. Isso permitiu que ele mantivesse as taxas de juros onde elas estavam (alguém sem seus fortes instintos teria aumentado as taxas), enquanto segurava as expectativas de inflação sob controle.

A maior crítica a Greenspan, que surgiu em 2006, mesmo antes de sua aposentadoria, foi que ele ajudou a criar a perigosa bolha imobiliária ao manter as taxas de juros de curto prazo muito baixas por longo tempo. Certamente a bolha se tornou uma realidade desagradável. Os críticos de Greenspan passaram a chamá-lo de "o homem bolha". No entanto, o que esses críticos com frequência deixam de mencionar é que o presidente, em um período de sérias forças deflacionárias globais após o colapso das empresas pontocom e do 11 de Setembro, evitou com êxito a experiência japonesa dos anos 1990. Por mais sofrimento que a bolha imobiliária dos EUA tenha causado para a média dos norte-americanos, ela deve, por justiça, ser vista, no contexto da devastação da "década perdida", na ampla paralisia econômica que travou a economia japonesa por mais de uma década.

Como precaução contra esse tipo de devastação, Greenspan derrubou as taxas de juros de curto prazo para valores ainda inéditos, em 1%. A política funcionou, a economia se esquivou de uma bala; no entanto, não sem as consequências não intencionadas de uma bolha imobiliária. Alguns críticos argumentam que o Banco Central dos EUA manteve as taxas de curto prazo muito baixas por um período excessivamente longo, mas isso significa, de certo modo, olhar para trás e ver um modo de fazer melhor. Menos de uma década antes, Greenspan cometera o erro de elevar prematuramente as taxas de juros em resposta a uma falsa recuperação da economia; a economia enfraqueceu. E o Fed foi forçado a dar uma meia-volta embaraçosa e cortar as taxas de juros. O fato é que, nos anos anteriores à crise das subprime, se os regulatores tivessem feito seu trabalho, a política monetária, sozinha, não teria criado a Crise de Crédito de 2007 e 2008.

Até certo ponto, Greenspan se tornou uma vítima do Culto Presidencialista, que se expandira a tal ponto que o presidente era chamado de "o Maestro", um dirigente que vê tudo, sabe tudo e que controlou e dirigiu todos os aspectos da orquestra financeira e econômica. Somente na questão menos glamourosa da regulação bancária, Greenspan distribuiu tarefas. Ele delegava muita autoridade regulatória aos subordinados, incluindo seu vice-presidente, Roger Ferguson, no período crítico que levou à debacle das subprime. Nessa posição, Ferguson, que carecia de extensiva experiência no mercado financeiro, era um administrador capaz com extraordinária inteligência, mas não era páreo para os sofisticados participantes do mercado e seus advogados, que eram peritos em esconder riscos. O status de "maestro" de Greenspan oferecia a toda a comunidade reguladora bancária uma sensação completamente falsa de que tudo estava bem, apesar da crescente evidência do contrário. O Maestro, que enxergava tudo, não via motivo para preocupação, então por que alguém mais haveria de ter?

Os reguladores bancários do Federal Reserve (e também o Comptroller of the Currency, o Federal Deposit Insurance Corporation e outras agências de regulação bancária dos EUA) falharam na avaliação da natureza tóxica da situação das subprime. Eles não perceberam que empréstimos hipotecários para pessoas que nem remotamente se qualificavam para um empréstimo haviam entrado em uma espiral fora de controle.

Os dirigentes do Fed também não perceberam que a crise das subprime representava algo bem mais oneroso — a natureza irresponsável do setor bancário dos EUA e o colapso na confiança e na fé dos operadores e investidores globais na nova arquitetura financeira atual. Em meu capítulo final, descrevo mais completamente como, para evitar riscos, os bancos e outras instituições financeiras estabeleceram veículos financeiros dúbios e fora dos balanços. Esse foi um jogo elaborado com dívidas, do tipo esconde-esconde, que terminou em caos. Entretanto, antes da crise do mercado residencial, o boom continuava. Era como se o sistema regulador dos EUA e também as agências de risco de crédito privadas parecessem dominados por uma sensação de euforia em relação aos novos empréstimos hipotecários. Encorajados pelo Congresso, os reguladores pensaram que o mundo estava, de algum modo, entrando em uma nova era de "risco sem risco". Certamente, agora sabemos que não existe algo como isso. E isso, que eu chamo de "a mãe de todas as falhas regulatórias", impingiu forte sofrimento às famílias em todo o mundo. Além disso, a falha regulatória e o declínio da confiança na arquitetura presente tornaram o mundo financeiro atual um lugar muito perigoso que, no longo prazo, provavelmente reduziu a competitividade global do setor de serviços financeiros dos EUA.

Desde o início da globalização, a função do presidente do Federal Reserve se tornou quase a de um banqueiro central para o mundo. Isso porque, enquanto o euro conquistou mais uso e visibilidade nos anos recentes, o Federal Reserve hoje ainda reina no mundo financeiro amplamente "dolarizado". Em outras palavras, a maioria dos países em desenvolvimento ainda vinculam suas moedas, de uma forma ou de outra, ao dólar dos EUA. Isso significa que o presidente tem de estar preocupado não somente com os eventos que ocorrem na economia norte-americana; ele tem de avaliar as sutis complexidades de muitas outras economias ao redor do mundo.

Até certo ponto, o Federal Reserve, nos anos recentes, tem sido forçado a fazer um "voo cego" sem seu "radar" estatístico normal para conduzir a política monetária. No passado, certos indicadores de mercado serviam como sinais de aviso essenciais para a atividade do Banco Central. Não mais. Por exemplo, quando quer que as taxas de juros de longo prazo (rendimentos dos títulos de dez anos do Tesouro) caiam abaixo dos rendimentos das taxas de juros de curto prazo (a taxa de juros overnight, que o Federal Reserve controla) e fiquem nessa posição por algum período de tempo, uma recessão seguramente aparece. As condições de crédito se contraem dramaticamente. As pessoas e os negócios não conseguem empréstimos. Os economistas chamam isso de curva de rendimentos invertida.

Hoje, como uma ferramenta de previsão, essa relação estatística apresenta uma taxa de sucesso mesclada. Pelo fato de tanta riqueza global ter sido despejada em títulos de longo prazo do governo, o que decorreu da expansão da economia global após o fim da Guerra Fria, a curva de rendimentos se tornou distorcida e ficou dessa maneira por algum tempo. Greenspan chamou essa situação de "charada". A charada evoluiu para uma situação que, às vezes, cega os dirigentes do Fed, já que seus antigos mecanismos de previsão se tornaram inúteis.

Por mais estranho que pareça, os banqueiros centrais do mundo não conseguem nem chegar a um acordo sobre a definição de inflação. Os banqueiros centrais da Europa, por exemplo, são guiados por receios de algo chamado inflação plena.* Essa é uma mensuração de todos os níveis de preços, *incluindo* os de alimentos e de energia. Em contraste, os bancos centrais dos EUA acreditam que a inflação plena produz distorções excessivas de curto prazo e preferem olhar para algo chamado núcleo de inflação — uma mensuração do nível de preço *sem* incluir alimento e energia na composição.

Durante 2007 e a primeira metade de 2008, os preços globais da energia e dos alimentos dispararam. Como resultado, a inflação plena explodiu para cima, fazendo com que os nervosos dirigentes dos bancos centrais europeus mantivessem as taxas de juros de curto prazo elevadas, independentemente da fraqueza econômica causada pela crise de crédito global. Ao mesmo tempo, no entanto, o Federal Reserve cortou drasticamente as taxas de juros de curto prazo, com base na crença de que, embora expectativas de inflação crescentes sempre permaneçam preocupantes, o núcleo da inflação (excluindo alimentos e energia) se comportou surpreendentemente bem.

Qual medida é mais precisa? Os europeus argumentam que, para a pessoa comum, encher o tanque do automóvel de gasolina e pagar a despesa com comida são atividades econômicas triviais e, por conseguinte, devem ser incluídas na mensuração da inflação. O argumento prossegue sustentando que preços de alimentos e de energia acabam tendo um "efeito de contágio" sobre o nível geral de preços,

---

*A inflação plena mede a variação de todos os preços da economia, sem expurgos, como, por exemplo, em um índice de preços ao consumidor. Já o núcleo de inflação expurga o preço de alguns bens na mensuração da inflação. A exclusão dos preços de alimentos e energia é o padrão dos EUA, mas existem outras mensurações do núcleo de inflação em outros países. A transparência financeira, em alguns casos, é virtualmente inexistente. (N. do T.)

particularmente sobre a demanda salarial dos sindicatos. Os representantes dos EUA se contrapõem dizendo que fatores climáticos e geopolíticos podem temporariamente causar movimentos abruptos no preço dos alimentos e de energia, portanto distorcem uma visão mais ampla dos preços. Além disso, o receio do efeito contágio é exagerado, particularmente em uma economia dominada por serviços como a dos EUA, em que o número de membros sindicalistas decresceu significativamente nas últimas décadas.

No final, a questão se resume a isto: os preços dos alimentos e da energia em forte ascensão representam um fenômeno *inflacionário* (afetando as expectativas das pessoas e das empresas com relação à taxa de inflação no horizonte futuro) ou um fenômeno *contracionista* (enfraquecedor), na medida em que o consumidor comum dispõe de menos renda discricionária, após impostos, para gastar, e, assim, desacelerando a economia e amortecendo as expectativas inflacionárias? Quando cheguei pela primeira vez a Washington, D.C., em 1975, trabalhando como membro do Senado dos EUA, fiquei surpreso com o comentário expresso durante uma audiência do economista Arthur Okun. Naquela época, a inflação estava ganhando força, e eu sempre vou lembrar quando Okun — um dos mais destacados economistas dos EUA — respondeu à pergunta de um senador admitindo com honestidade incomum: "Não entendemos a inflação. Nunca entendemos." Trinta anos mais tarde, parece que, quanto mais coisas acontecem, mais elas permanecem as mesmas.

Na condução de suas atividades, os dirigentes dos bancos centrais historicamente mantiveram seus olhos em outra ferramenta — um sinal de alerta chamado *spreads* de risco do mercado emergente (a diferença entre as taxas de juros dos títulos não totalmente seguros do mundo em desenvolvimento e as taxas de juros ultrasseguras do Tesouro dos EUA). Na época recente de excesso de liquidez, os investidores globais, em um esforço para diversificar suas carteiras, colocaram enormes quantias de capital em investimentos nos títulos de elevados rendimentos dos países em desenvolvimento. Como resultado, as taxas de juros dessas dívidas não totalmente seguras refletiram, em anos recentes, uma situação incrivelmente calma que tinha pouco em comum com a realidade.

Os títulos brasileiros, por exemplo, por bastante tempo foram apreçados de maneira que sugeria que eles eram bem mais seguros do que realmente o são. Isso fazia pouco sentido, dados os acontecimentos políticos imprevisíveis na região. O presidente da Venezuela, Hugo Chávez, é tão imprevisível quanto Fidel Castro era. Em outras palavras, pelo risco político na América do Sul, as taxas de juros lá deveriam ser maiores. O ponto crítico é que os *spreads* de risco atuais tornam difícil para os bancos centrais avaliar o risco global. Para o presidente do Fed, entender o risco global é essencial para proteger a economia norte-americana.

Isso porque, no evento de uma recessão global significativa, esses mercados do mundo em desenvolvimento seriam os primeiros a ser atingidos. Seus títulos seriam os primeiros a entrar em inadimplência. Os *spreads* de risco correntes, contudo, deixam de refletir essa realidade.

As dores de cabeça do Banco Central parecem nunca ter fim. Os desequilíbrios globais cresceram a tal ponto que, para algumas economias asiáticas, as reservas de seus bancos centrais equivalem, de modo incrível, a bem mais de metade do PIB. A transparência financeira, em alguns casos, não existe.

E estes têm sido tempos bons. Os protecionistas globais, na maior parte do tempo, estão somente se queixando. Eles não agiram (ainda). E o mais desafiador é o fato de que ninguém estará seguro — quando a próxima grande crise financeira irromper — quanto a se os bancos centrais serão capazes de fazer muito a respeito da crise. Estejam certos: a crise de crédito das subprime representou algo de importância secundária, em comparação com as consequências, digamos, de uma guerra comercial global com a China e o fechamento dos fluxos de capitais da Ásia.

Nos anos de Greenspan, os mercados financeiros chegaram a acreditar que o Federal Reserve, em caso de um colapso financeiro catastrófico, funcionaria como "emprestador de última instância". Com certeza, a brigada de incêndio do Fed entrou em ação com sucesso em anos passados. Isso aconteceu durante os episódios de inadimplência das dívidas da Argentina e da Rússia no final dos anos 1990, quando as ações e os mercados de títulos de dívidas dos EUA foram afetados. O Fed também se moveu rapidamente e com êxito após o colapso do fundo de hedge Long-Term Capital Management, depois do colapso das empresas pontocom em 2000, após os ataques terroristas de 11 de setembro de 2001 e ainda depois do início da crise das subprime.

Mas, sempre que o Banco Central intervém e as ações sobem rapidamente, surge a seguinte questão: a subida rápida de preços está ocorrendo porque os mercados percebem valores não incorporados nas ações? Ou a subida resulta somente do estímulo monetário, e, por isso, mostra-se vulnerável à evaporação, uma vez que os estímulos do Banco Central cessem?

Os economistas chamam esse último fenômeno de risco moral — salvar com dinheiro dos contribuintes e políticas governamentais aqueles que assumem riscos; esse procedimento encoraja especulações mais arriscadas. Os dirigentes dos bancos centrais, em particular, têm o receio inerente de criar bolhas financeiras por intermédio de sua própria forma de risco moral. Isso envolve a fixação pelos bancos centrais de um piso no mercado de ações, permitindo que o mercado espere cortes agressivos de taxas de juros se as ações declinarem abaixo de determinado nível. No entanto, a questão é que adivinhar o nível de equilíbrio apropriado para as ações (isto é, identificar uma bolha e evitar risco moral) tornou-se uma tentativa condenada ao fracasso. Em 1996, por exemplo, Alan Greenspan, em uma famosa palestra no American Enterprise Institute, chamou o mercado de ações de "exuberância irracional". O nível Dow Jones era de 6.500 (comparado ao nível atual, de quase o dobro). Embora soasse como algo prudente de se dizer, a situação se mostrou bem mais complexa. Conforme o ex-secretário do Tesouro Larry Summers disse em uma entrevista na *The International Economy*: "Esta foi uma declaração sobre uma bolha que não existia." Alguns anos mais tarde, os norte-americanos tornaram-se exuberantemente irracionais com relação às residências. Essa se tornou uma bolha que existia.

A questão adicional é se os bancos centrais podem sequer ser os completos "emprestadores de última instância" sem consequências não intencionadas. Há limites para o estímulo monetário, em contraste com a capacidade aparentemente ilimitada dos mercados financeiros para criar alavancagem e risco. O próprio Greenspan disse: "Na teoria, os bancos centrais podem expandir seus balanços sem limite. Na prática, eles estão limitados pelo potencial impacto inflacionário de suas ações." Os bancos centrais atuais me fazem lembrar de um corpo de bombeiros com pressão de água muito fraca e escadas que não alcançam acima do primeiro andar. Quando a casa está em chamas, os bombeiros ainda correm para o salvamento. A questão é quanto bem eles podem gerar. Em março de 2008, quando o banco de investimentos Bear Stearns estava a ponto de sofrer colapso, o Federal Reserve entrou em águas desconhecidas ao resgatar o banco de um modo que parecia tornar o Fed, então, o garantidor de todo o sistema financeiro. Como discutirei no capítulo final, pode levar anos antes que todas as ramificações dessa mudança de política sejam percebidas. Com certeza, o Banco Central dos EUA agarrou um enorme tigre financeiro pelo rabo.

Em uma observação mais ampla, não posso evitar pensar que os banqueiros centrais do mundo devem ficar sentados até tarde da noite e, ocasionalmente, ponderar sobre o fato de que o período na economia mundial do final dos anos 1870 a 1914 mostra forte semelhança com a situação atual. Esse, também, foi um período de liberalização do comércio e de mercados de capitais relativamente internacionalizados. A quantidade de poupança e de criação de riqueza excedia em muito as oportunidades disponíveis de investimentos. As taxas nominais de juros eram baixas em nível mundial. Crises financeiras surgiam e, com frequência, eram seguidas por esforços dos grandes bancos para resgatar o mercado. Lá atrás, a surpresa no fim da linha, estava o Armagedon econômico e financeiro dos anos 1930.

É verdade que os responsáveis pela política econômica atual são bem mais sofisticados do que eram há um século. Ainda mais: eles têm o benefício da visão do passado. Eles são bem mais capazes de lidar com turbulências financeiras. No entanto, um longo período envolvendo um grande excesso de poupanças em relação aos investimentos é usado, com frequência, pelos economistas voltados para a história a fim de descrever os eventos que levaram à Grande Depressão. Nos anos 1930, o excesso de poupança serviu como uma força fortemente contracionista (enfraquecedora) no sistema global.

Hoje, até aqui, esse elemento contracionista, como uma depressão — que resulta do excesso de oferta de poupança global —, dificilmente parece estar no horizonte. E a razão é que, diferentemete do sistema econômico fechado para o qual o mundo financeiro evoluíra até os anos 1930, o excesso de poupança global atual ainda pode ser reciclado internacionalmente. Em outras palavras, o capital financeiro global continua a se movimentar através de fronteiras, relativamente livre, em busca de novas oportunidades de investimentos. Isto é, pelo menos por enquanto.

Entretanto, o futuro parece problemático. Não se nega que o mundo de comércio globalizado e de capital financeiro com fluxo livre se encontra sob cerco. Nos Estados Unidos, ambos os partidos políticos começam a retroceder das verdadeiras políticas que criaram a maior explosão em prosperidade que o mundo jamais presenciou. O mesmo é verdadeiro na Europa e em outros lugares. Os mercados estão começando a observar. Assim também como os nervosos bancos centrais, que sabem mais do que a maioria que os custos de longo prazo de uma série de erros crassos politicamente inspirados podem ser catastróficos.

Em risco está um sistema extraordinário de criação de riqueza e redução de pobreza. Trata-se de um sistema que já produziu o início de uma revolução nas doações por caridade, e com potencial para criar enormes quantidades de bens no mundo. Mas os bancos centrais, enquanto seguem no processo de desembaraçar dívidas no restolho da crise das subprime, fariam melhor se reestabelecessem o sistema. Embora estejam em atividade, eles fariam melhor se trabalhassem em uma nova doutrina financeira global para o século XXI. O Fed necessita desesperadamente implementar reformas sensíveis e de precisão cirúrgica, com metas que evitem causar danos ao setor financeiro dos EUA e, ainda assim, restaurem a confiança global no sistema.

A atual safra de dirigentes de bancos centrais — liderada por Bernanke, do Fed, e Trichet, do Banco Central europeu — pode ser a mais engenhosa e mais dotada intelectualmente que já surgiu. Bernanke e seus colegas do Fed, em particular, fizeram um serviço de mestre ao gerar maior transparência para o Banco Central. Eles agora comunicam os trabalhos internos de discussões sobre a taxa de juros com mais regularidade e oferecem indicadores da saúde da economia com mais frequência. Essa maior abertura deve, no longo prazo, gerar mais estabilidade para o sistema financeiro internacional. Eles estão tornando o Fed menos misterioso.

Mas a tarefa de evitar novas turbulências nos mercados nos próximos anos não será fácil. Hoje, não existem soluções simples, mas há muitos erros simples que podem ser cometidos em um mundo no qual, até agora, volumes inéditos de capital se movimentam ao redor do globo perigosamente à vontade.

CAPÍTULO 8

Lutas de classes e as políticas de globalização

De todas as incertezas que confrontam os mercados financeiros globais — da China ao frágil sistema bancário e ao encolhimento dos bancos centrais —, a mudança de política ainda é a mais difícil de se prever. A globalização e os mercados de capitais liberalizados tiveram início como resultado de políticas, como uma resposta à estagnação econômica dos anos 1970. Se a globalização vai sobreviver no século XXI dependerá de se os eleitores aceitarão politicamente as falhas da globalização à luz de seus tremendos benefícios. Essa aceitação parece crescentemente duvidosa.

O oceano de capital global atual mede continuamente o risco político. Devido ao fato de o capital empreendedor ser acentuadamente móvel e olhar para o futuro, ele corre através das fronteiras ao primeiro sinal de alguma mudança negativa, mesmo *potencial*, frequentemente deixando para trás a destruição da instabilidade financeira. Esses sinais de mudanças negativas compreendem sinais de lutas de classe (políticos lançando um grupo de renda contra outro) e excessiva intervenção do governo, incluindo protecionismo, como também outras mudanças fiscais e regulatórias propostas que sejam bem-intencionadas porém se mostrem contraproducentes. Hoje, o mundo é curvo precisamente porque os ambientes político e financeiro se desentendem cada vez mais. Esse é particularmente o caso dos Estados Unidos, onde uma mudança política sísmica que se afasta do comércio livre e dos mercados de capitais liberalizados parece estar sob consideração.

O que estou prestes a oferecer é uma teoria sobre política de globalização que pode soar estranha. Meu argumento é que o último quarto de século representou um consenso político bipartidário não costurado a favor do livre-comércio e de mercados financeiros liberalizados. Nos Estados Unidos, durante esse período, a globalização não foi um fenômeno republicano nem democrático. De fato, não havia muita diferença na política econômica entre o democrata Bill Clinton e o republicano Ronald Reagan.

A realidade é que Bill Clinton como presidente foi ainda mais defensor do livre-comércio do que Ronald Reagan. Clinton se tornou o campeão da globalização e da liberalização financeira dos mercados. Ele foi um líder participante em um quarto de século de prosperidade e redução da pobreza global assombrosas. Reagan e Clinton se agarraram à globalização como uma ferramenta imperfeita porém essencial para romper com a economia sufocante dos anos 1970. O jovem Bill Clinton atingiu a maioridade nos anos 1970, portanto ele estava particularmente cônscio da desilusão econômica daquele período. Reagan nasceu em 1911, portanto atingiu a maioridade durante a Grande Depressão. Em certo sentido, uma vez na Casa Branca, ambos reconheceram a urgência e a oportunidade de serem capazes de participar da grande onda de globalização. A questão hoje é: o que acontece quando os participantes do mercado financeiro global percebem completamente que esse período notável de consenso político está em risco de chegar ao fim?

Ambos os partidos políticos dos Estados Unidos estão hoje se afastando das políticas pró-globalização patrocinadas por Bill Clinton. Com certeza, parte da turbulência nos mercados financeiros e do enfraquecimento do dólar no período recente tem como origem não somente as incertezas de crédito relacionadas às hipotecas subprime, mas também decorre das incertezas sobre a direção das políticas norte-americanas. Esses receios foram ampliados pelos políticos dos Estados Unidos que se engajaram crescentemente em ataques populistas sobre a formação de capital, a iniciativa empreendedora e a criação de riqueza.

Aqui está o problema com a politização da globalização. Até agora, os mercados financeiros mundiais têm estabelecido o preço dos ativos financeiros dos EUA, incluindo o preço das ações, em valores relativamente elevados. Isso se baseia na hipótese de que o modelo de Clinton-Reagan de livre-comércio, mercados de capitais liberalizados e crescimento robusto de longo prazo permanecerá, em sua maior parte, intacto e, portanto, manterá os mercados em ascensão. Agora, um novo universo político parece estar emergindo, com novas regras, políticas em mudança, e menos paciência para fluxos de capitais e comerciais com total liberdade. As questões do momento são: como os mercados irão, nos próximos anos, avaliar a natureza em transformação do ambiente político? E ocorrerá alguma desvalorização agressiva dos ativos financeiros em um clima de pânico? A ameaça para os mercados financeiros de mudanças políticas insensatas é muito real. Hoje, há crescente convicção quanto ao fato de o mundo financeiro, em termos políticos, ter entrado em águas desconhecidas.

Entendo que unir Clinton e Reagan em uma discussão econômica global pode soar estranho, mas não é tão bizarro quanto parece. Nas últimas décadas, ambos eram membros de um grande conjunto de atores sobre um palco internacional de reforma econômica e financeira globalizada. Os outros reformadores incluíam Narasimha Rao, na Índia, Deng Xiaoping, na China, Jacques Delors, na Europa, Margaret Thatcher, no Reino Unido, Roger Douglas, na Nova Zelândia, e Fernando Henrique Cardoso, no Brasil. Alguns analistas incluem o ex-primeiro-ministro e socialista francês Lionel Jospin nesse grupo respeitável.

Todos esses indivíduos se beneficiaram do declínio da inflação global e da emergência do novo e não dispendioso poder da computação. Diante de pressões políticas, todos se voltaram para a globalização, o empreendedorismo e os mercados de capitais a fim de romper com as políticas inibidoras de riqueza dos anos 1970 (e, no caso da China e Índia, com a mão opressora de uma economia centralmente planejada).

Reagan e Clinton como políticos formaram um par estranho. A popularidade de ambos os ex-presidentes se beneficiou do sucesso econômico originado pelo suporte aos mercados de capitais e de comércio liberalizados.

Com o objetivo de transparência total, tenho de dizer que, inicialmente, não via o potencial de Reagan para tal papel histórico, apesar de eu desfrutar de poltronas na primeira fila no início de tudo. De fato, sempre me lembrarei da imagem de um Ronald Reagan mais alto do que esperava e de bochechas rosadas, no final de 1979, atravessando rapidamente a porta de uma suíte do hotel Airport Marriott em Los Angeles. Vestido com um paletó esporte com retalhos vivos e multicoloridos e uma camisa de golfe que contrastava em cor e textura, o homem de 68 anos e ex-governador da Califórnia quase não parecia alguém preparado para disputar a escolha presidencial do Partido Republicano.

Embora eu fosse originalmente um democrata registrado (todos que cresceram em minha classe média baixa, em casas enfileiradas na vizinhança da cidade de Baltimore, eram democratas), estava aqui para aconselhar Reagan porque era um assistente do congressista republicano Jack Kemp, de Nova York. Na campanha presidencial de 1980, o congressista da área de Buffalo serviu como o principal arquiteto da política doméstica da campanha de Reagan. Eu era chefe da equipe de Kemp. Nós estávamos em Los Angeles para falar de economia — especificamente, para passar três dias de 9h às 17h em discussão com Reagan com quem eu nunca me encontrara, e com sete ou oito de seus conselheiros mais próximos. Nosso objetivo era delinear um plano de recuperação nacional.

Apesar de minha idade naquela época, 26 anos, eu era amadurecido o suficiente para perceber a importância potencial de nossos encontros. Nunca imaginei, no entanto, que esses três dias contribuiriam para a globalização da economia dos EUA. Eles, de fato, contribuíram. Tampouco eu tinha consciência de que um presidente democrata, Bill Clinton, mais tarde ampliaria essas políticas com uma intensidade que eu nunca imaginei.

O personagem mais intrigante na equipe de Reagan era o mentor de sua campanha, John P. Sears. Ele era um homem de cabelo branco e de 40 e poucos anos, que fumava um cigarro atrás do outro. Os amigos, de modo afetivo, se referiam a ele como John P. Satan (por causa de suas táticas espertas e diabólicas contra os oponentes políticos). Eu admirava Sears por sua inteligência estratégica — harmonizado com os benefícios políticos de às vezes ser não convencional e imprevisível. Ele me fazia lembrar de Erwin Rommel, o general alemão no Norte da África na Segunda Guerra Mundial, com seu cigarro mantido por três dedos parecendo um minicanhão apontado diretamente para o governador. Toda vez que Sears falava, havia tensão no ar. A tensão aumentava quando ele se dirigia a Reagan (Sears foi retirado da campanha alguns meses mais tarde). Ainda assim, uma das contribuições de Sears se tornou histórica.

No início das reuniões em Los Angeles, ele insistiu que a campanha promovesse algo chamado "Acordo da América do Norte". Esse era o plano para permitir que o comércio se movimentasse livremente pelas fronteiras com o México e o Canadá. Reagan adorava a ideia. Ele mencionou isso em seu anúncio para a presidência em 1979 e em seu primeiro State of the Union.* O Acordo Norte-Americano foi, com certeza, a semente original que gerou o Acordo de Livre-Comércio da América do Norte, ou Nafta.** O Nafta se tornou a linha comum com o presidente Clinton, que, mais tarde, o patrocinou. Ele estabelecia uma zona de livre-comércio entre EUA, México e Canadá, que se tornou uma das maiores avanços da globalização.

---

*É uma mensagem anual que o presidente dos EUA dá ao Congresso norte-americano. (*N. do T.*)
**North American Free Trade Agreement. (*N. do T.*)

Essas reuniões com Reagan ocorreram no final do que eu chamo de "década ruim" — os anos 1970. Tudo sobre os anos 1970 — a economia, a política externa, a música, mesmo a moda — foi ruim. Lembre que isso ocorreu logo após o final humilhante da Guerra do Vietnã. Foi menos de uma década após o escândalo que assolou e forçou a demissão do presidente Richard Nixon. Ainda perdurava a sensação de que o assassinato do presidente Kennedy em 1963 roubara da nação sua inocência e promessa.

Uma razão pela qual o mundo é curvo é que os eleitores atuais de meia-idade nos Estados Unidos não lembram as dificuldades desse período. Hoje, eles não podem imaginar uma economia menos do que plenamente empregada com baixa inflação e taxas de juros reduzidas. Assim, eles olham os reveses da globalização sem apreciar o suficiente seus momentos tremendamente benéficos que ajudaram a retirar a economia dos EUA do período ruim que foram os anos 1970.

Nessa época, um grupo chamado "Clube de Roma", que era constituído pelos principais economistas do mundo, teorizou que a economia mundial sitiada estava batendo contra limites de crescimento. As economias, em outras palavras, haviam alcançado seus limites de criação de emprego.

Alguns anos antes, a cidade de Nova York quase não conseguiu escapar da falência. Apartamentos no elegante prédio residencial no West Side conhecido como Dakota, onde John Lennon estava morando quando foi assassinado, hoje são vendidos por US$10 a US$20 milhões. Naquela época, eles estavam sendo descartados por US$100 mil.

Os dois cortes de petróleo do Oriente Médio forçaram os Estados Unidos ao uso de gás. Uma política inconsequente do Federal Reserve levou as taxas de juros de hipotecas a 20%, inflação de dois dígitos e taxas de desemprego que alcançaram 10% (comparadas, por exemplo, a 5% no início de 2008 e com taxas de hipotecas abaixo de 6%).

Nessa era pós-Vietnã e Watergate, as pessoas perderam a confiança no governo. Isso ocorreu porque, em grande parte, o governo havia perdido o controle das expectativas inflacionárias. Em 1972, o índice Dow Jones Industrial Average alcançara 1.000 pontos, mas fechou no fim da década a aproximadamente 800. Essa queda somava não somente uma perda de 20%, mas retornos negativos anuais por muitos anos. Isso representava o pior e mais prolongado mercado em queda do último meio século.

Quando um mercado de ações declina, o mercado de títulos de dívida usualmente sobe com rapidez. Até o final dos anos 1970, de modo incrível, ambos com frequência caíram simultaneamente por causa das expectativas de inflação crescentes. Uma crise nos fundos de pensão corporativos e públicos também parecia iminente. Durante esse período, as empresas norte-americanas estavam sendo ridicularizadas como se fossem dinossauros.

Nos Estados Unidos, a inflação, por meio de um processo de "alíquotas tributárias crescentes", dera às famílias de classe média as alíquotas de impostos uma vez reservadas ao super-ricos. Então, insistimos com Reagan para que, se ele se tornasse presidente, reduzisse aquelas alíquotas tributárias imediatamente. Ele reduziu todas as alíquotas tributárias sufocantes, incluindo a taxa marginal superior, que estava a 70% sobre a renda pessoal. Hoje, poucos políticos em Washington em ambos os partidos, exceto os mais agudamente ideológicos, defendem o retorno da alíquota tributária máxima de 70%. Era uma alíquota que sufocava financeiramente os contribuintes da classe média. Os únicos beneficiários eram as empresas que se especializavam em proteções criativas contra impostos.

O historiador britânico Paul Johnson resumiu os anos 1970 como a "tentativa de suicídio dos Estados Unidos". O que lembro é de uma psique nacional quase perdendo rapidamente o propósito. Mas, como demonstro, os anos 1980 e 1990 produziram a renascença da confiança e do otimismo norte-americano com relação ao futuro. Tudo isso levanta duas questões importantes sobre a situação atual: poderia os EUA e o mundo estarem retornando a um período como o dos anos devastadores da década de 1970? E o termo "os anos 70" é sequer relevante para a maioria dos eleitores hoje?

De todos os especialistas que viveram ao longo desse período, Alan Greenspan desfrutou da mais aguda sensibilidade em relação ao novo paradigma dos anos 1980 que começou a transformar o sistema econômico norte-americano sob a administração Reagan. De novo, essa foi uma mudança hiperimpulsionada uma década mais tarde por Clinton.

Na maior parte das duas décadas, de 1990 em diante, meu parceiro de negócios Manley Johnson e eu encontraríamos Greenspan com certa regularidade para o café da manhã na sala de refeições privada do presidente, que tinha uma bela vista do Washington's Mall. Greenspan nunca ofereceu qualquer informação útil sobre seus objetivos de política monetária. Ele fazia o impossível para não dar dica alguma. Nossas discussões eram fascinantes do mesmo jeito.

No início dos anos 1990, em um de nossos cafés da manhã, perguntei ao presidente como ele via a relevância de Reagan do ponto de vista econômico. A consideração de Greenspan refletiu uma observação singular. Ele disse que o momento em que soube que uma mudança de paradigma ocorrera plenamente foi quando Reagan fez algo extremamente não usual e muito arriscado. Em 1982, ele despediu os membros do sindicato que controla o tráfego aéreo (PATCO — Professional Air Traffic Controllers Organization). Eles haviam tentado fechar os aeroportos da nação, o que os advogados da Casa Branca consideraram uma greve ilegal.

Quase todos os conselheiros do presidente advertiram Reagan sobre os percalços na demissão de membros de um sindicato. O potencial de uma paralisação completa da mão de obra no estilo europeu ameaçava interromper todo o sistema de transportes norte-americano. Isso iria prejudicar a economia dos EUA, atirando rapidamente dezenas de milhares de norte-americanos para fora do trabalho. Após oferecer um ultimato — malsucedido — para voltarem ao trabalho, ele despediu os membros do sindicato. O mundo inteiro prendeu a respiração. Nenhuma paralisação no estilo europeu que se mostrasse devastadora em termos econômicos ocorreu.

Greenspan me disse que soube imediatamente que o episódio representava um ponto político decisivo para os Estados Unidos. Os negócios que pareciam dinossauros enfrentariam um novo clima de flexibilidade política e econômica, o qual permitiria a reestruturação necessária para competir em nível global. Reagan havia forçado uma mudança nas expectativas de mercado. A questão não era o fato de os sindicatos serem danosos ou que não tivessem um papel relevante na economia moderna: a questão era se havia um consenso político nos EUA para permitir que as empresas norte-americanas inchadas se reestruturassem agressivamente. O resultado alterou completamente as relações gerente-trabalhador nos Estados Unidos.

Aqui está a questão central. Pouco do que aconteceu durante esse período de transição refletiu partidarismo único. Os esforços democráticos no Congresso que retrocedem aos anos 1960 pavimentaram o caminho para a desregulamentação de Reagan nos anos 1980. Foi, além disso, um republicano apontado como presidente do Federal Reserve, Arthur Burns (cedendo a pressões políticas da administração Nixon), que iniciou as fases iniciais da desastrosa inflação de 1970. E foi um democrata, o senador Lloyd Bentsen, do Texas, como presidente do Comitê Econômico no final dos anos 1970, com Jack Albertine como conselheiro da equipe, que lançou por todos os círculos políticos de Washington a ideia de tratar do problema das alíquotas crescentes de impostos. Bentsen foi o autor da chamada proposta 10-5-3 de depreciação tributária, que o principal destaque no plano tributário de 1981 de Reagan. Mais tarde, ele se tornou primeiro-secretário do Tesouro de Bill Clinton.

Observe que Bentsen tratou da questão das alíquotas crescentes quando Ronald Reagan, como a peça central de sua política econômica, ainda estava falando sobre a suposta Chicago Welfare Queen. Essa era uma figura mítica, mencionada com frequência nas palestras de Reagan ao longo dos anos 1970, que coletou 85 cheques separados da Previdência Social. Desse modo, ela, de algum modo, era responsável por todos os males da economia norte-americana, uma asserção ridícula.

Mas nenhum democrata atuou como maior patrocinador da globalização, do capitalismo empreendedor e do fluxo livre nos mercados de capitais do que Bill Clinton. Ele era estimulado pelo livre-comércio e levou o argumento da globalização a novas dimensões e a economia para êxitos enormes. Clinton se cercou de internacionalistas de Wall Street, como, por exemplo, Robert Rubin, economistas defensores do mercado livre como Larry Summers, de Harvard (que, incidentalmente, participou da equipe do White House Council of Economic Advisers quando Reagan era presidente), e muitos outros representantes do governo que apoiavam o modelo de globalização.

De fato, Clinton ultrapassou Ronald Reagan como defensor do livre-comércio. Ele certamente teve um desempenho bem superior ao do sucessor de Reagan, George H.W. Bush. Apesar de suas credenciais como defensor do livre-comércio, Ronald Reagan, nos últimos anos de seu mandato, ficou atolado com o escândalo Irã-Contra. Durante esse período, ele permitiu que a parcela das importações dos EUA sujeita a algum tipo de restrição saltasse de 12 para 24% até 1989. Em contraste, em sua Mensagem ao Congresso de 1997, Clinton requereu que "a autoridade agora conclua os novos acordos de comércio que abrem mercados... Necessitamos não nos diminuir diante do desafio da economia global".

Por cima das objeções da primeira-dama e de alguns de seus conselheiros, Clinton pressionou pela adoção do Nafta. Embora alguns de meus amigos simpatizantes de Clinton discordem, acredito que o Nafta, simbolicamente, se tornou a questão do controle de trafego aéreo de Clinton — uma mensagem simbólica para os mercados mundiais pró-globalização. Os esforços incansáveis de Clinton para promulgar o Nafta transmitiram aos mercados financeiros que a mudança de paradigma iniciada nos anos 1980 continuaria e seria aprofundada.

Durante as primárias presidenciais dos democratas de 2008, os sindicatos e o lado mais liberal do Partido Democrata atacaram a administração Clinton por seu suporte ao Nafta. O que esses críticos deixaram de mencionar foi que, desde a promulgação do Nafta, em

1993, até 2001, o emprego nos EUA cresceu de 120 milhões para 135 milhões. Cinco anos após a promulgação do Nafta, a taxa de desemprego nos Estados Unidos atingiu um recorde de baixa, 3,8%. Esse era um nível considerado pela maioria dos economistas como teoricamente inalcançável.

Hoje, os ex-representantes do governo Clinton reagem defensivamente (pessoalmente acredito que com excessiva defesa) às críticas contra suas políticas pró-globalização. Alguns tentaram reescrever a história — ou pelo menos seu papel na história. Em vez disso, eles deveriam responder que, se o mundo rejeitar aquelas políticas, estará pondo em risco nada menos do que a saúde financeira da economia global.

Nos Estados Unidos, ambos os partidos políticos estão se afastando da posição de livre-comércio. O GOP* no Congresso — que, durante as décadas recentes, se juntou como um membro significativo da coalizão para o comércio livre — tem enfraquecido em seu trabalho de carpintaria com relação à questão comercial. Fred Bergsten — o representante da administração Carter que seguiu em frente para fundar o Peterson Institute for Internacional Economics, o foro de debates líder no campo de economia global — faz uma observação divertida sobre republicanos e comércio. Declara Bergsten: "A maior perda na política de comércio dos EUA na década passada foi o desaparecimento político do conservador e agitador do Partido Republicano Tom DeLay (representante do Texas). Foi somente graças ao 'The Hammer' [apelido de DeLay] que qualquer legislação sobre comércio passou no Congresso. Quando esteve presidindo a Casa [durante o período em que o GOP estava encarregado, de 1994 até janeiro de 2007], DeLay manteve a lista em aberto; ele conquistava votos; e aprovava legislações algumas vezes com margem de somente um ou dois votos." Hoje, não existe um sujeito durão como Tom DeLay no Partido Republicano. O mesmo é verdadeiro para o Partido Democrata.

---

*GOP significa Grand Old Party, e é uma referência para o Partido Republicano dos EUA. (*N. do T.*)

Toda essa história de consenso político Reagan–Clinton certamente exige a questão fiscal. Reagan não cortou impostos e Clinton não os aumentou? A verdade não é simples assim. Comecemos com o fato de que ambos os partidos políticos procedem levianamente com relação às políticas fiscais de Bill Clinton. Muitos republicanos, por exemplo, falam como se, quando Bill Clinton aumentou a alíquota máxima de imposto individual de 28 para 35% (38% para os contribuintes com rendas superelevadas), a economia tivesse entrado em recessão. O caso foi exatamente oposto.

Da mesma forma, muitos democratas ainda têm de reconhecer que as alíquotas mais elevadas causaram distorção na compensação de executivos na posição máxima das corporações (sob a lei tributária de Clinton, as empresas não puderam mais deduzir salários de executivos acima de US$1 milhão). Esses executivos, com enormes compensações, tentaram evitar pagar as alíquotas mais elevadas por meio do uso questionável de opções de compra de ações das empresas, cujo uso explodiu. Por motivos contábeis, muitos CEOs de corporações, durante o período que se tornou conhecido como a era Enron, davam a si mesmos essas opções como compensação, em vez de amplos salários que seriam tributados, porque pagamentos com base em incentivos eram isentos das limitações. Todo o episódio é um exemplo importante da lei das consequências não intencionadas. O que está claro é que, além de determinado ponto-limite na taxa marginal de tributação, o afluente emprega esforços legais enormes para evitar tributação adicional.

Há um ponto sobre a política tributária de Clinton raramente mencionado. Em 1997, no início do período da bolha das empresas pontocom da internet, Bill Clinton, silenciosamente, assinou uma lei que reduziu a taxa de ganhos de capital de 28 para 20%, uma queda extraordinária de 30%.

Fred Goldberg, o ex-delegado da Receita Federal* dos EUA, sustenta que a política tributária dos EUA, durante os últimos qua-

---

*Internal Revenue Service. (N. do T.)

renta anos, permaneceu relativamente sem costura, e, assim, qualquer mudança abrupta no sistema tributário pode desequilibrar de modo significativo os mercados financeiros. Se isso tudo soa estranho, imagine de novo ser o marciano que acabou de descer no planeta Terra sem ter ouvido décadas de retóricas partidárias. Examinando os fatos, o presidente democrata John F. Kennedy pareceria ter sido o defensor dos fluxos de capitais. Seus esforços conduziram ao corte da alíquota tributária máxima de 90 para 70%, com a promulgação do crédito tributário para investimentos em negócios (ele também iniciou a primeira rodada das negociações multilaterais de comércio chamadas Kennedy Round). Reagan eliminou o crédito tributário aos investimentos, mas reduziu ainda mais as alíquotas individuais. Clinton aumentou a alíquota individual máxima um pouco, mas assinou legislação reduzindo drasticamente as taxas de ganhos de capital (enquanto anunciava uma série de novos acordos de livre-comércio que fizeram os mercados de capitais subirem). A observação de Goldberg é que seria difícil negar que a tendência geral desde os anos 1960 tem sido em direção a políticas tributárias que favoreçam o fluxo de capital empreendedor. Além disso, a política tributária para indivíduos tem evitado amplamente políticas destrutivas de disputas de classes.

É verdade que vários observadores políticos argumentam que Clinton perseguiu suas políticas em função de uma estratégia política cínica de "triangulação" — tentando cooptar alguns dos elementos convictos do núcleo do partido de oposição para obter vantagem política. Mas quem se importa com sua motivação? Para Clinton, a estratégia funcionou; ele se tornou o primeiro democrata desde Franklin Delano Roosevelt a vencer dois mandatos completos na Casa Branca.

Ainda mais importante é que, se as políticas econômicas de Bill Clinton forem varridas de Washington e trocadas por políticas amaldiçoadas para o capital empreendedor, isso representará um evento significativo para os mercados financeiros. Como o economista liberal Jeff Faux, do Economic Policy Institute, observou, de modo um pouco hiperbólico, logo após as grandes perdas republicanas no Congresso em 2006: "Estamos em um ponto em que a era Reagan poderia estar finalmente acabando, *incluindo os oito anos de Bill Clinton*." Essa mudança política potencial é a principal razão para o mundo estar hoje perigosamente curvo.

Atualmente, a comunidade política dos EUA está pronta para entrar em um debate tributário. Este livro não foi elaborado com a intenção de ser um tratado sobre impostos. De certo modo, em qualquer sociedade, os eleitores devem ser encorajados a determinar os níveis de impostos — e de viver com as consequências, boas ou ruins. Mas é importante que o debate reflita duas realidades: primeiro, que qualquer mudança de impostos que destrua a revolução empreendedora dos EUA representaria o cúmulo da idiotice. Isso é particularmente crucial devido à competição brutal que os Estados Unidos enfrentam hoje na economia global. E segundo, que também seria a mesma idiotice qualquer discussão de impostos que deixe de refletir o desafio fiscal norte-americano.

No debate atual, já há uma percepção equivocada de que, se somente os "ricos" nos EUA pagarem mais impostos, o pesadelo fiscal dos EUA desaparecerá. Isso é enganoso à luz dos números. Cada 1% de aumento na alíquota máxima de impostos individuais, como o colunista David Brooks ressaltou no *New York Times*, produz aproximadamente somente US$6 bilhões de receita. Isso é somente uma gota no contexto de uma ameaça fiscal maciça que desponta no horizonte. Essa ameaça pode ser medida em trilhões de dólares.

E quais são as dimensões dessa ameaça? Robert Samuelson, do *Washington Post*, oferece um resumo útil: de 2000 a 2030, a população dos EUA com 65 anos ou mais irá mais do que dobrar à medida que os *baby boomers* continuem a se aposentar. Os aposentados se expandirão de 35 para 72 milhões, ou para 20% da população. Os gastos com os grandes programas destinados às necessidades dos idoso — Previdência Social, Medicare e Medicaid — custam hoje US$1,1 trilhão, ou 40% do orçamento federal (mais do que duas vezes os gastos com defesa). Até o ano 2030, o custo desses programas saltará dramaticamente, consumindo 75% do orçamento, ou mais de US$2 trilhões.

Portanto, a conversa na disputa de classes que defende a cobrança de muitos impostos dos super-ricos para que se resolva a confusão financeira pode parecer uma máxima política inteligente. Mas a retórica reflete o definitivo cinismo político. A razão é que não há pessoas ricas o suficiente para suportar a conta. Ou, de outro modo, muitos norte-americanos de ambos os partidos políticos que trabalharam com afinco para se tornar afluentes ficariam chocados ao saber que Washington os considera parte da classe super-rica de Warren Buffett que deve suportar a carga para atender o hiato de receitas vindouro.

Um relatório de investimentos de 2008, do Morgan Stanley, observou que, nos Estados Unidos, uma nação de trezentos milhões de cidadãos, menos de 19 mil famílias dispõem imediatamente de US$25 milhões ou mais em ativos financeiros que podem ser investidos (exceto imóveis e aposentadorias). Em outras palavras, o número de americanos que são chefes de família com riqueza líquida de US$25 milhões ou mais pode caber no Madison Square Garden em Nova York para um jogo de basquete da NBA. Em vez disso, a maioria dos norte-americanos considerados ricos realmente acumulou fortunas relativamente pequenas, usualmente como resultado de pequenos negócios de sucesso, parcerias legais e empresas especializadas orientadas à prestação de serviços. Eles ficariam surpresos por serem incluídos na classe de megarricos como Warren Buffett — espera-se que essa classe pague a conta de um pesadelo cujo custo montará a trilhões de dólares.

Em qualquer legislação tributária vindoura para os EUA, remendar o código tributário é uma coisa; abrir a porta para uma nova era que consiste em lançar um grupo de norte-americanos contra outro é um assunto complexo e difícil. Uma coisa é certa sobre a disputa de classes: ela é venenosa para os mercados financeiros globais, hoje altamente móveis. Uma vez começada, é difícil conter a disputa de classes. De fato, evitar a luta de classes foi uma das notáveis proezas da era Clinton. Nesse período, o setor empreendedor — com altos lucros e criador de empregos — foi patrocinado pela elite política de Washington por conta de sua marca registrada no sentido de expandir empregos.

Incidentalmente, talvez o campeão da retórica da luta de classes seja, de forma irônica, o maior investidor do mundo, Warren Buffett. Após juntar uma das maiores fortunas do mundo, Buffett agora argumenta que ele é flagrantemente subtributado. Se fosse do jeito que ele sugere, ele estaria pagando bem mais impostos para o governo federal por meio de alíquotas marginais de impostos mais elevadas, como também outros norte-americanos estariam ricos.

Posso apreciar a preocupação de Buffett com os desequilíbrios fiscais norte-americanos, mas suas prescrições políticas o colocam em posição inconveniente. Há algo na constituição genética dos que assumem riscos e são muito bem-sucedidos que, uma vez atingido certo nível de sucesso, eles tentam subconscientemente manter os outros de fora. Uma vez dentro, eles rapidamente sentem o estímulo de fechar a porta atrás de si. Eu vejo isso no mundo altamente competitivo dos fundos de hedge mundiais. Todas as histórias de grande sucesso não veem problema em estabelecer maiores barreiras governamentais para a entrada no negócio. Isso inclui excessiva burocracia governamental que requer taxas legais proibitivas. A burocracia e as taxas legais mantêm os potenciais entrantes fora do negócio.

Hoje, Buffett, convenientemente, requer elevações maciças de impostos sobre o capital *após* ter acumulado a própria fortuna. Essa situação me faz lembrar do ambiente na maioria dos clubes campestres exclusivos. Aqueles com o chamado *dinheiro novo* com frequência se tornam os mais esnobes e os mais determinados a manter os outros fora. Eles não têm a intenção de ser assim; é somente algo que parece estar na constituição genética das pessoas de sucesso recente.

No caso de Buffett, suas ações refletem uma abordagem inconsistente aos problemas fiscais dos Estados Unidos. Alguns anos atrás, ele se comprometeu a depositar grande parte de sua fortuna na Fundação Bill & Melinda Gates, uma entidade privada. Isso é um pouco estranho porque, com a dívida do governo dos EUA, por que ele não comprometeria seu patrimônio com o U.S Department of Health and Human Services, em vez de fazê-lo com a Fundação? Ou com o Tesouro dos EUA? Ou com as Nações Unidas, uma unidade governamental global, como o bilionário Ted Turner fez uma década antes? Buffett escolheu uma fundação privada administrada por Bill Gates porque é provável que seja dez ou vinte vezes mais produtiva que a burocracia do governo. Curiosamente, Buffett escolheu a rota privada como o repositório de sua imensa fortuna em um momento em que o governo federal dos Estados Unidos e muitos governos estatais estão com problemas fiscais e poderiam ser beneficiados com sua grandeza.

Os políticos da luta de classes atual estão apostando que os norte-americanos têm um ressentimento arraigado em relação àqueles que são financeiramente bem-sucedidos. O fato é que, tradicionalmente, os norte-americanos têm admiração por empreendedores que correm riscos — de Henry Ford a Bill Gates e a Steve Jobs, e, sim, a Warren Buffett — e que construíram fortunas importantes.

O norte-americano médio se ressente é da percepção de que o sistema é fechado para novos entrantes, montado para manter a situação congelada na posição atual. Eles aceitaram o processo dinâmico do risco e do fracasso do empreendedor. Mas eles não entendem por que, por exemplo, as empresas de private equity recebem considerações tributárias especiais quando jovens, enquanto empresas iniciantes pagam alíquotas de imposto que são o dobro das outras. Eles se ressentem da percepção de que os ricos, insiders poderosos, podem ir para Washington e sair com bons negócios. Mas não se nega que a maioria dos norte-americanos aceitou de bom grado o sistema que durou um quarto de século e que recompensou generosamente a iniciativa empreendedora com alíquotas tributárias relativamente baixas. Em particular, eles dificilmente se ressentem da imagem do jovem Warren Buffett, um garoto com início modesto que cresceu entregando o *Washington Post*, mudou-se para Omaha, tornou-se o maior investidor do mundo, adquiriu grande participação nesse mesmo jornal e agora senta em seu conselho de diretores.

Eles chamariam esse indivíduo agora imensamente rico de um verdadeiro herói norte-americano.

Se essa tolerância política de criação de riqueza terá continuidade, essa é uma questão essencial. Os participantes do mercado financeiro global se perguntam o que há com os Estados Unidos. Recentemente, um grupo de parlamentares britânicos, em visita a Washington, me chocou com a seguinte observação: "Algo mudou. Os norte-americanos, pela primeira vez, parecem enfeitiçados com a luta de classes", um dos parlamentares disse. Os demais concordaram.

Esses parlamentares não imaginavam essa mudança seminal. A elite política de Washington começou a provocar os mercados financeiros com a retórica populista da luta de classes. É um jogo perigoso, mas não pelas razões que muitos conservadores apresentam, que usualmente estão centradas no fato de que 10% das maiores rendas dos EUA explicam colossais 75% das receitas tributárias federais; elas também absorvem um percentual significativo da renda nacional produzida. Em vez disso, é um jogo perigoso porque as políticas de lutas de classe que restringem ou assustam o capital global podem levar à perda do empreendedorismo arriscado — e, portanto, resultar em menos criação de emprego, e menos vitalidade econômica geral. Além disso, um clima de lutas de classe tende a conduzir a instabilidades financeiras sérias que podem pôr em risco grave todo o sistema econômico.

Uma das principais razões para a comunidade global de investimentos ter tolerado os óbvios erros políticos dos EUA nessas últimas décadas, incluindo seu desequilíbrio fiscal, é precisamente porque os Estados Unidos têm sido uma estufa de inovações empreendedoras. Os EUA são a única plataforma confiável em que os criativos empreendedores mundiais que assumem riscos podem começar por conta própria. Alguns fizeram fortunas enormes, mas ainda mais importante é que esses empreendedores ajudaram a estimular um forte crescimento econômico, o que se traduziu em número recorde de novos empregos nos Estados Unidos.

Nada disso deve negar a ansiedade produzida pelo livre-comércio e pelos mercados financeiros globalizados. Pesquisas mostram que, mesmo após anos de baixo desemprego e mercados de ações robustos, os norte-americanos estão ansiosos com relação a seu futuro econômico. Essa ansiedade aumentou com a desaceleração econômica. Reestruturação e redução de escala ainda são realidades infelizes em nossas maiores corporações. Os salários reais da força de trabalho dos EUA permanecem relativamente estagnados. O fato de que o desemprego é, em geral, o mais baixo quando o comércio está expandindo agressivamente permanece um conceito contraintuitivo e difícil para muitas pessoas compreenderem.

Em anos recentes, os norte-americanos gastaram mais em importações do que com impostos pagos. Em decorrência disso, há a sensação de que, apesar da enorme prosperidade, os EUA perderam o controle de seu destino econômico. Não surpreende que mesmo aqueles que mais dão apoio à globalização estejam começando a proteger suas apostas políticas.

Por exemplo, Robert Rubin é um ex-dirigente da Goldman Sachs, um ex-ministro da Fazenda, líder intelectual do Partido Democrata em todos os assuntos econômicos e um verdadeiro internacionalista por profissão. Ele surpreendeu a comunidade política de Washington no final de 2006 com uma palestra no 25º aniversário do Peterson Institute for International Economics. Rubin surpreendeu a maior parte da audiência democrata, amplamente pró-livre-comércio, argumentando que é ingênuo acreditar ainda na "vantagem comparativa". Em outras palavras, ele questionou a premissa fundamental do livre-comércio (e da globalização), com a qual liberais e conservadores, por décadas, concordaram amplamente. Posteriormente, muitos manifestaram a esperança de que esse comentário fosse mais um pensamento transitório, anormal, não um alarme.

Como candidata presidencial, Hillary Clinton se sentiu forçada a se distanciar de muitas das posições pró-globalização de seu marido. Ao refletir mudanças de atitudes políticas, ela trouxe o ex-líder da maioria na Câmara e líder das forças antiglobalização de Washington, Richard Gephardt, para sua equipe estratégica. Mas, para confundir as coisas, ela também ouvia os ex-conselheiros de seu marido, que são pró-globalização. Isso incluiu Gene Sperling. Ele se mantém fiel à sua posição pró-globalização, mas reconhece que as ansiedades produzidas pelos mercados globalizados têm de ser levadas em conta. Para que isso não pareça partidário, os republicanos sem líder no Congresso não estão muito melhores nas questões de globalização e, em alguns casos, podem estar bem piores.

O ministro da Fazenda de Clinton, após Rubin, Lawrence Summers, é a figura mais interessante nesse grupo. Como Sperling, ele ainda mantém suas credenciais pró-globalização, mas argumenta, justificadamente, que a "parcela da torta pode estar encolhendo para vários segmentos da classe média". Após sua restrição no Tesouro, Summers se tornou reitor da Universidade de Harvard. Em seguida, ele foi demitido do emprego (em parte, por causa do estilo administrativo rude, mas também, acredito, como uma espécie de vingança extrema dos esquerdistas por sua postura pró-globalização na administração de Clinton, da qual ele é patrocinador).

Summers era um político curioso, e algumas vezes divertido, exatamente porque confiava no puro intelecto com pouca atenção às normas sociais. No início dos anos 1990, por exemplo, anos antes de seus dias no Tesouro, Summers trabalhou como economista-chefe do Banco Mundial. Uma noite, eu havia organizado uma visita de ministros da Fazenda dos chamados Quatro Tigres da Orla do Pacífico (Coreia do Sul, Taiwan, Cingapura e Hong Kong), que iriam se encontrar com o que eu considero "a meia dúzia de economistas mais importantes de Washington". Incluí Summers nesse clube exclusivo.

O jantar ocorreu em uma noite no final do verão no hotel Jefferson, quatro quarteirões ao norte da Casa Branca. Eu escolhera uma pequena sala de jantar ornamentada fora do lobby. Bebemos alguns rápidos coquetéis antes de sentarmos para jantar e conversar. Quando nos sentamos, percebi uma cadeira vazia. "Nenhum Larry Summers", mencionei aos outros. Sugeri que ele provavelmente estivesse preso pela repentina chuva torrencial que caíra na cidade. "Larry está esperando passar a chuva; essas ferozes tempestades de verão rapidamente vêm e vão em Washington", eu disse, enquanto examinava lá fora pela janela e observava camadas de chuva caindo impiedosamente.

Alguns minutos mais tarde, a porta da sala de jantar abriu lentamente. Um garçom nervoso e com uma aparência muito preocupada no rosto surgiu. Eu me levantei e me movimentei rapidamente para a porta. "Há um homem estranho que diz fazer parte deste jantar", disse o garçom, "mas, baseado em sua aparência, imagino que deveríamos mandá-lo embora." Logo então, uma figura ensopada passou pelo garçom para entrar na sala. Era Summers, que estava ali de pé, parecendo que caíra de barriga no meio de uma piscina. Ele havia caminhado através do dilúvio os oito quarteirões desde o Banco Mundial. O garçom claramente supôs que ele era algum sem-teto em busca de uma refeição quente. O ministro da Fazenda de Cingapura olhou particularmente perplexo. Summers ficou de pé pingando, com seu terno castanho ensopado. O brilhante Summers sentou-se para jantar sem perceber que uma poça estava se formando rapidamente a seus pés. Os demais se sentaram, assustados.

No entanto, as aparências podem ser decepcionantes. Apesar do estilo pessoal e social não usual, Summers era o menos partidário, o mais ousado intelectualmente e o mais corajoso representante financeiro do governo que já encontrei em mais de trinta anos de Washington. Um diamante bruto, somente Summers, um secretário do Tesouro apontado democraticamente, aceitou as questionáveis práticas de alavancagem financeira de uma das maiores fontes de recursos do Partido Democrata, Fannie Mae.

Durante décadas, a politicamente intocável Fannie Mae desfrutava da suposição implícita nos mercados nos quais o Tesouro dos EUA garantia a imensa carteira de empréstimos hipotecários para baixa renda. Isso permitia que a empresa tomasse empréstimos a taxas bem mais baixas do que a concorrência, mas criou uma distorção de mercado perigosa ao encorajar empréstimos excessivos. Para Summers, a manobra partidária teve um apelo intelectual bem menos significativo do que perseguir um avanço político importante — ou, na falta de uma palavra melhor, perseguir a política honesta fora de moda. Nesse caso, uma organização necessitava ser puxada para fora de sua posição crítica — exatamente como o setor bancário, de forma mais ampla, menos de uma década mais tarde, necessitou ser afastado de sua insensatez com as hipotecas subprime.

Tudo isso se resume às seguintes questões para o Partido Democrata em Washington nos próximos anos: Os protecionistas da nova luta de classe irão dominar? Ou o grupo de Clinton, incluindo pessoas como Summers, que favorecem os mercados liberalizados, embora com reformas, continuará a influenciar o debate? Como os sinais mostram que a abordagem de livre-comércio e mercados de capitais liberalizados de Clinton está sendo rejeitada, os Estados Unidos estão a ponto de enfrentar um mundo que é mais curvo do que jamais imaginado.

Deve-se admitir que os consultores de Clinton, tais como Summers e Sperling, estão corretos quando argumentam que a classe média não desfrutou plenamente dos benefícios da máquina de riqueza global. No sistema financeiro atual, no qual o setor que recebe salários está encolhendo, talvez os salários da classe média nunca sejam suficientes para evitar que as famílias decaiam financeiramente. Esse problema permanecerá real, independentemente de quaisquer programas patrocinados pelo governo, incluindo aumentos no salário-mínimo e benefícios direcionados à educação.

Além disso, o hiato entre os que têm e os que não têm provavelmente continuará a crescer se a globalização puder continuar. Isso porque há um aspecto exponencial na criação de riqueza. Nos anos 1950, Albert Einstein foi indagado por um ativista político: "Você acredita em milagres?" Einstein respondeu: "Eu acredito no milagre dos juros compostos." Expresso em termos globais, a riqueza em escala mundial crescerá exponencialmente se os governos evitarem quebrar a máquina de riqueza global.

No entanto, não conheço qualquer pessoa razoável — liberal ou conservadora — que acredite que mais um aumento na disparidade de renda de qualquer magnitude represente outra coisa senão uma situação política e social pouco duradoura. Nada, contudo, em relação a esse debate cabe em uma pequena caixa. Historicamente, programas de redistribuição maciça de rendas nos Estados Unidos (as alíquotas de impostos elevadas dos anos 1970 vêm à mente) tenderam a servir como grandes e abruptos desincentivos ao crescimento econômico. Como resultado, o sistema econômico como um todo torna-se mais pobre e com menos empregos. Além disso, os programas voltados a agressivas intervenções no bem-estar destruíram a dignidade das pessoas, tirando delas qualquer sentimento de realização. É por isso que Bill Clinton, como presidente, novamente para consternação de alguns de seus aliados políticos, assinou legislação sobre reforma significativa do sistema de bem-estar, cujo objetivo era libertar o trabalhador pobre da indignidade de ficar preso a uma armadilha de dependência do sistema de bem-estar (enquanto mantinha um sistema de benefícios para aqueles verdadeiramente em necessidade).

No final, provavelmente será difícil medir e prever as tensões políticas criadas pela ampla desigualdade na distribuição de renda — e controlar será ainda pior. As economias intensamente empreendedoras criam grandes vencedores e perdedores. O desafio se resume a como expandir a base de vencedores na sociedade. O melhor caminho para fazer isso é expandir a base da classe investidora. De fato, trazer mais pessoas para dentro da economia, como proprietários de capital, pode ser, no longo prazo, o único meio político de salvar a globalização.

Para a classe média, salário somente não é suficiente para prosperar na nova economia. Além disso, como os salários estão ligados, de alguma forma, ao crescimento do PIB, o governo dos Estados Unidos precisa modernizar o processo pelo qual mede a economia. Hoje, os números oficiais do PIB podem deixar de captar completamente o verdadeiro crescimento da economia, e, desse modo, os salários podem ter estado injustamente restringidos. O setor de serviço produz entre 70 e 80% do PIB do setor privado, enquanto a indústria explica apenas 13%. O governo fornece uma análise descritiva incrível do setor industrial.

No entanto, sua mensuração do setor de serviços é extremamente vaga. Isso se deve ao fato de que, durante meio século, o governo teve de medir somente a indústria. Apenas nos anos recentes o setor de serviço se tornou a parte dominante da economia dos EUA. Desse modo, não é surpreendente que técnicas de medidas de 50 anos possam ser insuficientes para medir a nova máquina de crescimento da economia. E, isso, em detrimento dos assalariados.

Nos últimos anos, a economia global entrou em boom, alcançando níveis quase sem precedentes. No entanto, os meros assalariados — em relação àqueles com uma carteira global de ações — não podem participar dessa criação de riqueza. Eles são deixados em grande desvantagem por não dispor de qualquer caminho para se beneficiar do crescimento econômico mundial. Os mais ricos podem comprar ações internacionais e cotas de fundos mútuos globais, e ainda participar plenamente do boom de produtividade global, enquanto o simples assalariado, na maioria dos casos, não tem condições de fazê-lo. Em outras palavras, devido à globalização financeira, alguns lucros dos investimentos em mercados de ações representam direitos sobre um *futuro* crescimento explosivo fora dos Estados Unidos, que está totalmente fora do alcance do não investidor. Graças ao crescimento dos mercados globalizados, o elo entre o PIB e a riqueza nacionais tem enfraquecido, ampliando o hiato de renda.

É por isso que, para se beneficiar totalmente dos avanços nos ganhos de produtividade no mundo que resultam da globalização, as famílias da classe trabalhadora têm de investir no longo prazo nos mercados financeiros globais. Isso é verdade, apesar das inevitáveis subidas e descidas do mercado. A base da propriedade de capital precisa ser expandida de modo que encoraje as famílias da classe trabalhadora a investir em ações e em fundos mútuos fundamentados em uma estratégia global.

Os candidatos republicanos regularmente evocam o nome de Ronald Reagan como uma figura quase mítica de perfeição política. Desse modo, Reagan, um ex-democrata e líder sindical, nunca teria presidido durante uma explosão de criação de riqueza sem fazer sérios esforços no sentido de tentar incluir todos os norte-americanos no processo. Foi no mesmo espírito que Reagan nos anos 1980 apoiou algo chamado "zonas empresariais urbanas". Essas zonas reduziam drasticamente ou eliminavam os impostos em vizinhanças problemáticas na cidade para encorajar a criação de empregos em pequenos negócios. O congressista Jack Kemp apresentou a legislação sobre zonas empresariais no Congresso. Eu tive a sorte de ser capaz de ficar à frente da equipe montada. Trabalhando com o congressista democrata Bob Garcia, do sul do Bronx, como copatrocinador, modelamos uma legislação e a promovemos para a comunidade urbana e outros grupos especiais de interesses. Ao mesmo tempo, vendemos o conceito a Ronald Reagan. Hoje, o conceito de zonas empresariais se espalhou por todo o país, em especial em níveis estaduais e municipais.

Nesse ponto, concordo com Barack Obama quando, em março de 2008, ele disse: "O núcleo de nosso sucesso econômico é a verdade fundamental de que o norte-americano está melhor quando todos os norte-americanos estão melhores; que o bem-estar nos negócios nos Estados Unidos, em seus mercados de capitais e das pessoas dos EUA estão alinhados."

É por isso que expandir drasticamente a base da chamada classe investidora é essencial se a globalização sobreviver. É por isso que, em qualquer esforço de reforma tributária futura nos EUA, eu recomendaria a eliminação de impostos sobre os investimentos no mercado financeiro feitos pelos norte-americanos de classe baixa ou média. Também apoiaria a proposta do ex-senador democrata Bill Bradley e de sua estrategista tributária, Gina Despres, que faria o governo federal dar a cada criança no nascimento uma "American Birthright Account".* O programa forneceria ao recém-nascido uma soma de dinheiro a ser investida nos mercados financeiros para usar mais tarde na vida. Em outras palavras, no nascimento, eles receberiam, de uma só vez, uma quantia para, como Despres

---

*Conta de contribuição (poupança) para recém-nascidos. (N. do T.)

explica, "permitir que a próxima geração se beneficie de décadas de aplicações financeiras, tanto quanto os muito ricos se beneficiam".

Quando se juntam à força de trabalho, esses minicapitalistas podem aumentar suas contas e assistir a seus ganhos crescerem ainda mais. Como referência, juros de 7,5% compostos sobre um capital de US$5 mil geram quase US$500 mil em 65 anos. Para a maioria dos norte-americanos, que não são poupadores por natureza, esse arranjo financeiro representaria a diferença entre dificuldade ou sucesso financeiro no longo prazo.

Recentemente, os britânicos criaram esse sistema para encorajar os recém-nascidos a se tornarem capitalistas, dando a eles uma plataforma para investimentos. Começando em 2004, os recém-nascidos britânicos recebem 250 libras (500 dólares) cada (e até 500 libras ou US$1.000 para os nascidos em famílias de baixa renda) do governo. Para a surpresa dos políticos, mesmo nas comunidades de baixa renda, as famílias e os amigos contribuíram com mais do que o triplo do investimento inicial do governo desde que o programa teve início, em 2004.

Nos Estados Unidos, quatro milhões de bebês nascem a cada ano. Um programa de contribuição de US$1.000 para cada um dos recém-nascidos somaria pouco mais do que um erro de arredondamento no orçamento federal. Por uma soma irrelevante, uma geração inteira participaria do sonho de ser um proprietário de capital. Ainda mais importante é que isso criaria uma nova geração de capitalistas, com uma plataforma para futuros investimentos.

Hoje, o futuro da globalização é politicamente imprevisível porque a base da propriedade de capital financeiro é muito pequena. Enquanto isso, o hiato de riqueza está sendo ampliado. Como resultado, a base de suporte político à globalização permanece, na melhor das hipóteses, tênue. Aqui está uma estatística assustadora que revela a situação: hoje, 40% dos norte-americanos não têm poupanças líquidas adequadas para viver em nível de pobreza por três meses, de acordo com Edward N. Wolff da New York University. Para uma família de quatro pessoas, viver nesse nível por tal período de tempo exigiria US$5.300 em poupanças.

A baixa taxa de poupança dos Estados Unidos, a propósito, reflete tanto a natureza desigual da distribuição de riqueza quanto um perigoso excesso de confiança na sustentabilidade da economia norte-americana. No último quarto de século, as pessoas passaram a acreditar na ilusão de que baixas taxas de desemprego durarão para sempre, independentemente do que os políticos façam — uma situação que invariavelmente produzirá ondas de choque e de desilusão em um mundo pós-globalizado com acentuada volatilidade financeira, menor produção e menos criação de emprego.

Entretanto, em vez de procurar caminhos para trazer mais pessoas para o sistema capitalista empreendedor, a maioria de nossos líderes fica imersa em jogos políticos. Põem metade da culpa na globalização e recomendam políticas protecionistas e de lutas de classe inconsequentes que colocariam o sistema financeiro internacional em risco. Suas recomendações políticas, se implementadas, reverteriam o impressionante processo de criação de riqueza e de redução de pobreza. Esse uso de retórica populista inflamada já está desestabilizando os mercados financeiros.

A outra metade, contudo, não é muito melhor. Eles propõem, orgulhosamente, deduções tributárias inúteis na forma de créditos tributários para educação e treinamento para o trabalhador. Mas, como 40% dos norte-americanos não pagam Imposto de Renda federal (e 20% pagam Imposto de Renda negativo, já que recebem um montante líquido do governo), essas mudanças na estrutura tributária que soam maravilhosas não fazem sentido para grandes segmentos da sociedade.

Os políticos norte-americanos não têm escolha a não ser delinear algum meio criativo de expandir drasticamente a base da propriedade de capital financeiro. Este é um período crucial na história, em que tanto liberais quanto conservadores devem pensar grande — como quando os políticos criaram o Homestead Act* no século XIX (assinado pelo presidente Lincoln em 1862, a lei dava a cada norte-america-

---

*Lei sobre distribuição de terras públicas sob a condição de construir moradia, poço, cerca etc. (N. do T.)

no interessado o título de 160 acres de terra no Oeste) e a Lei da Previdência Social no século XX.

Finalmente, para preservar a base política em apoio à nova economia global, os políticos devem concentrar-se no papel do capital humano. Um presidente dos EUA que entendia esse aspecto foi Abraham Lincoln. Ele foi um grande patrocinador do capital humano. Em seu primeiro discurso para o Congresso dos EUA (State of the Union) em 1861, Lincoln disse: "Trabalho é superior a capital, e merece a mais elevada consideração. Capital... poderia nunca ter existido se o trabalho não tivesse existido antes."

Em 1960, Theodore Schultz — que mais tarde ganhou o Prêmio Nobel em economia — defendeu, em uma famosa conferência na American Economic Association, o papel central do "capital humano" na economia moderna: "Nossas leis tributárias em todos os lugares discriminam contra o capital humano. Embora o estoque desse capital tenha-se ampliado, é óbvio que o capital humano, como outras formas de capital reprodutíveis, deprecia, torna-se obsoleto e requer manutenção, nossas leis tributárias são todas cegas em relação a essas questões."

Hoje, no que diz respeito à política tributária, os políticos em Washington de ambos os partidos políticos cultuam no santuário tributário a depreciação com generosos incentivos fiscais para máquinas. A educação e, se necessário, o retreinamento de capital humano, no entanto, são tratados quase como uma reflexão posterior no processo político, em geral a compensação de último minuto, necessária como cobertura política, para que as provisões tributárias sobre negócios andem no Congresso. Meu argumento é que, para a economia prosperar no longo prazo, o código tributário não deve valorizar ou reverenciar a máquina acima das pessoas. Vale observar que, como o setor de serviços agora produz 70 a 80% do PIB, o "capital do conhecimento" está se tornando ainda mais importante que os capitais físico e financeiro.

Observe que não estou falando meramente sobre aumentar os gastos com os programas de treinamento do governo e a promoção da educação, por mais que sejam importantes. Os próprios trabalhadores norte-americanos às vezes parecem se conscientizar de que estão participando de uma competição global em que a reinvenção contínua de suas empresas com novas ideias é essencial ao sucesso. Essa sensação de separação não surpreende porque os assalariados típicos desfrutam pouco dos lucros financeiros da nova economia global. Mas há outro fenômeno, mais social ou cultural, que também mantém muitas pessoas retraídas. Estudos recentes mostram que a desigualdade educacional com base na habilidade está crescendo em toda a sociedade, de tal modo que, mesmo quando recursos estão disponíveis para ampliar a educação, um segmento da sociedade não dispõe das habilidades verbal e de pensamento para seguir adiante e tirar vantagem das oportunidades educacionais oferecidas. O hiato de habilidades resulta, com frequência, de abordagens distintas dos pais, de acordo com níveis de renda diferentes, com os pais ricos encorajando mais o estímulo de habilidades relacionadas ao processo de pensamento e verbalização. Os menos ricos, por suas considerações econômicas, com frequência estão simplesmente mais tempo fora de casa, muitas vezes trabalhando em dois serviços.

Na *The New Republic*, o analista Brink Lindsey, no entanto, argumenta que a atual desigualdade baseada na habilidade deve ser vista não como "alguma ação de moralidade populista do capitalismo desenfreado", mas realmente como o produto do sucesso da nova economia global: "Para uma geração corrente, nossa economia tem criado mais oportunidades para o uso produtivo de habilidades cognitivas acentuadamente desenvolvidas do que a disponibilidade de pessoas capazes de tirar vantagem delas... O desenvolvimento econômico correu à frente do desenvolvimento cultural; como resultado, a cultura agora está agindo como um freio na mobilidade para níveis superiores. Portanto, em vez de atacar o sistema econômico, temos de fazer um trabalho melhor, ajudando as pessoas a se adaptarem a ele e ascender a seus desafios. As regras do jogo não são o problema — nós simplesmente necessitamos de jogadores mais habilitados." Dito de outra maneira, nossa liderança política precisa inspirar melhor a sociedade a encontrar alguns meios de ajudar as famílias a atualizarem suas habilidades.

George Monbiot, em seu livro *Captive State: The Corporate Takeover of Britain*, argumenta que a luta entre pessoas e corporações será a confrontação central do século XXI. Embora o livro seja voltado ao Reino Unido, suas lições se aplicam igualmente bem aos Estados Unidos e a outras partes do mundo.

Em Washington, atualmente, ambos os partidos políticos se concentram no uso da política tributária para ajudar as corporações existentes, em geral por meio de tratamentos tributários mais favoráveis nos gastos com ativos de capital. Isso é bom, mas não há atenção suficiente direcionada aos objetivos gêmeos, que são bem mais importantes: alimentar as habilidades do capital humano da força de trabalho e dar impulso a um fluxo interminável de reinvenção empreendedora por novos indivíduos que aceitem correr riscos.

Embora o Congresso norte-americano esteja fixado na defesa quanto a todas as brechas do código tributário direcionado à atividade de negócios atual, que ações eles empreendem para estimular a constituição de empresas dinâmicas e criativas que ainda não existem — ou estão a caminho da criação? Essas empresas não nascidas são o futuro da base de emprego, da reinvenção e da prosperidade da economia mas elas importam pouco no conjunto de preocupações políticas de Washington.

Como é óbvio agora, acredito ardentemente que as famílias da classe trabalhadora querem fazer parte da grande onda financeira. Elas querem ser transformadas de trabalhadores em proprietários de capital. Elas querem apostar no sistema capitalista empreendedor, e elas não se ressentirão do sucesso empreendedor de outros desde que a porta para a criação de riqueza e oportunidade permaneça aberta a todos. Se os políticos não conseguem entender essa dinâmica em funcionamento, nós provavelmente veremos surgir um paradigma completamente novo. Os políticos do mundo todo se confrontarão com a administração da nova política de inveja. E, uma vez criadas, pode ser impossível conter essas políticas desagradáveis.

O que espero que também esteja claro é que a comunidade política dos EUA, ao rejeitar a agenda de Bill Clinton, de livre-comércio e de mercados financeiros liberalizados, corre o risco de criar as condições para um desastre financeiro global. De início, veremos uma perda constante de confiança do investidor global nos Estados Unidos, seguida pelo encolhimento da liquidez e da disponibilidade de crédito, e então de um período prolongado de crescimento econômico estagnante, bem abaixo do potencial. O crescimento mais fraco provocará mais protecionismo, retórica e políticas de lutas de classe, que reduzirão ainda mais a confiança nos Estados Unidos por todo o sistema internacional. É por isso que, quando os políticos de hoje ousam ser diferentes na questão do livre-comércio e na liberdade de capitais, devem lembrar que, com frequência, ousadia pode ser algo mortal.

Os EUA em particular se encontram em posição crucial na história econômica. Os políticos atuais passaram por um quarto de século de extraordinário sucesso econômico bipartidário. Eles testemunharam níveis de criação de riqueza e de redução de pobreza globais que pareciam improváveis, às raias de pura fantasia ao final dos anos 1970. No entanto, eles flertam com o protecionismo e com políticas de lutas de classe que iriam desfazer esse sucesso econômico para cujo alcance uma ampla colisão internacional, incluindo Reagan e Clinton, trabalhou arduamente.

Nada dessa análise, contudo, deve sugerir que administrar a política de globalização será algo fácil. À medida que o sistema financeiro global for completando o desenrolar da confusão com as hipotecas subprime, parece que haverá poucos heróis e mais do que alguns vilões. De fato, como mostrarei no último capítulo, somente aqueles políticos com enorme precaução e comedimento serão capazes de resistir à demagogia política em relação aos caminhos irresponsáveis, mesmo tolos, do setor bancário global nos últimos anos. De fato, os banqueiros colocaram toda a economia mundial em problemas sérios.

CAPÍTULO 9

Sobrevivendo e prosperando nesta era de volatilidade

Hoje, o mundo financeiro global é um lugar muito perigoso e nossos líderes precisam abrir os olhos. Para os iniciantes, eles necessitam elaborar um plano eficaz para reduzir o crescimento do desequilíbrio global atual. Devem aprofundar a discussão sobre o intitulado pesadelo visível no horizonte. Eles necessitam de uma estratégia internacional para lidar com o *juggernaut* financeiro e industrial chinês e ter um entendimento mais eficaz das relações entre moedas. Devem arquitetar meios para compreender melhor os conflitos e as tensões inerentes entre a necessidade de confrontar os efeitos de mudanças climáticas e de manter o sistema global de comércio. Devem modelar uma abordagem crível direcionada às oportunidades e aos riscos dos fundos de investimentos de riqueza soberanos. E necessitam parar de ameaçar encolher a liquidez financeira mundial e arriscar um colapso do dólar, com protecionismo irresponsável e políticas de lutas de classe.

Mas há mais um problema que pode triunfar em relação a todos os outros. Nossa liderança deve reformar a arquitetura financeira atual perigosamente defeituosa, incluindo o sistema adotado para avaliar e alocar crédito. Este livro começou descrevendo o terror financeiro da Grande Crise de Crédito de 2007-2008. É apropriado que ele termine com uma discussão acerca das consequências de longo prazo dessa crise. Em 2007, quando os empréstimos relacionados às hipotecas subprime não foram honrados, a arquitetura do sistema financeiro se transformou de um problema moderadamente difícil na pior crise financeira em décadas. O naufrágio resultante enfraqueceu seriamente o apoio político à globalização e ameaçou o sustento de milhões de famílias das classes baixa e média no mundo. É verdade que os mercados financeiros acabaram se estabilizando, mas os problemas fundamentais permanecem logo abaixo da superfície, e ameaçam reaparecer a qualquer instante.

O que vou descrever é uma história sobre as subprime com poucos heróis. Depois que a crise se desdobrou em agosto de 2007, as manchetes dos jornais culpavam os reguladores bancários ineptos e seus primos — as agências de avaliação de risco de crédito, que estão sempre defasadas em relação ao mercado. Muitos analistas de Wall Street também culparam a política monetária do Federal Reserve, acreditando que o Fed, anteriormente na década, deixara as taxas de juros de curto prazo muito baixas por muito tempo e, mais tarde, após o impacto da crise, respondeu tardiamente às dificuldades. Todos esses motivos desempenham um papel secundário — um afastamento daqueles que foram, de longe, os mais responsáveis pela crise: os próprios banqueiros e os banqueiros de investimentos. Por conta de pura ganância, eles tramaram um esquema elaborado, legal porém arriscado, para obscurecer o risco que quase afundou a economia mundial.

Se a globalização financeira fracassar, serão as grandes instituições e seus reguladores que carregarão grande parte da culpa. O fato desagradável é que suas ações deixaram o sistema financeiro internacional perigosamente vulnerável.

A visão convencional sustenta que a crise das subprime foi meramente o resultado da explosão de uma bolha imobiliária mundial. Aqui está a lógica: a prosperidade gerada pela disseminação da globalização após a queda do Muro de Berlim levou a mais competição na indústria e nos serviços em termos globais. Isso reduziu, em nível mundial, os salários reais, o que levou a menores expectativas de inflação e, portanto, a taxas de juros de longo prazo declinantes. Como resultado das taxas de juros de financiamentos imobiliários historicamente favoráveis, as famílias de muitos países industrializados compraram casas de forma muito agressiva, produzindo uma bolha imobiliária de base ampla. À medida que a bolha crescia, os representantes responsáveis pelos empréstimos ofereceram hipotecas subprime a pessoas que nem remotamente poderiam qualificar-se e que, de fato, acabaram com profundos problemas financeiros quando as taxas de juros de longo prazo, e, portanto, as taxas das hipotecas mais tarde retornaram a seus níveis históricos mais elevados.

Soa como uma explicação razoável das hipotecas subprime, mas a análise não conta a história toda. Em condições normais, o sistema financeiro global poderia ter absorvido o estouro da bolha imobiliária, pois a exposição inicial às subprime nos Estados Unidos era simplesmente de US$200 bilhões em uma economia global de algumas centenas de trilhões de dólares. Durante alguns meses, os mercados financeiros poderiam entrar em turbulência, mas a situação teria retornado ao normal de maneira relativamente rápida. Certamente, algo mais estava ocorrendo. Havia um problema mais fundamental com a integridade do sistema financeiro. Esse algo a mais era um sistema dúbio que os bancos e os investidores haviam estabelecido para esconder sua exposição significativa ao risco, incluindo o risco de hipotecas.

O que vou lhes contar, portanto, é um caso de ganância, hipocrisia e pura insensatez. Essa é a história da Grande Crise de Crédito de 2007-2008 que os banqueiros não querem que você saiba, gerada pela mãe de todas as falhas de regulação ao não perceber o que estava acontecendo.

A história começa em 1998, após o colapso do fundo de hedge Long-Term Capital Management. Com grande fanfarronada, os bancos responderam apertando o controle de crédito para os fundos de hedge (os fundos de hedge alavancam muito capital para o comércio, com frequência usando empréstimos bancários). Mas aqui está a ironia. Ao mesmo tempo, os bancos adotaram uma abordagem muito mais frouxa nas próprias mesas de operação, com padrões de gerência de riscos muito mais fracos. Não surpreendentemente, os riscos dos bancos dispararam. Esperando emular os fundos de hedge e os bancos de investimento, os bancos aceitaram apostas cada vez mais arriscadas em busca de lucros sempre maiores.

O sistema financeiro dispõe de salvaguardas para controlar o risco bancário. Os padrões internacionais de adequação de capital bancário do Acordo da Basileia, por exemplo, forçam os bancos a colocar mais capital não investido como reserva de garantia se quiserem aumentar seus níveis de risco. Os padrões da Basileia funcionam como uma apólice de seguro para proteger a integridade do sistema bancário global, incluindo depósitos em poupanças bancárias, fundos de curto prazo e outros instrumentos financeiros usados pelo cidadão comum. Entretanto, os padrões internacionais deixaram os bancos com uma escolha não atrativa: ou optar por maior risco e maior retorno, mas, ao mesmo tempo, acumular capital não investido em níveis mais elevados para o caso de algo dar errado, ou aceitar menos risco e menores retornos, mas ter mais capital que pode ser aplicado no mercado. Os bancos não aceitaram qualquer das duas alternativas, e, assim, os resultados foram catastróficos.

Para contornar os dilemas de Basileia, os bancos (juntando-se aos bancos de investimentos) estabeleceram uma espécie de mercado dual. Quase todas as instituições financeiras grandes criaram veículos financeiros independentes, fora dos balanços, para cobrir o risco. Tomemos o Citigroup como exemplo. O mundo externo, incluindo os reguladores de bancos e as agências de risco de crédito, fixa seus olhos nas instituições bem conhecidas e no balanço visível das empresas. O que o mundo não podia ver eram esses veículos financeiros menos conhecidos e independentes (frequentemente chamados conduits* ou veículos de investimento estruturado) que o Citigroup construiu separadamente da matriz.

---

*Conduits consistem de um pool de hipotecas de imóveis que é separado em partes que são vendidas a investidores no mercado financeiro como títulos individuais. (N. do T.)

Oficialmente, com frequência, esses passivos ruins, representados pelos veículos de investimentos independentes, não eram incluídos nos livros das matrizes. Para surpresa das matrizes, contudo, aos olhos dos operadores dos mercados globais, os veículos fora dos balanços e as grandes e bem conhecidas instituições eram a mesma entidade. Elas eram ligadas pela reputação. Os banqueiros nunca apostavam nesse acontecimento, e o que resultou de todo esse esforço para ocultar riscos foi a criação de uma bomba fazendo tique-taque.

Mas por que um banco estabeleceria um veículo não diretamente sob sua propriedade e seu controle, com sua matriz não listada no balanço, como beneficiária principal? A resposta se resume a uma palavra: ganância. Os bancos e os bancos de investimento criaram os próprios mercados privados — uma espécie de área de depósitos automática e legal em que lucros enormes podiam ser conseguidos.

Aqui está como o sistema funcionava. Tradicionalmente, um banco emprestaria os recursos ao comprador de uma casa e, então, manteria essa hipoteca durante a vigência do empréstimo. Nesse período, o banco seria responsável pelo risco da hipoteca. No entanto, na nova economia do capital globalizado, os bancos recorreram a um sistema diferente para aceitar o risco. Um banco reunia todos os seus empréstimos em um único pool e dividia a soma total em partes separadas, chamadas de fluxos de renda na forma de juros. Em outras palavras, como observado anteriormente, os bancos *securitizaram* os empréstimos, vendendo os fluxos de rendas individuais (agora chamados títulos lastreados em hipotecas) ao mercado global. Os bancos também encorajaram seus veículos independentes, fora do balanço, a comprar esses títulos lastreados em hipotecas — alguns deles continham hipotecas que eram avaliadas como subprime. As grandes instituições financeiras obtiveram ganhos enormes ao venderem esses títulos lastreados em hipotecas, recém-embalados, para os próprios veículos independentes de investimentos.

Mas então a situação complicou. Os veículos independentes e fora do balanço, usando os títulos lastreados em hipotecas como garantia, foram para os mercados de crédito globais e tomaram empréstimos por meio da emissão de *commercial papers*. Os *commercial papers* tradicionalmente têm sido considerados uma forma muito segura de investimentos em dívidas e são amplamente usados como uma das espinhas dorsais dos fundos de curto prazo.

Quando a bolha imobiliária global estourou em 2007, os mercados globais de repente se tornaram desconfiados do mercado de *commercial papers*. Isso deixou imediatamente muitos veículos fora dos balanços com problemas sérios. Logo, as próprias matrizes bancárias e os bancos de investimentos também estavam com problemas e desesperados, porque, novamente, os operadores globais não faziam distinção entre os bancos e os veículos independentes. As ações financeiras entraram em colapso. O crédito global ficou preso e as empresas tiveram grande dificuldade em obter financiamento. As economias do mundo industrializado no início de 2008 começaram a enfraquecer progressivamente, conduzidas pela economia dos EUA.

O que os bancos fizeram em particular foi adotar um novo e perigoso modelo de negócios, no qual, por assim dizer, eles não investiam mais no próprio negócio. Usando os novos instrumentos financeiros de securitização, os banqueiros não enfrentavam riscos, já que eles haviam vendido os pacotes de hipotecas securitizadas aos veículos independentes. Como um emprestador que tivesse decidido quem iria obter um empréstimo, os bancos não mais tinham conexão com o tomador do empréstimo, nem necessidade alguma de se preocupar com a hipótese de ele pagar ou não o empréstimo. Em vez de se engajarem na *administração* do risco, o papel tradicional dos bancos, os novos banqueiros se engajaram na *dispersão* do risco, pensando que haviam descoberto o "risco sem risco" com o benefício adicional de lucros enormes.

Quando o equilíbrio na corda bamba se rompeu, os reguladores bancários e as agências de risco de crédito foram vistas como os grandes tolos. Quando empresas como Moody's e Standard & Poor's examinavam regularmente os livros dos bancos, ficavam maravilhadas com as condições financeiras relativamente boas das matrizes dos bancos, mas deixavam escapar totalmente as conexões com os veículos fora dos balanços, que, em muitos casos, estavam repletos de exposição às hipotecas subprime. Agravando ainda mais o problema, as agências de risco de crédito avaliavam os *commercial papers* emitidos por esses veículos fora dos balanços como extremamente seguros. O raciocínio era que a dívida estava securitizada (e, portanto, diversificada) e ligada a imóveis; ela nunca poderia falhar. O preço dos imóveis, elas pensavam, nunca cairia — ou pelo menos nunca cairia em toda a nação.

Sob o ponto de vista financeiro, os bancos imaginavam que haviam alcançado um estado de nirvana. Nos dois últimos trimestres antes do irromper da crise das subprime, em agosto de 2007, alguns bancos grandes estavam alcançando taxas de retorno sobre o patrimônio que excediam 30%, um nível de sucesso financeiro que se mostra altamente não usual no setor bancário. Nesse período, os melhores administradores de recursos no mundo estavam obtendo metade dessas taxas de retorno. Por que os reguladores e as agências de risco de crédito nunca perguntaram como os bancos podiam ter tanto êxito sem recorrer a truques (exposições fora dos balanços e alavancagens perigosas)? Essa questão nos deixa perplexos.

Esse novo jogo financeiro é análogo ao sistema de avaliação de colégios e universidades nos Estados Unidos. Todo ano, os seniores das escolas secundárias olham para essas avaliações, verificando primeiro a nota média para o corpo discente como um todo no teste Scholastic Aptitude Test (SAT Tests),* para ver como eles estão posicionados. Isso soa como algo prudente de se fazer, exceto por um motivo. Muitas dessas instituições acadêmicas apresentam um quadro incompleto de seus resultados nos testes. Muitos, convenientemente, omitem os resultados de certos grupos — atletas, grupos minoritários, ou certos estudantes em condições desfavoráveis. Isso mostra um quadro melhor, porém enganoso, dos resultados dos testes escolares. A intenção pode ser válida — para revelar o que o estudante médio de classe média necessita

---

*São os testes feitos pelos alunos dos cursos secundários e servem para avaliá-los quanto ao ingresso em universidades. (N. do T.)

para ser admitido. Entretanto, o quadro é decepcionante, para não mencionar injusto, em relação àquelas instituições que seguem as regras listando de modo acurado os resultados completos dos testes.

Desse ponto em diante, a história das subprime é familiar. Devido à rede de conexões através do sistema global, quando pessoas em Ohio não conseguem fazer os pagamentos relativos às suas hipotecas subprime, rapidamente um banco na Alemanha fica em seus calcanhares. O banco não tem presença nos EUA, exceto pelo empréstimo relativo à compra de *commercial papers* com avaliações muito boas, embora questionáveis, que ele efetuou.

As autoridades regulatórias europeias, do mesmo modo que as autoridades semelhantes nos Estados Unidos, também estavam amplamente não conscientes de que seus bancos tinham exposições significativas aos veículos separados e fora do balanço abarrotados de lixo tóxico financeiro. De repente, os fundos mútuos de curto prazo pelo mundo estavam em risco por causa de suas conexões com as dívidas securitizadas dos EUA. O dinheiro que a população pensava que estivesse ultrasseguro estava sob consideração. A Grande Crise de Crédito estava em pleno florescer.

O que é aterrorizante sobre a crise relacionada às subprime é que, apesar dos esforços dos bancos centrais para conter a situação, os mercados de crédito do mundo industrializado continuaram a se contrair. Como um paciente com asma com piora de suas condições, em que o ar para os pulmões continua a se dissipar, a economia ofegante gradualmente começa a sufocar, desesperada por oxigênio.

Como podia ser previsto, a comunidade política internacional buscava desesperadamente soluções de rápida reparação. No início de 2008, o Congresso norte-americano aprovou um pacote de estímulo tributário voltado aos sintomas macroeconômicos da confusão com as hipotecas subprime. Alguns políticos propuseram "congelar" as taxas de juros das hipotecas por cinco anos. Muitos bancos centrais do mundo industrializado reduziram agressivamente as taxas de juros de curto prazo ainda mais, com o Federal Reserve abrindo o caminho. Os políticos de Washington previsivelmente guiaram seus esforços para lidar somente com os *sintomas* imediatos do problema criado para milhões de norte-americanos que estavam em risco de perder suas casas e necessitando de assistência do governo. Eles também deviam ter-se fixado no fato de que todo o sistema financeiro estava correndo o maior risco desde os anos 1930.

Portanto, apesar de muitos trabalhos escritos para congressos, a crise continuou, com a economia ofegante e se tornando vermelho-beterraba e, então, azul-escuro, por falta de oxigênio. O que ficou claro foi que os remédios fiscal e monetário eram incapazes de tratar do problema por ser de natureza muito mais fundamental. No coração da Grande Crise de Crédito de 2007-2008, estava nada menos que uma crise de confiança na arquitetura financeira. O que estava em questão era algo que se processava bem antes de o estouro da bolha hipotecária e a crise das subprime chegarem à cena. Esse algo era uma desconfiança crescente e disseminada pelo mundo com o mercado de títulos lastreados em ativos. O estrategista financeiro global Harald Malmgren rotulou esses títulos, que incluem títulos lastreados em hipotecas, os *credit default swaps* (um tipo de apólice de seguro para dívidas hipotecárias),* e um amplo conjunto de derivativos de crédito, com a alcunha "ativos confiáveis". Eles representam a artéria central no fluxo sanguíneo da economia global quanto à alocação de crédito. A crise das subprime disparou a formação de nódulos nessa artéria devido à falta de confiança e de fé.

No Capítulo 2, descrevi como a securitização era o mal necessário para avaliar risco e distribuir o capital empreendedor. É um processo financeiro sofisticado e frustrante, que, ao mesmo tempo, capacita e ameaça nossa economia produtiva global. Após o irromper da crise das subprime, os mercados de crédito enfraqueceram além das expec-

---

Credit default swaps (CDS) representam operações de swaps (trocas, normalmente de índices, preços etc.) aplicadas às situações de inadimplência. Uma das partes do contrato de swap se compromete a pagar um valor em caso de inadimplência referente aos pagamentos vinculados a um título de dívida que pode estar lastreado a uma hipoteca ou não. (N. do T.)

tativas de qualquer pessoa porque os títulos lastreados em ativos passavam por um ponto essencialmente de falta de compradores. Os mercados globais sentiram-se desconfortáveis em manter instrumentos de dívida, cujos valores não podiam ser verificados exceto pelas agências de risco de crédito, que tinham um registro pobre de sucesso, usualmente com base em modelos matemáticos, e não pela verificação direta da credibilidade de um ativo. Essa crise de confiança gerou instantaneamente sérias complicações para o cenário de crédito da economia global. Um das principais traqueias da economia para a oxigenação financeira se fechara.

Malmgren descreve a situação em mais detalhes: "Na década passada, havia um número enorme de compradores de títulos lastreados em ativos, incluindo fundos de pensão públicos e privados, gerentes financeiros de governos municipais, empresas de seguro, bancos estrangeiros e gestores de ativos e mesmo fundos de hedge... Entretanto, a única medida disponível do risco e do valor desses ativos era o rating* fornecido pelas agências de risco de crédito. Muitos compradores, particularmente fundos de pensão, eram guiados, por restrições regulatórias, pelos critérios das agências de risco de crédito. Um desastre de trem em câmera lenta estava em andamento na primavera de 2007, quando, de repente, as agências de risco de crédito rebaixaram seguidamente as avaliações iniciais, deixando os detentores [desses títulos lastreados em ativos] em situação de iliquidez."

A consequência dessa situação foi a insegurança que se abateu sobre os líderes das grandes instituições financeiras. Nem eles imaginavam que, por causa da falta de confiança repentina, todo o mercado de títulos lastreados em ativos, uma das principais artérias do sistema de crédito global, se tornaria ilíquido. No entanto, a falta de confiança nesses instrumentos financeiros sofisticados estava se expandindo pelo mundo. E foi um erro das próprias instituições financeiras não avaliarem completamente a potência dos riscos com que lidavam.

---

*Rating é a nota referente ao risco de crédito dada pela agência avaliadora. (N. do T.)

Durante esse período, os dirigentes do Federal Reserve se encarregaram do salvamento usando mais analgésicos na forma de audaciosos e preventivos cortes nas taxas de juros de curto prazo. Preocupados em não repetir os erros cometidos pelo Banco do Japão no início dos anos 1990 no começo da "década perdida" do Japão, o presidente Bernanke cortou as taxas com maior violência e rapidez do que em qualquer outro momento na história. Enquanto a política monetária pode estabilizar o mercado financeiro de modo geral, ajudando a ganhar tempo, os cortes de taxas de juros, no entanto, não podem fazer com que os investidores confiem nos instrumentos de investimentos financeiros em que o emprestador não tem ligação com o tomador de recursos. Nem a confiança pode ser rapidamente restaurada em um sistema em que o risco financeiro foi descarregado para veículos misteriosos e fora dos balanços.

Em meados de março de 2008, os dirigentes do Federal Reserve se encontravam em pânico. Cortes audaciosos e violentos das taxas de juros de curto prazo e outros meios mais diretos de direcionar capital para os bancos estavam tendo efeito somente modesto. Pior ainda: o banco de investimentos Bear Stearns estava balançando, à beira da falência. O colapso de um banco de investimentos importante sob tais condições — concluíram os dirigentes do Fed — poderia desagregar todo o sistema financeiro global e provocar queda acentuada nos mercados de ações, com a economia global não muito atrás. A economia dos EUA já estava próxima da recessão. Mas, então, aconteceu algo de tal magnitude que se pode levar anos para entender completamente suas implicações. Em 16 de março, no fim de semana do dia de St. Patrick, o Federal Reserve colocou o banco de investimentos Bear Stearns e potencialmente outras supostas instituições financeiras não bancárias sob a rede de proteção do governo, que, até então, era um dispositivo de emergência reservado exclusivamente aos bancos regulados pelo Fed. Especificamente, o Fed permitiu ao Bear Stearns acesso à sua Janela de Desconto, estabelecida durante a Grande Depressão para permitir que os bancos tivessem acesso a empréstimos de emergência, independentemente da qualidade de suas garantias. O Fed, com o suporte do Tesouro dos EUA, forçou a venda do Bear Stearns para o J.P. Morgan Chase, com o Banco Central dos EUA concordando em emprestar para a empresa de investimentos problemática US$29 bilhões, aceitando títulos de garantias duvidosas.

Deixe-me traduzir o significado dessa decisão: o Federal Reserve parece, a princípio, ter oferecido uma garantia governamental que cobria todo o sistema financeiro, não somente os bancos, com o Fed ou alguns outros órgãos reguladores assumindo potencialmente papéis reguladores bem maiores em relação aos mercados financeiros. Pela severidade da crise imediata, incluindo o colapso potencial de todo o mercado financeiro, talvez o Fed não tivesse escolha. Mas, se o cobertor de garantia do governo irá, no longo prazo, expandir ou restringir os empréstimos por toda a economia, isso ainda é algo a ser visto. Em um sistema garantido pelo governo, algumas forças reguladoras têm de proteger o interesse público. Entretanto, a comunidade reguladora, incluindo o Fed, pouco desfruta de registros distintos de mensuração de risco e da compreensão dos fluxos de liquidez. Pode uma nova e superdimensionada agência reguladora dos EUA, onde quer que esteja localizada, fazer algo melhor? Os magos dos sistemas financeiros demonstraram continuamente uma tremenda capacidade de encontrar meios legais de contornar restrições reguladoras. Suspeito que muitos fundos de hedge, fundos de private equity e outras entidades financeiras mais móveis irão simplesmente se mudar para o exterior, no caso que se estabeleça um novo regime regulatório nos EUA, no qual, para se fazer um negócio ou conduzir uma operação financeira, o Federal Reserve ou outra agência reguladora possa ser parte de um novo e embaraçoso processo decisório.

Greg Ip, do *Wall Street Journal*, observa: "O Fed está sendo solicitado a fazer um trabalho que pode estar além da capacidade de qualquer um, ou seja, identificar e evitar uma crise antecipadamente." Martin Feldstein, de Harvard, acrescenta: "Supervisionar os complexos produtos derivativos dos bancos e do restante do sistema financeiro seria um desafio técnico enorme. As próprias instituições [financeiras] — ao pagarem salários muito elevados e ter a própria sobrevivência em risco — fizeram malfeito. O Fed faria certo?"

A verdade é que todos os reguladores foram pegos de surpresa na debacle das subprime, mas não podem ser completamente culpados. Um burocrata do governo bem-intencionado não é páreo para os criativos e espertos magos do mercado, e para seus advogados, que começam a buscar meios legais para contornar restrições regulatórias no instante em que elas passam a valer. Hoje, um representante sênior da Securities and Exchange Commission (SEC)* recebe entre US$143 mil e US$216 mil por ano. Até mesmo um executivo novo que toma decisões na Goldman Sachs recebe pacotes de compensação anuais em milhões de dólares. Em 2006, a compensação média de um empregado da Goldman foi US$622 mil, com alguns assistentes administrativos e secretárias ganhando mais de US$200 mil.

No entanto, o perigo agora é que a tendência dos reguladores, uma vez pegos de surpresa, seja tentar compensar com exagero, usualmente na forma de excesso de regulamentações. Nos mercados financeiros, excessos de regulamentações podem ser mortais para a liquidez. Para os Estados Unidos, o peso do excesso de regulamentações pode enfraquecer ainda mais Nova York como um centro financeiro. Erros regulatórios podem piorar um ambiente de crédito já em deterioração. Uma reação exagerada também pode enfraquecer o dólar ainda mais, visto que investidores altamente móveis podem escolher transferir seu dinheiro para mercados menos regulados.

O setor de serviços financeiros dos EUA tem sido a inveja do mundo, um dos poucos setores que os Estados Unidos dominam de forma dramática relativamente a outros países. De fato, o que mais a comunidade financeira estrangeira gostaria de ver seria a derrocada do setor financeiro norte-americano, determinada por uma camisa de força de passividade regulatória e, com isso, perdendo sua vanta-

---

*A SEC é equivalente à Comissão de Valores Mobiliários no Brasil. (N. do T.)

gem. Mas isso é exatamente o que está em risco na indústria de serviços financeiros dos EUA, a menos que reformas necessárias para alcançar maior transparência e melhor gestão de riscos sejam feitas com precisão cirúrgica e se mostrem sensíveis para evitar ameaçar o funcionamento, de forma ampla, do sistema financeiro como uma força de aumento da riqueza. No entanto, os banqueiros e os banqueiros de investimentos têm, de fato, se comportado mal em um sistema em necessidade de reforma cuidadosa. Certamente é preciso de uma plataforma para padronizar o apreçamento dos ativos securitizados. Deve haver também mecanismos de maior transparência e com melhor entendimento acerca da natureza do risco de mercado e de excessiva alavancagem. Os veículos independentes e fora dos balanços devem ser banidos.

Alguns fundamentalistas do mercado livre reagiram à debacle das subprime com uma sugestão na forma de um reflexo patelar dizendo que uma revisão séria da estrutura regulatória financeira ameaçaria desequilibrar, de modo arriscado, todo o sistema financeiro. No entanto, mesmo alguns maiores patrocinadores da globalização, incluindo eruditos como Jagdish Bhagwati e Frederic Mishkin, desde o início alertaram sobre a necessidade de uma abordagem sempre cautelosa com relação a nossos mercados de capitais globais altamente voláteis, e algumas vezes destrutivos. É importante lembrar que, embora nem todos os bancos de investimentos sejam os mesmos, dois meses antes do colapso do Bear Stearns a taxa de alavancagem do Morgan Stanley, 32.6 para 1, era quase tão alta quanto a do Bear Stearns, 32.8 para 1, de acordo com o *Wall Streeet Journal*. Merrill Lynch e Lehman usavam níveis de alavancagem similares.

No entanto, também são extremistas aqueles da esquerda que acreditam que a Grande Crise de Crédito de 2007-2008 preparou a mesa para o governo dominar todo o sistema financeiro. Esses entusiastas parecem esquecer que a crise resultou em grande parte da incapacidade do governo de evitar ser enganado pelos sofisticados estrategistas dos mercados financeiros e por seus advogados. A debacle das subprime expôs a fraqueza inerente à capacidade do governo de entender os mercados sempre em evolução.

Além disso, a realidade desagradável é que não há correções rápidas para o dilema do sistema de crédito global, e por isso o mundo se tornou um lugar perigoso, com tantas preocupações econômicas. Gerar confiança nos atuais "ativos confiáveis" é algo que leva mais de uma década para acontecer. Infelizmente, recriar confiança nesses sofisticados instrumentos financeiros, mesmo após uma reforma significativa, levará tempo. Certamente os bancos e os bancos de investimento precisam desenvolver uma nova estrutura de entendimento dos títulos lastreados por ativos, tornando-os mais transparentes, e, portanto, mais fáceis de serem apreçados pelos operadores dos mercados globais. Mas alcançar a volta da confiança e, logo, a liquidez para esses mercados cruciais não resultará de um ajuste rápido. Tampouco a economia pode prosperar sem restaurar a confiança nesse novo meio de distribuição de capital.

Ao redor do mundo, ministros da Fazenda estão individualmente ameaçando restringir o uso desses produtos sofisticados, incluindo os que envolvem securitização, a um ponto no qual o mercado de crédito global pode sofrer novo colapso. Enquanto isso, a SEC e o Federal Bureau e·Investigation (FBI) iniciaram investigações para saber se houve fraude na feitura e na emissão de títulos lastreados em hipotecas O procurador-geral de Nova York iniciou a própria investigação para saber se as empresas que emitiram títulos lastreados em hipotecas cometeram fraudes com os títulos.

A boa notícia é que maior investigação na indústria financeira produzirá maior transparência financeira geral. A notícia ruim é que uma caça às bruxas seria como jogar querosene em um mercado financeiro já sob furioso incêndio. A economia global pode piorar à medida que os executivos do mercado financeiro trabalhem desesperadamente para evitar processos civis e execuções criminais em um momento em que deviam estar concentrando toda a energia no reapreçamento de suas carteiras e em fazer o mercado global de crédito retornar a condições saudáveis. Os políticos dos EUA se defrontam com um dilema particularmente difícil. O setor de serviços financeiros norte-americano dominou o mundo precisamente por causa de sua abordagem no estilo caubói, sempre negligenciando o risco e reagindo aos eventos no mercado disparando rápidas decisões. Esse é um sistema que, em décadas recentes, contribuiu para o renascimento empreendedor dos Estados Unidos, um período de agitação econômica e de prosperidade que desbotou com a fraqueza econômica e a crise de confiança atual. No entanto, a natureza desse mesmo sistema financeiro aterrorizou o bem-estar econômico de milhões de proprietários de imóveis das classes média e baixa. O perigo virá se os políticos voltados à luta de classes atual responderem com um ataque ao próprio setor financeiro, sem mencionar as implicações negativas em termos de criação de empregos e de oportunidades econômicas no caso em que o setor financeiro norte-americano, já sem recursos, se debilita ainda mais silenciosamente durante a noite.

A realidade é que o show de horror da contração de crédito global pode continuar durante anos de uma forma ou de outra. O FMI estima que o mundo enfrenta uma crise de crédito de mais de US$1 trilhão. E esse número se baseia nos problemas que são atualmente conhecidos. O que está claro é que, nos próximos anos de alavancagem reduzida, os maiores bancos deverão guardar capital, e que outras novas restrições pós-subprime reduzam a lucratividade de toda a indústria de serviços financeiros. A grande incógnita é se essa situação produzirá uma contração de crédito global. Historicamente, restrições dramáticas ao crédito têm tido a capacidade de tornar desacelerações econômicas em algo bem mais sério. Aqui está o ponto crítico do problema: após a crise das subprime, os bancos apertaram o crédito e reduziram drasticamente os empréstimos, não somente para seus clientes, mas uns para os outros (elevando a taxa de empréstimos interbancários, chamada Libor). No processo, as taxas de mercado se *desvincularam* das taxas de juros de curto prazo dos bancos centrais. Em outras palavras, o Fed e outros bancos centrais cortaram suas taxas de juros de curto prazo, mas a taxa Libor aumentou, restringindo crédito para a economia.

Nada disso nega que o antigo modelo de negócios necessita de melhorias. Nos próximos anos, as instituições financeiras do mundo industrializado não terão escolha a não ser podar linhas de negócios e desalavancar. As práticas bancárias mudarão. As instituições com poupança e depósitos comerciais, com base em consumidores leais, ganharão em valor. Os gestores de recursos procurarão taxas de retornos de ações mais reduzidas, porém mais confiáveis. A grande incógnita, no entanto, está relacionada ao potencial negativo das implicações macroeconômicas dessa mudança de paradigma no mundo das finanças.

De acordo com o *Wall Street Journal*, de 1996 até 2006, os lucros das empresas financeiras aumentaram, em média, 13,8% ao ano, comparados com 8,5% para as empresas não financeiras, visto que a indústria de serviços financeiros dos EUA foi capaz de penetrar no dinâmico crescimento global. No pico de 2003, os serviços financeiros explicaram quase 30% dos lucros nos mercados de ações dos Estados Unidos, ou 40% dos lucros corporativos dos EUA. Na verdade, esse percentual reflete, em parte, o uso de alavancagem excessiva, mas, mesmo após as maciças perdas financeiras de 2007, os serviços financeiros representaram 20% dos lucros no mercado. Essa é uma parcela enorme da economia norte-americana.

Estão, portanto, os políticos dos Estados Unidos preparados para os significativos efeitos macroeconômicos negativos da derrocada da indústria de serviços financeiros? O economista Frederick Mishkin, em seu livro *The Next Great Globalization*, sustenta que o sistema financeiro de uma nação é a chave para sua prosperidade. Quanto mais capitalizado e desenvolvido o setor financeiro, maior a prosperidade geral. Uma razão básica para o mundo ser curvo decorre da improbabilidade de o sistema financeiro no longo prazo ser eficazmente regulado sem minar seriamente a iniciativa ao financiamento empreendedor. Conforme o ganhador do prêmio Pulitzer, o autor Daniel Yergin, recentemente disse: "A era da globalização fácil acabou. O poder do Estado está se reafirmando."

Meu receio é que, no longo prazo, o resultado da crise das subprime seja um sistema financeiro global bifurcado. De um lado, estariam as economias com crescimento relativamente lento, os Estados Unidos, a Europa e o Japão, com sistemas financeiros regulados de forma agressiva e, portanto, um meio mais limitado de financiar o empreendedorismo arriscado e o crescimento. De outro lado, estariam as economias de rápido crescimento e com excesso de poupanças, incluindo a China e a Índia, que usarão instrumentos livres como os fundos de hedge globais "no exterior", as empresas de private equity e outros veículos de investimentos, que são cada vez mais desprezados politicamente no Ocidente, para ajudar a expandir e controlar o restante da economia mundial. Como resultado, a atual mudança da produção de manufaturas do Ocidente industrializado para a Orla do Pacífico pode, em breve, incluir a companhia de outra mudança, em que as economias asiáticas alcancem o domínio *financeiro* esmagador sobre o Ocidente, bem mais cedo do que pensamos.

O crescente domínio pode ser ampliado pela abordagem menos restrita das economias do Pacífico quanto à questão do aquecimento climático em relação às economias do Ocidente. Um cenário igualmente plausível, no entanto, é aquele em que, nos próximos cinco anos, possa ocorrer uma desaceleração econômica global em decorrência de restrições de crédito e de desalavancagem financeira. Nesse cenário, todos sofrem.

É por isso que a situação do mercado de crédito é muito vital para ser deixada nas mãos da política regulatória, que pode não avaliar, de modo suficiente, as implicações negativas para a macroeconomia e para o mercado de intervenções menos do que sensatas do governo. Com certeza, o que se requer nos próximos poucos anos é uma equipe de cirurgiões de cérebro na política financeira, tanto do setor público quanto do setor privado, com o suporte político de alguns líderes poderosos e sofisticados do Congresso. Sim, existem alguns líderes sofisticados no Congresso em ambos os lados do corredor. Se, no ambiente político polarizado atual, eles se sentem confortáveis ao cooperarem para alcançar soluções responsáveis, isso é outro assunto.

No tratamento desses problemas, o Congresso deve evitar a todo custo um "cenário Sarbanes-Oxley II" — um remédio com boas intenções, porém contraproducente, por apresentar consequências não intencionadas desagradáveis. Se uma Sarbanes-Oxley II para lidar com a crise das subprime for algo como a legislação de reforma do mercado financeiro original, a lei Sarbanes-Oxley I, o resultado seria a marginalização severa do setor bancário dos EUA. No futuro, as empresas norte-americanas seriam forçadas a confiar amplamente nos bancos europeus, japoneses e chineses para obter financiamento. A indústria de serviços financeiros dos EUA seguiria o caminho da indústria automobilística norte-americana.

Após o desastre das subprime, quando me perguntam sobre o futuro da globalização financeira (sim, como um habitante de Washington, em jantares de comemorações, as pessoas realmente fazem essas perguntas), minha resposta sempre provoca um olhar de surpresa. Eu sempre digo: "Pergunte a Schumer." Com "Schumer", eu me refiro ao senador democrata de Nova York Charles Schumer. Ele é um senador dos EUA que quase não desfruta de sua grande experiência no Capitol Hill. Ele nem mesmo é um presidente de comitê. Mas Schumer é o protótipo de um líder congressista que poderia oferecer fiscalização eficaz para evitar que os remédios regulatórios matem o paciente.

Ele é um dos *Hedge Funds Democrats* de Washington — liberais inteligentes e relativamente jovens que chegaram ao poder, em parte, graças à surpreendente prosperidade da globalização financeira. Hoje, eles recolhem dinheiro tão rapidamente das contribuições de campanha dos fundos de hedge e das empresas de private equity quanto os republicanos, se não mais. Eles viveram nos fracos anos 1970, mas atingiram a maioridade durante o quarto de século de maior prosperidade na história. Também sabem pela história que o último período de mercados globalizados foi concluído com uma grande reversão.

Segundo minha visão, Schumer é um líder fundamental no sistema político dos EUA. Ele, bem mais que a maioria, entende o que está em risco no sistema financeiro. Ele é esperto o suficiente — e bem articulado — para moderar os miseráveis intervencionistas, para evitar que eles tornem as dificuldades financeiras correntes um pesadelo além de qualquer coisa imaginável. Ou poderia enfraquecer seriamente a globalização financeira à medida que o mundo continue a considerar reformas no sistema.

Uma razão pela qual penso que o senador é importante é que ele foi, em determinado sentido, parte do início da globalização. Encontrei Schumer pela primeira vez em 1988, no auge do poder financeiro do Japão. Meu velho amigo, o ministro da Fazenda Utsumi, o mentor dos bastidores de Tóquio que descrevi no Capítulo 5, havia telefonado com uma ideia em mente. Os burocratas do Ministério orientados internacionalmente tinham a intenção de seguir o restante do mundo industrializado na liberalização de seus mercados financeiros. Seu problema era que os burocratas com orientação *doméstica* estavam resistindo. E também as instituições financeiras. Utsumi disse que o Ministério da Fazenda não se oporia à ideia de alguns influentes congressistas norte-americanos irem ao Japão para servir como uma cunha humana. A ideia era romper com o impasse político ao iniciar a discussão sobre a liberalização financeira. Mas quem o Ministério da Fazenda deveria convidar formalmente?

Um sócio de negócios de então, Richard Medley, e eu sugerimos dois indivíduos: o senador republicano Jake Garn, de Utah, e do lado democrático, Schumer. Eles não podiam ser mais diferentes. Garn era um mórmon sério, de meia-idade e conservador. Schumer era um judeu jovem, impetuoso e liberal. Nós cometemos um erro, pois os dois desprezavam um ao outro. Por isso, Utsumi perguntou se nós, como um favor para ele, poderíamos acompanhar os dois legisladores ao Japão. Nós o fizemos, levando nossas esposas para acompanhar as esposas dos legisladores.

Desde o momento em que partimos, uma coisa ficou certa: Schumer seria uma agradável companhia de viagem. Hoje, como senador dos EUA, ele é reconhecido como o arquiteto por trás da tomada de controle do Senado dos Estados Unidos pelos democratas em 2006. De volta, então, Schumer, era apenas outro jovem congressista — alto, magro, com cabelo preto recuado, e sagaz. Como membro do Congresso, ele parecia fazer diferença. Isso significou atender aos vários interesses de Wall Street, o que ajudou a financiar sua carreira política.

Não me surpreende que a carreira de Schumer tenha decolado. Ao final do primeiro encontro com os bancos japoneses e as seguradoras, ficou claro que, pelo lado norte-americano, Schumer seria o líder. O que me surpreendeu foi sua percepção hábil sobre como os mercados financeiros funcionam. Schumer, reunião após reunião, defendeu a globalização financeira bem antes de a palavra *globalização* ser criada. Ele mostrou pouca atração para o protecionismo comercial puro, no velho estilo que agradava parte significativa do Partido Democrata.

Lembro-me desse dia, das verdadeiras palavras de uma das declarações de Schumer. Isso porque ele soou no momento como o conservador — e defensor dos mercados livres — Jack Kemp: "Ao abrir o sistema financeiro japonês, ambas as instituições financeiras, do Japão e dos EUA, seriam beneficiadas, porque o bolo financeiro global irá se expandir muito." Schumer continuou descrevendo, muito apuradamente, um novo mundo futuro dinâmico de integração financeira. Esse mundo alçaria a economia global a novos níveis de prosperidade.

Houve um momento preocupante ao longo da visita. Uma noite, Schumer se dirigiu a toda a elite financeira japonesa durante um cocktail de recepção em nossa homenagem. A audiência incluía os dirigentes de cada instituição financeira e todo o primeiro escalão do governo, em um momento em que o Japão estava no auge de seu poderio financeiro. Schumer anunciou que estava encantado com a visita ao Japão, e que esperava que o sistema fosse ser mais receptivo às instituições financeiras estrangeiras (incluindo mais assentos para essas instituições na Bolsa de Valores Japonesa). Então, propôs um brinde. Segurando seu copo alto no ar diante deste grupo de japoneses poderosos, Schumer se referiu aos Estados Unidos orgulhosamente como o "grande irmão*" e ao Japão como "irmãozinho".

Esta foi uma analogia que os japoneses imediatamente acharam ofensiva. A resposta, sutil, veio rapidamente: Nossas esposas, que estavam juntas no meio da recepção ouvindo as conversas, foram logo solicitadas a se deslocarem para as laterais para o fundo da sala. Elas acabaram ficando próximas à entrada dos toaletes, um local visto como "mais apropriado".

Um minuto mais tarde, Setsuya Tabuchi, conhecido como o "sênior Tabuchi", o poderoso presidente da Nomura Securities — a maior firma de títulos no mundo e um cliente —, bateu de leve no meu ombro. Ele tinha um sorriso misterioso em sua face rija e bronzeada. Um homem com quase setenta anos e um olhar de samurai, que tinha lutado e sobrevivido a milhares de batalhas internas, Tabuchi sempre usava um terno trespassado. Ele segurava um cigarro como um torpedo no topo de três dedos, como John P. Sears, da administração Reagan.

Lentamente, em inglês sem tradução, Tabuchi disse: "A frase do congressista sobre o "irmãozinho" foi sua ideia, certo? Se você insulta o grupo, você separa as coisas. Muito inteligente. As pessoas ficaram zangadas, mas elas começam a negociar". Para ser franco, eu não tinha ideia sobre o que o executivo-chefe da Nomura estava falando. E, estou quase certo de que nem sabia. De acordo com minha compreensão, o que ocorreu foi simplesmente um erro de etiqueta à moda antiga — mas funcionou.

De modo inicialmente limitado, mas razoavelmente rápido, o sistema japonês começou a se abrir para as firmas de investimentos estrangeiras. Mais assentos se tornaram disponíveis na Bolsa de Valores. Ambos, "irmãozinho" e "grande irmão",* prosperaram (O processo não foi totalmente suave porque o Banco do Japão diminuiu as taxas de ju-

---

*"Big brother" e "little big brother" são os termos originais.

ros. Isto, por sua vez, reduziu o risco do iene se valorizar dramaticamente em decorrência do aumento de influxo de capitais resultantes da liberalização, mas, logo em seguida, levou a uma perigosa bolha nos preços dos ativos. A maciça pressão internacional, incluindo a do Tesouro dos EUA, sobre o Japão para continuar esta política não ajudou).

Nesta viagem para o Japão, Charles Schumer desempenhou um papel crucial no apoio à liberalização dos mercados financeiros globais. O futuro da globalização financeira agora depende da vontade dele e de outros políticos e burocratas com visão global para fornecer cobertura política e defender controles responsáveis para restaurar a confiança no sistema.

No entanto, para a elite do grupo *Hedge Fund Democrats* em Washington dar um passo adiante e defender o sistema financeiro não será fácil. Uma razão é a crescente atitude isolacionista dos Estados Unidos e o crescente desconforto com todos os assuntos estrangeiros. Porém, um outro motivo decorre do fato de que, apesar dos melhores esforços para a reforma, a evolução de nossa arquitetura financeira provavelmente permanecerá menor do que a adequada para lidar com os produtos sofisticados no mercado financeiro globalizado do século XXI. O resultado já produziu uma assustadora montanha russa de incertezas no mercado, às vezes tão terríveis que o público correu e se escondeu embaixo da cama. A globalização pode ser uma forma altamente produtiva de distribuir capital empreendedor e de criar riqueza, mas é um sistema repleto de volatilidade extrema, onde não existe nenhuma série ampla de entendimentos formais ou mesmo informais sobre as regras financeiras. Em tempos de fraqueza econômica, é difícil enquanto político não querer fazer demagogia contra um vilão.

Além disso, os congressistas podem ser tímidos por outra razão: é difícil saber exatamente o que fazer com os bancos. Embora os banqueiros gananciosos tenham se comportado de forma irresponsável e colocado a economia global em sério risco, o mundo necessita dos bancos. Se eles falham, a economia e o sistema financeiro mundiais também falharão. Isto porque se destruirmos nossos meios de oferta de liquidez para o setor criativo, que assume riscos, toda a economia sofrera.

Leia qualquer literatura sobre a história das depressões econômicas e veja que as falências bancárias dominam a discussão. É por isto que durante os pânicos financeiros globais, os banqueiros centrais sempre têm uma preocupação imediata: o potencial de retiradas em massa de dinheiro do sistema bancário (ou do dinheiro a ser transferido dos veículos de investimento normais em uma economia bem sucedida para títulos de curto prazo do governo). No caso das retiradas em massa conduzidas pelo medo do desconhecido, toda a existência do sistema bancário pode ser ameaçada de insolvência. Portanto, lidar com um desafio tão importante e difícil pode estar acima da capacidade até mesmo dos mais hábeis no Congresso.

Na nova economia global, controlar o nervosismo bancário se tornou extremamente difícil porque a velocidade é mortal. Hoje, o dinheiro se move em um instante. Mesmo há vinte anos, uma pessoa tinha que pegar o telefone e chamar o corretor ou um banqueiro para movimentar dinheiro; hoje, tudo acontece com o apertar de algumas teclas em um computador pessoal. Portanto, se todos decidem ao mesmo tempo, em pânico, pressionar as teclas que retiram dinheiro dos bancos, as obrigações bancárias seriam muito volumosas e difíceis de atender.

Em março de 2008, quando a firma de investimentos Bear Stearns estava à beira do colapso e o Federal Reserve colocou esta instituição sob sua rede de segurança, o mundo financeiro se deparou com uma situação incomum. Os banqueiros centrais caminham sobre uma linha fina, porque redes de segurança amplas e generosas oferecidas pelo governo podem alavancar as operações no sistema financeiro. Uma garantia do governo para todos os investimentos financeiros institucionais pode soar prudente, mas pode não ser. Isto porque, como vimos na crise das hipotecas subprime, as instituições se tornam inconsequentes quando podem transferir o risco para outro. Isso aumenta potencialmente a probabilidade de uma série de bolhas financeiras intermináveis, causando devastação na economia. Por outro lado, restrições regulatórias severas podem gerar o resultado oposto: uma redução dramática nos empréstimos. Se as garantias governamentais fossem uma panaceia, uma firma como a Fannie Mae, que durante anos desfrutou de uma garantia implícita, teria prosperado durante a Crise de Crédito de 2007-2008. Em vez disso, esta instituição e outras como ela se tornaram o foco principal do problema.

Nesta nova economia global, os políticos necessitam desesperadamente de se engajar em um pensamento coletivo sobre o futuro no que diz respeito à natureza de uma rede de segurança financeira global e ao risco em geral. Conforme o ex-presidente do Federal Reserve de Nova York, Gerald Corrigan, disse certa vez, "Não se pode proteger o universo". Não se pode eliminar todo o risco. William Seidman, líder na área de regulação dos mercados financeiros nos EUA, colocou essa questão de forma diferente: "A rede de segurança deve ser operada por um gênio guiado divinamente, que deteste qualquer interferência do governo nos mercados".

Nós estamos vivendo numa época em que os políticos devem capturar o momento, se devemos salvar a nova economia global. Nos próximos anos, o mundo político — incluindo os banqueiros centrais, representantes do Tesouro, principais reguladores do governo, formadores de opinião e membros responsáveis pela liderança política — necessitam reformar a arquitetura financeira mundial, com um direcionamento "equilibrado", que não seja muito suave nem muito forte. Os riscos não podiam ser maiores. Afinal, se os principais reguladores do mundo industrializado, incluindo os bancos centrais, tiveram dificuldades para descobrir o que estava acontecendo durante a crise imobiliária, por que nós estaríamos seguros de que o mesmo grupo poderia tratar das implicações financeiras de um ataque terrorista? E com relação a um ataque direcionado ao próprio sistema financeiro? Certamente, o mundo político deve se engajar em um planejamento contingencial internacional mais eficaz — e rapidamente.

O mundo político também necessita de uma doutrina financeira do tipo "pense grande" ou, pelo menos, uma série de entendimentos informais para antecipar crises financeiras em geral. Esta doutrina, formal ou não, deve envolver a cooperação do setor privado com o objetivo de aumentar transparência no mercado. Os políticos precisam chegar a reformas globais precisas que evitem ameaçar o grande sistema financeiro como uma força geradora de riqueza. Esta é uma tarefa que requererá imaginação extraordinária, a mesma dos grandes pensadores com relação à economia que emergiu em 1944, no fim da Segunda Guerra Mundial. Estes indivíduos arquitetaram uma estrutura econômica e financeira que permitiu sessenta anos de paz e prosperidade. Os políticos atuais precisam se engajar no mesmo tipo de pensamento audacioso e comunicar para o público que uma doutrina financeira para restaurar a ordem foi estabelecida.

Trabalhando com os mercados privados, os lideres políticos devem criar um meio de comunicar melhor a extensão dos riscos de mercado que as instituições financeiras assumem ao usar instrumentos altamente sofisticados e alavancados. Como os produtos financeiros são agrupados no processo de securitização, deve ser encontrada uma maneira de dominar as restrições legais e tributárias envolvidas na separação temporária dos ativos securitizados, para remover qualquer lixo tóxico financeiro descoberto Deve haver também uma nova plataforma para oferecer maior padronização no estabelecimento de preços dos produtos financeiros securitizados.

Em outra frente, os políticos precisam encontrar meios de melhorar o desempenho das agências internacionais de risco de crédito. Uma ideia é unir a compensação financeira destas agências ao êxito de seu desempenho. No sistema corrente, com exceção de um golpe na reputação e no ego, as agências de risco de crédito não pagam nada por suas falhas. Além disso, elas não desfrutam de ganhos pelo sucesso e precisão. Alguns congressistas propõem a absorção destas agências pelo governo. Isto não faz absolutamente nenhum sentido para uma pessoa com um pouco de entendimento dos mercados globais, porque os burocratas do governo, ainda mais do que os especialistas das agências de risco de crédito privadas, não são páreo para a sofisticação e a complexidade dos magos dos mercados financeiros atuais.

O mundo político também deve tratar do problema dos bancos estatais na economia global — sejam alemães, chineses, franceses ou italianos —, os quais permanecem como uma importante vulnerabilidade do sistema global. Na Alemanha durante a crise das hipotecas de 2007-2008, por exemplo, bancos municipais de nível médio e estatais mostraram o "uso político dos bancos" no seu pior. O sistema não quis revelar sua exposição às subprime ate que fosse tarde demais. Quando estas instituições entraram em colapso, elas tiveram que ser absorvidas pelos bancos independentes maiores. O sistema financeiro internacional necessita desesperadamente de mudar estes sistemas bancários estatais para o que o especialista em bancos globais, Charles Dallara, chama de "situação mais saudável, mais fundamentada nos mercados". É certo que os bancos baseados nos mercados têm seus próprios problemas. Eles fizeram coisas estúpidas. Mas não funcionam sob o jugo direto dos políticos do governo como ocorre com os bancos estatais. Nos anos 1990, falhou em sua recuperação econômica precisamente por causa de seus bancos que, sob a influência dos políticos do governo e das elites, foram lentos em tirar dos balanços das montanhas de empréstimos não pagos. Tal acontecimento poderia não ter ocorrido se os bancos tivessem sido mais independentes. Hoje, os bancos estatais chineses fazem os bancos japoneses parecerem amadores na arte de esconder empréstimos não performados.

Observando de forma mais ampla, os lideres políticos atuais precisam estar conscientes de que a economia mundial provavelmente permanecerá em risco, ainda que todas as reformas financeiras necessárias estejam implementadas, que a transparência financeira aumente, e que a confiança e a fé na arquitetura financeira retorne. Há, com certeza, as ameaças do terrorismo, mudanças climáticas, e um numero crescente de pânicos no mercado, apesar dos esforços da reforma financeira. Mas a ameaça decisiva para a ordem econômica mundial é que a globalização não sobreviva, com o mundo retornando para um longo período de doença econômica semelhante aos anos 1970, ou pior.

Alguns teóricos sugerem que a globalização, particularmente a financeira, e as últimas décadas de imensa geração de riqueza teriam se beneficiado de dois acontecimentos que podem nunca ocorrer novamente: primeiro, a ausência de sessenta anos de um conflito militar mundial; e segundo, a completa quebra do modelo econômico marxista global. Esta quebra desencadeou de uma só vez uma explosão de energias criativas enclausuradas. A teoria sustenta, portanto, que o sucesso da globalização durante as últimas décadas pode não se repetir outra vez.

Um número surpreendente de importantes formadores de opinião está começando a questionar os verdadeiros alicerces da globalização. Por exemplo, escrevendo na Foreign Affairs, Rawi Abdelal e Adam Segal ressaltam que "políticos e eleitores, nos Estados Unidos, Europa, e China têm ficado crescentemente nervosos com a liberdade de movimento dos capitais, dos bens e das pessoas através de suas fronteiras. E a energia — o produto mais globalizado — se tornou mais uma vez o objeto de intensa fonte de nacionalismo". Novamente, eu adicionaria que desentendimentos futuros sobre o aquecimento climático entre a Ásia e o Ocidente podem potencialmente diminuir de modo acentuado o apoio ao sistema global de comércio.

Nos últimos anos, o Fundo Monetário Internacional se tornou menos entusiasmado com relação a encorajar economias em desenvolvimento a liberalizar seus sistemas financeiros, permitindo o livre fluxo de capital de investimento externo através das fronteiras. O motivo da relutância é que muitos países em desenvolvimento possuem sistemas financeiros com pouca ou nenhuma transparência, sem regulação adequada. Portanto, o capital de investimento externo se assusta facilmente. Ao primeiro sinal de problema, o capital escapa, deixando instituições como o FMI com a desagradável tarefa de tentar evitar que a crise resultante se espalhe para o sistema financeiro global de forma ampla.

A OCDE (Organização para a Cooperação e Desenvolvimento Econômico), a organização dos economistas dos governos do mundo todo com sede em Paris, também retrocedeu no seu apoio ao modelo de globalização. As duas principais agências internacionais de risco de crédito, Moody's e Standard & Poor's, realmente alertam as economias em desenvolvimento quanto aos perigos de uma liberalização muito rápida dos mercados de capitais.

Se todas estas agências internacionais não apoiarão a globalização financeira, quem apoiará? A única resposta, acredito, é um grupo de lideres políticos corajosos e visionários, tanto do setor publico quanto do privado, incluindo bancos centrais e membros responsáveis pela liderança política, que deem passos adiante e expliquem as enormes consequências negativas de um eventual colapso do modelo globalizado de livre-comércio e de capital empreendedor liberalizado.

Enquanto isso, os sinais da derrocada da globalização vêm de todas as partes. A Organização Mundial do Comércio, por exemplo, é cada vez menos eficaz. Os Estados Unidos e a Europa continuam com a hipocrisia de proteger sua produção agrícola e certas indústrias enquanto na Rodada Doha do comércio internacional as conversações estão obstruídas. Não, o colapso de Doha não significaria que o comércio global pararia, mas significaria que o mundo se tornou ainda mais desconfiado do comércio universal livre, o que não é um bom sinal para o futuro da globalização.

No front do investimento direto, a China está agora revendo todas as aplicações estrangeiras em fusões e aquisições, expandindo dramaticamente o numero de ativos considerados intocáveis por motivo de "segurança econômica" ou como "indústrias-chave", ou como marcas populares. Isto não é diferente das ações dos EUA contra o domínio estrangeiro da Unocal e dos esforços da Dubai Ports World para controlar a administração de alguns portos nos EUA. A mensagem que estes acontecimentos transmitem para o mundo é que o fluxo livre de capital pode não durar para sempre.

A ameaça de protecionismo, a fraqueza macroeconômica, e os desequilíbrios econômicos acentuados — que contribuem para maior volatilidade nos mercados — levaram alguns a acreditar que o mundo está à beira de uma reversão econômica importante, talvez um colapso. Tenho um amigo, Tadashi Nakamae, considerado um dos proeminentes estrategistas globais do Japão. Nakamae promove um cenário de "Quebra da China". Ele sugere que o mundo entrou em uma tendência de longo prazo de excesso de capacidade (muitos bens produzidos), primeiro no setor de manufaturas, e finalmente no setor de serviços. Nakamae prevê o surgimento de uma nova "Revolução anti-Reagan", onde os governos, particularmente na Ásia, tentarão exercer ainda mais controle sobre suas economias.

Nakamae acredita que à medida que as economias de mercados emergentes (principalmente na Ásia) continuem na trajetória irresponsável de adicionar capacidade (com superprodução em massa conduzida não pela demanda de mercado, mas por atos administrativos), a economia global sofrerá por falta de recursos naturais ainda mais graves (cobre, zinco, minério de ferro, petróleo, etc.). Combinado com o problema de excesso de capacidade, a inflação do valor pago pelos recursos naturais, apesar de alguns períodos de declínio de preços, continuará a acelerar. Isso produzirá um declínio substancial na lucratividade interna da produção.

Como observado anteriormente, com a produção estropiada, os mercados emergentes, como observado anteriormente, tentarão desenvolver o setor de serviços de suas economias. Foi isso que os Estados Unidos e o Reino Unido fizeram nos anos 1980 e 1990. O Japão também saltara agressivamente para o setor de serviços. Com a Índia já lá, o excesso de oferta resultante produzirá inevitavelmente, pela primeira vez, um endurecimento do protecionismo global direcionado tanto a setores de produtos quanto aos serviços.

Para Nakamae, o cenário mais provável é aquele no qual as economias da Ásia caem em um protecionismo iniciado pelo Estado, a Europa consegue seu objetivo de forma lenta, e a China entra em "colapso", porque apresenta o maior nível de excesso de capacidade entre os três. Este resultado deixaria os Estados Unidos e outras nações industrializadas com o problema de lidar com estoques gigantescos de commodities e de produtos que a China, em tal cenário, descarregaria nos mercados mundiais.

Enquanto isso, os Estados Unidos também teriam que encontrar uma nova fonte de demanda doméstica. Habitações e automóveis, dois setores historicamente enormes da economia americana, sofreram baques severos recentemente. No cenário de Nakamae, os Estados Unidos (e a Europa) usariam investimentos ambientais como a nova fonte de demanda. Novos padrões de economia de energia e de preservação do meio ambiente seriam criados com propósitos ambientais, mas também como um meio de excluir os produtos asiáticos dos mercados americanos e europeus. Isto seria um tipo de protecionismo 'de fato', ou não tarifário.

Diz Nakamae: "O cenário completo significa que os outros países da Ásia teriam que criar a própria demanda interna. Esta é uma tarefa muito difícil. O Japão luta para conseguir isso [desenvolver uma base de consumidores agressivos] há três décadas e ainda não obteve sucesso". O resultado será protecionismo crescente da Ásia em relação a bens e serviços dos Estados Unidos e a da Europa.

O medonho cenário global de Nakamae é quase inevitável. No entanto, eu o menciono para demonstrar que um grupo crescente de estrategistas globais com registro de previsões bem-sucedidas está começando a recear que um colapso financeiro e comercial global é uma possibilidade realista.

Embora o modelo em que ocorre formação de excesso de capacidade com efeitos depressivos sobre os salários, como ocorrido nos anos 1930, seja possível, há outros cenários menos apocalípticos. Um resultado mais otimista é possível, e a probabilidade de ele ocorrer será muito maior se for permitido ao capital se mover livremente por todo o mundo. Ao longo do tempo, economias modernas, de livre mercado, podem ser amplamente flexíveis na superação de problemas. O ex-presidente do Fed, Alan Greenspan, confirmou durante anos no Congresso a enorme flexibilidade da economia dos EUA. A próxima década será um teste para ver se a teoria de Greenspan está correta. — que o sistema financeiro dos EUA pode reformar a si próprio para dar prosseguimento ao seu sucesso.

Além disso, nem todas as notícias são ruins. Os banqueiros centrais de hoje estão se tornando mais sábios à medida que procuram entender a natureza do crédito securitizado. Está quase subentendido que o Fed prestará mais atenção para a questão da expansão do crédito na condução da futura política monetária, o que ajudará a diminuir a severidade do nervosismo financeiro. Além disso, nenhum participante de mercado sensato que eu conheça questiona mais a necessidade de maior transparência, embora haja diferenças de opiniões sobre detalhes, incluindo, por exemplo, quão rapidamente os empréstimos com subprime devem ser revelados aos mercados. As instituições financeiras dos Estados Unidos revelaram os problemas com seus balanços bem mais rapidamente do que as instituições européias o fizeram, o que mantém as esperanças dos preços destes ativos subprime retornarem a valores mais altos.

Não se nega, no entanto, que os riscos futuros para a economia global são enormes, além da fraqueza econômica corrente. Haverá períodos de grande volatilidade, e, às vezes, os mercados e a economia parecerão se recuperar. Mas recuarão rapidamente de novo. O fato triste é que o sentimento básico de dúvida em relação aos mercados de capitais liberalizados e ao livre-comércio provavelmente manterá o sistema econômico e financeiro instável nos próximos anos. Políticos instáveis geram mercados instáveis e tornam os fundamentos econômicos problemáticos.

Durante o período 1914-1945, quando o último grande período de globalização entrou em colapso, o comércio entre fronteiras e os fluxos de capitais despencaram por basicamente um motivo — crise de ideias. Ambições imperiais e sentimento de protecionismo se tornaram as forças preponderantes dentro de um sistema cada vez mais mercantilista. Os políticos bem intencionados perderam de vista a ideia de que, antes de mais nada, as finanças e o comércio globalizados tinham gerado um enorme estoque de riqueza. Riqueza e recursos nacionais estavam sendo disputados, criando tensões que foram elevadas por impulsos nacionalistas. Somente entre 1929 e 1932, o volume de comércio entre países desabou quase 70 por cento quando a desconfiança internacional disparou.

Então, a desconfiança financeira se estabeleceu à medida que as nações se fixaram em controles monetários, essencialmente para regular a quantidade de capital que cruzava as fronteiras. Os preços globais dos bens entraram em colapso e, com isso, as empresas não conseguiram gerar lucros. Como consequência, não puderam cumprir com suas obrigações bancarias. Muitos bancos faliram, reduzindo ainda mais o crédito, o que sufocava ainda mais os negócios, levando a mais quebras de bancos. Este período, com certeza, foi chamado de A Grande Depressão.

É surpreendente que uma década e meia antes da Depressão poucos líderes intelectuais defendiam e fortaleciam o sistema globalizado, que tinha produzido um período impressionante de industrialização e prosperidade. Em vez disso, as pessoas que deviam ser lideres, estavam passivas. À Grã-Bretanha vista pelo mundo como uma nação poderosa — da mesma forma que os Estados Unidos são hoje —, faltou autoconfiança para lutar pelo sistema. Os britânicos, ainda uma grande potência mundial no período pós-Primeira Guerra, se encontravam destituídos de energia intelectual. Os acontecimentos ficaram fora de controle; um extraordinário exemplo de falha na liderança global. Como a economia mais influente no mundo, os britânicos falharam em não aproveitar o momento.

Com relação a essa noção de comunicação pobre e falha em não assumir a função esperada, deixe-me transmitir os detalhes bizarros de uma experiência desconfortável que ocorreu quando iniciei meu negócio de consultoria de mercado. Eu percebo que este caso é provavelmente inapropriado. Superficialmente, pareceria absurdo comparar a situação difícil dos Estados Unidos com um incidente no início dos meus negócios. Entretanto, quando penso nas peculiaridades do mundo político atual, este estranho caso sobre um jantar de comemoração e o comportamento enfadonho dos anfitriões surge na minha mente.

Em 1989, eu era relativamente novo em viagens de negócios ao exterior. Naquele ano, estava em Roma para uma reunião com um importante consultor italiano de estratégia financeira. Discutimos sobre a economia européia e o dólar. O indivíduo, bem conhecido nos círculos que tomam decisões na Itália, terminou nossa discussão convidando-me para um pequeno jantar comemorativo na casa dele. Eu aceitei ansiosamente, não percebendo que a noite serviria, de modo estranho, como um exemplo da importância de entender seu papel e de se comunicar eficazmente de acordo com ele.

O "pequeno" jantar comemorativo acabou incluindo pelo menos duas dúzias de pessoas. Bebemos coquetel em uma varanda sobre uma encosta, absorvendo a vista espetacular de trezentos graus da morna coloração dourada do pôr do sol sobre a Cidade Eterna. O mais deslumbrante era o cintilar das luzes nas cercanias da cidade após o pôr do sol. Logo antes de o jantar ser servido, meu anfitrião apresentou-me a esposa dele, que tinha acabado de entrar na varanda. Eu a chamarei Maria — uma mulher de cabelos escuros e beleza marcante a não ser por um detalhe: Maria tinha pelo menos 40 ou 45 quilos além de seu peso normal. Maria sorriu, e rapidamente ficou claro para mim que ela não falava inglês.

Meu anfitrião tinha organizado o jantar em torno de uma mesa longa e retangular em uma sala de jantar grande, mas pouco decorada. Maria se sentou em uma cabeceira e meu anfitrião na outra. Aqueles que não podiam falar inglês sentaram-se na parte da mesa do lado de Maria, e os que falavam inglês na outra.

O vinho fluía. Uma massa com um tempero sutil chegou, seguida por um peixe branco excepcional. Todo o jantar comemorativo nos deixara relaxados, em um estado de balsâmica euforia. Então, os jogos começaram. Meu anfitrião levantou, segurando seu copo de vinho, e ofereceu um brinde elaborado louvando o fato de os Estados Unidos finalmente estarem tomando a liderança na questão cambial. Outros se juntaram ao brinde à medida que mais vinho fluía.

Então, meu anfitrião fez algo incomum. Ele levantou novamente, anunciando que seria de mau gosto não felicitar a coanfitriã da noite, sua adorável esposa. Todos prestaram atenção. Todos sorrimos. Maria olhava diretamente para nós, os que falavam inglês, no outro lado da mesa. Reconhecendo seu nome, ela ofereceu um sorriso bem aberto.

Nosso anfitrião, o marido dela, continuou: "E agora devemos brindar a Maria, a flor mais bonita no deserto". Maria sorriu mais ao ouvir seu nome, mas o convidado sentado ao meu lado, um banqueiro de investimento italiano, sussurrou, "Caramba, lá vem ele", como se tivesse presenciado o que estava prestes a acontecer em outras ocasiões. "Para Maria" (ela sorriu um pouco mais), o anfitrião disse de novo quando todos levantaram seus copos, "minha esposa, minha jóia rara. Para Maria... A PORCA!"

Neste momento, senti um frio correr pela minha espinha. Ele realmente disse o que ouvi?, pensei. Ele deve ter dito, conclui, porque metade dos convidados — os do lado da mesa onda estava Maria — ainda estavam sorrindo, e o restante de nós continuava olhando fixa e sombriamente para baixo, para os pratos de sobremesa.

Nosso anfitrião repetiu: "Deixem-me dizer novamente, para meu pequeno pássaro, para minha adorável e doce Maria... A PORCA!" O sorriso de Maria se ampliou novamente ao som de seu nome. O sorriso emitiu um brilho impressionante, mas também uma repentina e constrangida sensação de confusão. Isto, sem dúvida, aconteceu com base no óbvio — aqueles sentados na minha parte da mesa, com os narizes cada vez mais perto dos pratos.

Meu anfitrião estava repetindo esta saudação pela terceira vez, quando o banqueiro de investimentos sentado próximo a mim de repente levantou. "Oops", ele disse olhando para o relógio. "O jogo acabou. Tenho uma reunião cedo. Foi maravilhoso. Muito divertido. Uma noite adorável, adorável". Todos se levantaram. Logo em seguida, agradeci ao anfitrião e a Maria e voltei rapidamente para meu hotel, pensando comigo mesmo que aquelas pessoas são certamente diferentes.

Concluo com este acontecimento bizarro, talvez mesmo ofensivo, não para sugerir que o comportamento habitual europeu possa ser caricaturado como um reflexo de tal espírito de mesquinhez pessoal. Destaco o caso de Maria porque ele, em minha mente, representa os Estados Unidos — ou pelo menos ela é o que os EUA podem se tornar se os políticos não forem cuidadosos. Maria é a Estados Unidos — sobrecarregada com dívidas, em auto-questionamento e em auto-absorção — e, ainda mais importante, incapaz de comunicar sua mensagem para o mundo.

Hoje, os Estados Unidos são uma nação politicamente polarizada, assolada de forma crescente por lutas de classes e incapaz de exercer a liderança econômica no mundo. Desesperado por liderança econômica e financeira, o mundo, como o desprezível marido de Maria, já se tornou um lugar cínico, ate mesmo perigoso, pronto para catástrofes. Mercados nervosos sentem que os políticos norte-americanos estão retrocedendo. Ninguém oferece uma visão completa. A incerteza se alimenta de si mesma, enquanto os EUA ficam sentados no jantar de comemoração global das nações, inconsciente, com um sorriso aturdido em seu rosto.

É triste saber que a situação não precisaria ter chegado a esse ponto. Os líderes políticos norte-americanos, durante os raros momentos em que abordaram questões que envolvem a economia internacional, agem com medo, e isto tem que parar. Porém, em vez disso, eles internalizam o fato de que somente os Estados Unidos são capazes de reunir liderança e coragem para defender o sistema de livre-comércio e o sistema internacional de liberdade de movimento de capital.

Este é o momento exato em que o Hedge Fund Democrats, ao terem recebido os recursos de campanha para fazerem parte da administração política, necessitam dar um passo a frente e defender um sistema de sucesso extraordinário. A mensagem deles é que a globalização financeira é um grande paradoxo — um sistema repleto de defeitos que produz distorções financeiras enormes e assustadoras, mas, ao mesmo tempo, é a galinha dos ovos de ouro. E a conclusão é óbvia, pois somente um verdadeiro tolo iria querer retornar para uma era de inflação elevada, maior desemprego e menos riqueza. Talvez Marc Leland, ex-representante do Tesouro dos EUA, tenha colocado melhor a questão, quando disse, "A globalização é como as duas instituições que conhecemos como democracia e casamento. Ambas às vezes podem ser problemáticas, mas as alternativas não são nem um pouco atrativas".

Os políticos americanos precisam lembrar ao mundo do período pré-globalização de grande inflação e de oscilações no desemprego em viciosos ciclos econômicos de incertezas. Os líderes políticos necessitam ressaltar que o sistema financeiro atual, com liderança eficaz, tem historicamente apresentado uma capacidade surpreendente de se autocorrigir quando tem direção e tempo. Durante um período de turbulência financeira e de crise das instituições de poupança e empréstimos* no final dos anos 1980 e início dos anos 1990, por exemplo, os comentadores apresentavam imagens de apocalipse econômico e financeiro, exatamente como hoje. Nós esquecemos, mas os mercados também, sofriam naquele momento uma crise de confiança. No entanto, o siste-

---

*Savings and loans crisis. (N. do T.)

ma financeiro, após o início de reformas apropriadas, se auto-corrigiu. Ele limpou suas perdas (com a ajuda de uma nova instituição chamada Resolution Trust Corporation, que ajudou a coordenar a limpeza). Algumas pessoas nos mercados encontraram propriedades que eram verdadeiras barganhas; outras que tinham apostado errado em seus investimentos sofreram perdas e ataques do coração. Mas o sistema econômico e financeiro, sustentado por uma política, não somente sobreviveu à crise das instituições de poupança e empréstimos, mas também continuou a prosperar durante décadas.

Os políticos, portanto, precisam tornar claro que, nos próximos anos, nós podemos mover o sistema financeiro global em direção a maior transparência e confiança — e, desse modo, alcançar um futuro ainda mais produtivo. Mas, a liderança é importante. Estrategistas de políticas financeiras criativos, destituídos do atual partidarismo político desagradável e focados no quadro completo, devem dar um passo a frente para trabalhar intimamente com o setor privado. Este é um momento singular na história, e eles precisam aproveitá-lo.

O sucesso não virá facilmente. O historiador Paul Kennedy, em seu livro, *The Rise and Fall of the Great Powers*, argumenta que os políticos atuais estão seguindo um modo de tomar decisões que traz "vantagens de curto prazo e desvantagem no longo prazo". Atualmente, não há vantagens de curto prazo comparáveis com o perigo de não surgirem soluções de longo prazo para os desafios dos desequilíbrios fiscais crescentes, do pesadelo, do *juggernaut* chinês, da luta de classes, e da falta de confiança na nossa arquitetura financeira. Este é o momento de pensar com grandeza sobre o longo prazo. Infelizmente, no entanto, permanece a questão: Os estrategistas políticos capacitados estão ouvindo? Algum político está pensando além de seus próximos trinta segundos de propaganda na TV? Algum líder do mercado financeiro está olhando além do próximo trimestre? Alguma destas pessoas percebe que nada menos do que o sistema financeiro mundial está em risco?

Atualmente, como nunca aconteceu antes, um grupo de líderes políticos corajosos necessitam de dar um passo adiante com uma agenda eficaz para evitar um desastre. Com boa liderança, podemos continuar a construir sobre a surpreendente prosperidade dos últimos 25 anos. Sem ela, corremos o risco de uma nova era de problemas econômicos Uma segunda Grande Depressão parece improvável, mas a ideia não é mais um completo absurdo. O mundo está perigosamente curvo.

Uma palavra sobre as fontes

Ao escrever *O mundo é curvo*, eu recorria, e fui influenciado por, um grande conjunto de fontes. Para começar, em mais de vinte anos na direção editorial da revista *The International Economy*, literalmente centenas de catedráticos, políticos e jornalistas, ao apresentarem suas visões, influenciaram meu pensamento. Artigos escritos desde 2002 estão disponíveis no site da revista: http://www.international-economy.com.

Embora eu tenha recorrido a várias fontes publicamente disponíveis, algumas discussões no livro refletem minhas experiências pessoais, conversas em salas de operações de diversas instituições financeiras e com políticos e responsáveis por política econômica pelo mundo.

No caso do Capítulo 6, minhas descrições dos eventos em torno da crise da libra em 1992 estão baseadas em anotações pessoais que fiz na época, que foram mais tarde confirmadas para o livro por alguns ex-representantes políticos que estiveram intimamente envolvidos no drama.

Recorri a vários artigos e estudos, incluindo "Is Globalization Today Really Different than Globalization a Hundred Years Ago?" de Barry Eichengreen e Michael Bordo, National Bureau of Economic Research (1999); Federal Reserve Statistical Release on "Flow of Funds Accounts" (3º trimestre de 2006, 2º trimestre de 2007); BEA GNP Release (4º trimestre de 2006); McKinsey Global Institute Financial Stock Database (11/12/07); Leto Market Insight (27/12/06); "Good Government" de Matthew Rees, *The American* (jan.-fev. 2007); "The Payoff to America from Global Integration" de Scott C. Bradford e Gary Clyde Hufbauer, Peterson Institute for International Economics

(7/6/05); "The Payoff from Globalization" de Gary Clyde Hufbauer e Paul Grieco, *Washington Post* op-ed (7/6/05); "Meeting the Challenge of Sovereign Wealth Funds" de Edwin M. Truman, *Handelsblatt* (18/9/07); "Blinder Baloney" de William T. Dickens e Stephen J. Rose, *The International Economy* (primavera de 2007); "Ownership and Control in Outsourcing in China: Estimating the Property-Rights Theory of the Firm" de Robert C. Feenstra e Gordon H. Hanson, National Bureau of Economic Research (nov. 2003); "Can America Still Compete or Does It Need a New Trade Paradigm?" de Martin Neil Baily e Robert Z. Lawrence, Peterson Institute for International Economics (dez. 2006); "The New Power Brokers" de Diana Farrell e Susan Lund, *The International Economy* (verão de 2008); Congressional Budget Office Analysis (ano fiscal 2007); Federal Reserve Board. "Flow of Funds Accounts" (1946-2004); "Revenues, Outlay, Deficits, Surplus and Debt Held by the Public 1962-2005", Congressional Budget Office; "Time Series Data of International Reserves/Foreign Currency Liquidity, for the United States (até 12/1/07)", International Monetary Fund; "Foreign Exchange: Policy, Monetary Policy and Capital Market Liberalization in Korea" de Jeffrey A. Frankel (3/9/92); Merrill Lynch "World Wealth Report, 2007"; palestra do secretário-adjunto do Tesouro dos EUA Robert M. Kimmitt (2/2/07); *Where Is the Wealth of Nations?*, World Bank Conference Report, Washington, D.C. (2006); "Alternative Investments and Private Equity: Lessons from American Experience" de Malmgren Global LLC (mar. 1999); "Pension Reforms in America and Possible Lessons for Japan" de Malmgren Global LLC (set. 1998); "China, Average Percent Change in GDP, World Economic Outlook Database", The International Monetary Fund (out. 2007); Bank of China IPO Perspectus (2007); entrevista com Charles Dallara, Institute for International Finance, *The International Economy* (primavera de 2007); "New Investor Accounts in China", *Bloomberg* (13/6/07); "China: Toward a Consumption-Driven Growth Path" de Nicholas R. Lardy, Peterson Institute for International Economics (out. 2006); "In China's Shadow: The Crisis of American Entrepreneurship" de Rees

Hundt, *The American* (5/12/06); "Weak Yen Conundrum" de Tadashi Nakamae, *The International Economy* (verão de 2007); "The Asset Price Bubble and Monetary Policy: Japan's Experience in the Late 1980s and the Lessons" de Kunio Okina, Masaak Shirakawa e Shigenori Shiratsuka, Bank of Japan (fev. 2001); "Household Saving Rates", OECD Economic Outlook (1990 a 2009); "Japanese Household Income" de Nakamae International Economic Research (dez. 2006); "Japan to the Rescue" de David Hale, *The International Economy* (jul.-ago. 1989); "Europe's Italy Problem" de Bernard Connolly, *The International Economy* (outono 2005); "Economic Growth and Performance", OECD (2006-07 edition); palestras do presidente do Federal Reserve Alan Greenspan (5/12/96, 17/3/08); "Economic Letter", the Federal Reserve Bank of San Francisco (3/12/04); "Equity Ownership in America", the Investment Company Institute and the Securities Industry Association (2002); 1993 e 1994 State of the Union addresses de Bill Clinton; "Recent Trends in Household Wealth in the United States: Rising Debr and the Middle-Class Squeeze" de Edward N. Wolff, Levy Economics Institute (jun. 2007); "Average Household Assets and Liabilities by Wealth Class, 1962-2004", the Economic Policy Institute's *State of Working America* (2006-2007); "Poverty Thresholds 2007", U.S. Census Bureau; "Growth of HNW and UHNW Segments", relatório de 2007 do Morgan Stanley baseado em pesquisas de McKinsey e Federal Reserve; testemunho do presidente do Federal Reserve Ben Bernanke (20/9/07); "Global Market Commentary" de Malmgren Global LLC (7/2/08); "Has Globalization Passed Its Peak?" de Rani Abdelal e Adam Segal, Foreign Affairs (jan.-fev. 2007).

Bibliografia

Neste livro, eu fiz citações, fui influenciado, e levantei dúvidas sobre vários livros e autores com relação aos assuntos globalização, mercados financeiros e política monetária. Estes incluem:

Baldwin, Robert e Alan Winters (orgs.). *Challenges to Globalization: Analyzing the Economics*. Cambridge, Mass: National Bureau of Economic Research Conference Report, 2004.
Bartley, Robert L. *The Seven Fat Years*. New York: Free Press, 1992.
Bhagwati, Jagdish N. *Em defesa da globalização*. Rio de Janeiro: Campus.
Cannon, Lou. *President Reagan: The Role of a Lifetime*. Nova York: Public Affairs, 1991.
Clarida, Richard H. (orgs.). *G-7 Current Account Imbalances: Sustainability and Adjustment*. Chicago: University of Chicago Press, 2007.
Clinton Bill. *Between Hope and History: Meeting America's Challenges for the 21st Century*. Nova York: Times Books, Random House, 1996.
Emmott, Bill. *Visão 20:21 — Lições do século XX para o novo milênio*. Rio de Janeiro: Record.
Evans, Harold. *They Made America: From Steam Engine to the Search Engine: Two Centuries of Innovators*. Nova York: Little, Brown, 2004.
Fergusson, Niall. *Empire: The Rise and Demise of the British World Order and the Lessons for Global Power*. Nova York: Basic Books, 2003.
Friedman, Thomas L. *O mundo é plano: uma breve história do século XXI*. Rio de Janeiro: Objetiva.
Greenspan, Alan. *A era da turbulência — Aventuras em um novo mundo*. Rio de Janeiro: Campus.
Greider, William. *One World, Ready or Not*. Nova York: Simon & Schuster, 1997.
Hayek, F.A. *The Road to Serfdom* (50th anniversary ed.). Com introdução de Milton Friedman. Chicago: University of Chicago Press, 1994.
Hormats, Robert D. *The Price of Liberty: Paying for America's Wars from the Revolution to the War on Terror*. Nova York: Henry Holt, 2007.
Hufbauer, Gary e Wendy Dobson. *World of Capital Markets: Challenge to the G-10*. Washington, D.C: Peterson Institute for International Economics, 2001.
Huntington, Samuel P. *O choque de civilizações — A recomposição da ordem mundial*. Rio de Janeiro: Objetiva

Hutton, Will. *O aviso na muralha — A China e o Ocidente no século XXI*. São Paulo: Larousse Brasil.
Irwin, Douglas A. *Against the Tide*. Princeton, N.J: Princeton University Press, 1996.
James, Harold. *The End of Globalization: Lessons from the Great Depression*. Cambridge, Mass.: Harvard University Press, 2001.
Keynes, John Maynard. *A teoria geral do emprego, do juro e da moeda*. São Paulo: Atlas, 1ª ed., 1982.
Kindleberger, Charles, P. e Robert Aliber. *Manias, pânico e crashes: uma história de crises financeiras*. Rio de Janeiro: Nova Fronteira.
Krugman, Paul R. *The Return of Depression Economics*. New York: Penguim Books (Pearson do Brasil).
Larsson, Tomas. *The Race to the Top: The Real Story of Globalization*. Washington, D.C: Cato Institute, 2001.
Lawrence, Robert Z. *Blue-Collar Blues: Is Trade to Blame for Rising US Income Inequality?* Washington, D.C: Peterson Institute for International Economics, 2008.
Lindsey, Lawrence B. *Economic Puppetmasters*. Washington, D.C: AEI Press, 1999.
Maddison, Angus. *Contours of the World Economy I-2030 AD: Essays in Macro-Economic History*. Paris: Organization for Economic Co-operation & Development, 2003.
Mann, Catherine L. *Accelerating the Globalization of America: The Role for Information Technology*. Washington D.C: Institute for International Economics, 2006.
Mishkin, Frederic S. *The Next Great Globalization: How Disadvantaged Nations Can Harness Their Financial Systems to Get Rich*. Princeton, NJ: Princeton University Press, 2006.
Norberg, Johan. *In Defense of Global Capitalism*. Washington, D.C.: Cato Institute, 2003.
Rajan, Raghuran G. e Luigi Zingales. *Salvando o capitalismo dos capitalistas: acreditando no poder do livre mercado para criar mais riqueza e ampliar as oportunidades*. Rio de Janeiro: Campus.
Sachs, Jeffrey D. *O fim da pobreza — Como acabar com a miséria mundial nos próximos 70 anos*. São Paulo: Companhia das Letras.
Soros, George. *Globalização*. Rio de Janeiro: Campus.
Stiglitz, Joseph E. *Globalization and Its Discontents*. New York: Public Affairs, 2002.
Stiglitz, Joseph E. *Globalização: como dar certo*. São Paulo: Companhia das Letras.
Tapscott, Don e Anthony Williams. *Wikinomics — Como a colaboração em massa pode mudar o seu negócio*. Rio de Janeiro: Nova Fronteira.
Wolf, Martin. *Why Globalization Works*. New Haven, Conn: Yale University Press, 2004.
Yergin, Daniel e Joseph Stanislaw. *The Commanding Heights: The Battle Between Government & the Marketplace That Is Remaking the Modern World*. Nova York: Simon & Schuster, 2003.

É praticamente certo que algumas fontes que influenciaram amplamente meus pensamentos ao longo dos anos ficaram esquecidas no tempo. Para estas prováveis omissões, eu estendo minhas desculpas.

Índice remissivo

Abdelal, Rawi, 314
Abu Dhabi Investment Authority, 84
Academia Naval, EUA, 176, 178
aço, 139-140
Acordo da América do Norte, 259
Acordo de Livre-comércio da América Central (Cafta), 45
Acordo de Livre-comércio da América do Norte, Nafta, 259
"Acordo de Plaza na Ásia", 77
Acordo de Plaza, 164, 165, 174
África, 32, 109, 137
agências de risco de crédito, 296, 298
agentes poderosos, 82
agricultura, 151
Albertine, Jack, 263
Amato, Giuliano, 210
American Enterprise Institute, 251
Annan, Kofi, 30
anos 1970, 8, 16, 238, 255-256, 260
Arábia Saudita, 47, 75, 87, 143
Argentina, 118, 157, 251
Attali, Jacques, 214
Autoridade Monetária de Cingapura, 53-55

Bacon, Louis, 20
Badian, Laura, 83-85
Baia Chesapeake, 175, 179, 183
Baily, Martin, 40
Baker, Howard, 182, 185
Baker, James, 38
Banco Central de Nova York, 22
Banco da Inglaterra, 207, 218-219, 221, 223
Banco Mundial, 29, 31, 32, 42, 108, 127, 128, 175, 274, 275

Bartley, Robert, 31
Basileia, padrões da, 290
Bear Stearns, 18, 83, 100, 252, 297, 298, 300, 310
Becker, Boris, 215
bem-estar, 277
Ben Bernanke, 34, 99, 131, 134, 151, 225, 232, 236, 327
Bentsen, Lloyd, 263
Bergsten, Fred, 76, 265
Berry, John, 241
Bhagwati, Jagdish, 41, 154, 300, 329
Bhalla, Surjit, 31
BNP Paribas, 23
Bolsa de Valores de Londres, 83
Bolsa de Valores de Nova York, 21
Bono, 32, 109
Bordo, Michael, 39
Bourse Dubai, 83
Bradley, Bill, 8, 14, 230, 279
Brady bonds, 231
Brady, Nick, 91
Bretton Woods, 61, 221
Brookings Institution, 104
Brooks, David, 268
Buckley, William F., 103-104
Buffett Warren, 71, 121, 188, 269-271
Bundesbank, 101-102, 199, 201, 204-218, 243
Burns, Arthur, 263
Burns, Terence, 217
Bush, George H. W., 264
Bush, George W., 68

Cadbury Commission, 113
Canadá, 39, 62, 81, 120, 126, 259
Cardoso, Fernando Henrique, 257

Carlson, Chester, 105-106
carried interest, 94
Carter, Jimmy, 176
Castro, Fidel, 250
Chávez, Hugo, 250
China Cement, 123-124, 142
China Development Bank, 83
China Investment Corporation, 83
Chinn, Menzie, 76
Cingapura, 53-58, 84, 86, 111, 135, 274-275
Citigroup, 17, 84, 290
Clancy Tom, 194
Clinton, Hillary, 38, 273
Clube de Paris, 42
Clube de Roma, 260
Comissão Europeia, 47, 61
Comitê de Investimento Externo nos Estados Unidos (CFIUS), 47
Comitê de Verbas Orçamentárias (da Câmara dos Deputados dos EUA), 38
commercial-paper 23, 24, 47, 292-294
commodities, 42, 44, 47, 65, 75-76, 90, 316
Congressional Summits on Dollar and Trade, nos EUA, 173
Conselho de Estado, China, 151
"Conta de Contribuição para Recém-Nascidos", 279
Corrigan, Gerald, 311
Council of Economic Advisers dos EUA, 232, 264
Crise de Crédito de 2007-2008, 16, 21, 27, 36, 39, 63, 123, 148, 166, 180, 187, 288-289, 295, 300, 311

Dallara, Charles, 8, 313, 326
DeLay, Tom, 265
Delors, Jacques, 257
Deng Xiaoping, 125, 257
Departamento de Estado, EUA, 128, 179
Departamento do Tesouro, EUA, 87
Despres, Gina, 279
Despres, John, 14, 16
Dickens, William, 40
Dobson, Wendy, 30, 330
Douglas, Roger, 257
Dow Jones Industrial Average (DJIA), 21, 24, 29, 37, 148, 251, 261
Druckenmiller, Stan, 8, 20, 206, 221
Dubai International Capital, 83
Dubai Ports World, 315
Dubai, 50

Easton, Nina, 29
Edwards, John, 40
Eichengreen, Barry, 39, 325
Emmott, Bill, 166
Enron, 100, 113, 114, 266
Erhard, Ludwig, 102
Evans, Harold, 108

Fannie Mae, 275, 231
Faux, Jeff, 267
Feenstra, Robert, 40
Feldstein, Martin, 76, 298
Ferguson, Niall, 146
Ferguson, Roger, 246
Fórum Econômico Mundial, 73
Frankel, Jeffrey, 76
Friedman, Thomas, 7, 13
Fundação Bill & Melinda Gates, 270
Fundo Monetário Internacional (FMI), 42, 130, 220, 302, 314
fundos de pensão, 46, 47, 59, 60, 82, 122, 261, 296
fundos mútuos de curto prazo, 23, 92, 278, 294
fundos soberanos de riqueza (SWF), 47
fusões e aquisições, 44, 95, 130, 199, 315

Garcia, Bob, 279
Garn, Jake, 306
Garten, Jeffrey, 84
Gates, Bill, 108, 271
Gates, Melinda, 32
GE Capital, 239
George, Eddie, 218, 220 ,223
Gephardt, Richard, 38, 273
globalização
antiglobalização, 16, 40, 273
Goldberg, Fred, 266, 267
Goldman Sachs, 31, 55, 99, 103, 123, 150, 273, 299
Goldstein , Morris, 152
Google, 33, 44, 48, 108, 159, 193, 194
Grande Depressão, 18, 24, 60, 253, 256, 297, 318, 324
Grupo Blackstone, LP, 93
Gyohten, Toyoo, 172

Hale, David, 71, 72
Hanson, Gordon, 40
Harrington, Gregory, 83-85
Hashimoto, Ruytaro, 175-179, 183-185
Häusler, Gerd, 8, 211

Helms, Richard, 54-56
Holanda, 110, 127
Hormats, Robert, 70
Hosokawa, Morihiro, 184
Hu Jintao, 130, 156
Hu, Richard, 55, 130, 131, 133, 151, 156
Huckabee, Mike, 40
Hudson Institute, 117
Hufbauer, Gary, 30
Hundt, Reed, 144, 146, 156, 327
Hutton, Will, 159
Hyman, Ed, 229

Índia, 13, 19, 28, 32, 39, 40, 42, 48, 62, 75, 108, 117, 129, 157, 159, 161, 174, 175, 257, 258, 304, 316
Índice Composto de Xangai, 136, 148
índice de ações Nikkei, 165
indústria automobilística, 305
Industrial e Commercial Bank of China (ICBC), 132
indústrias de manufaturas e de serviços na, 62
Institute for Supply Management (ISM), 242
International Economy, The, 20, 31, 77, 83, 142, 251, 325-327
internet, 33, 155, 156, 159, 170, 266
Ip, Greg, 298
Issing, Otmar, 208-210, 212, 213

J.P. Morgan Chase, 298
Jacobson, Eric, 26
jantar comemorativo, Maria e esposo no, 20, 319, 320
Jobs, Steve, 271
Johnson, Manley, 8, 205, 215, 239, 262
Johnson, Paul, 261
Jones, Paul Tudor, 89
Jospin, Lionel, 257

Kahn, Herman, 117
Katz, Richard, 186
Kemp, Jack, 258, 279, 307
Kennedy, John F., 260, 267
Kennedy, Paul, 323
Keynes, John Maynard, 171
Kindleberger, Charles, 29
Koh, Tommy, 53, 58
Kohl, Helmut, 101, 102, 213, 222
Köhler, Horst, 216
Kong, Hong 114, 123, 126
Konoe, Fumimaro, 184

Kos, Dino, 7, 34
Krugman, Paul, 22

Lambsdorff, Otto, 214
Lamont, Norman, 209, 210, 213, 221
Lardy, Nicholas, 80, 152
Lawrence, Robert, 40
Lee Kuan Yew, 54, 55, 57
Lehman Brothers, 163, 300
Lei Bancária de 1935, 231
Lei Lieberman-Warner, 129
Lei Sarbanes-Oxley, 47, 113, 114, 305
Leland, Marc, 322
Lênin, Vladimir, 161
Lennon, John, 260
Lincoln, Abraham, 282
Lindsey, Brink, 283
Lipton, David, 87
Litan, Robert, 104
Lo, Chi, 142
Long-Term Capital Management (LTCM), 98
Lowenstein, Roger, 226

Maddison, Angus, 126
Major, John, 210, 217, 218, 220, 222
Malmgren Harald, 8, 49, 295, 296, 326, 327
Mastel, Greg, 43
McDonough, William, 22, 240
McKinsey Global Institute, 40, 81, 82, 85, 325, 327
Medley, Richard, 306
meio ambiente, 42,-44, 46, 91, 125, 129, 316
mercado de ações, 75, 136, 166, 241, 261
mercado de ouro, 76
Merkel, Angela, 84, 197, 199
Merrill, Lynch, 300
México, 81, 126, 259
Microsoft Corporation, 33, 48, 83, 108, 159
Mishkin, Frederic, 300, 303, 331
Mitchell, Andréa, 238
Miterrand, François, 61
Monbiot, George, 284
Moody's, 292, 314
Morgan Stanley, 83, 269, 300, 327
Mullins, David, 239
Muro de Berlim, queda de, 28, 101, 102, 228, 288

nacionalismo, 314
nações do G-7, 39, 49, 91, 126, 130, 175-177, 179, 186, 214, 216, 217, 329
Nações Unidas, 271

Nafta. Veja Acordo de Livre-comércio da América do Norte
Nakamae, Tadashi, 315-317, 327
Nardelli, Robert, 111
Nixon, Richard, 55, 57, 151, 260, 263
Norberg, Johan, 104, 105

O Mundo é Plano (Friedman), 13-14, 329
Oba, Tomomitsu, 172
Obama, Barack, 279
Och-Ziff Capital Management, 83
Okun, Arthur, 249
11 de setembro de 2001, 251
Organização Mundial do Comércio, (OMC), 129, 315
Organização para o Cooperação e o Desenvolvimento Econômico (OCDE), 314
Oriente Médio, 44, 79

Partido Comunista, 120, 130-132, 136, 154, 156
Paulson, Henry "Hank", 22, 103, 150, 152
Peterson Institute for International Economics, 7, 30, 80, 152, 265, 273, 325
Pöhl, Karl Otto, 101-102
Posen, Adam, 31
Preston, Lewis, 175
Previdência Social, 81, 188, 263, 268, 282
Primeira Guerra Mundial, 18, 50, 319

Rand Corporation, 117
Rao, Narasimha, 257
Reagan, Ronald, 62, 256, 258, 263, 264, 278, 279
Resolution Trust Crporation, 323
Robertson, Julian, 20
Robin Hood Fundação, 92
Rockfeller Center, 141, 164
Rodada de Doha, 46, 315
Roosevelt, Franklin D., 267
Rose, Stephen, 40
Rowen, Hobart, 230
Rubin, Robert, 264, 273

Sakakibara, Eisuke "Sr. Yen", 172
Samuelson, Robert, 33, 268
Sapin, Michael 209
Schlesinger, Helmut, 206, 213
Schönberg, Stefan, 243
Schularick, Moritz, 146
Schultz, Theodore, 282
Schumer, Charles, 305-309

Schumpeter, Joseph, 105
Sears, John P., 259, 308
Securities and Exchange Commission (SEC), EUA, 299
securitização, 15, 26, 27, 63-64, 292, 295, 301, 312
Segal, Adam, 314
Segunda Guerra Mundial, 101, 184, 189, 259, 312
segurança nacional, 47, 55, 70, 84
Seidman, William, 311
senso comum, 118
Shin Corporação, 84
Simon, Paul, 21, 22
Simone, John, A., 194
Sistema Monetário Europeu (ERM), 195, 202, 204-205, 210, 213, 216-217, 222
Smith, Adam, 112
Snow, John, 151
Société Générale, 228
Sony Corporation, 84
Soros, George, 20, 22, 206, 212, 221
Sperling, Gene, 274, 276
Standard and Poor's, 292, 314
Standard Bank Group, Ltda., 83
Stein, Ben, 26
Steinhardt, Michael, 20
Stoltenberg, Gerhard, 38
Stone Container, 238
Suíça, 37, 94, 111, 230
Summers, Lawrence, 274-27

Tabuchi, Setsuya, 308
Taiwan, 124, 136, 274
Takeshita, Noboru, 182-185
Tapscott, Don, 155
Taxa Libor, 303
Teoria Sombria, 141-143
Thatcher, Margaret, 257
Tietmeyer, Hans, 216
Tratado de Maastricht, 205, 210, 216
Trichet, Jean-Claude, 78, 134, 174, 214-217, 222, 254
Tudor Investments, 92
Turner, Ted, 107, 271

UBS, 37
União Europeia, 208, 218
União Soviética. Veja Rússia
Unocal, 315
Utsumi, Makoto, 172-175, 177, 179, 183, 306

Vietnã, 138, 142, 260
Volcker, Paul, 225, 228, 232-233

Wachovia Economics Group, 77
Waigel, Theo, 210
Warsh, Kevin, 36
Watanabe, Hiroshi, 172
Weber, Axel, 199
Wen Jiabao, 134
Williams, Anthony, 155
Wolf, Martin, 19, 136

Wolff, Edward N., 280
Wu Yi, 151

Xerox Corporation, 105-106

Yahoo, 159
Yergin, Dan, 163
Yin Tongyao, 141

Zhou Xiaochuan, 151
zonas empresariais, 279

Este livro foi composto na tipologia Electra LH,
em corpo 11,5/16,3 e impresso em papel off white 80g/m²
no Sistema Cameron da Divisão Gráfica da Distribuidora Record.